策展文化与文化策展

[爱尔兰] 保罗·奥尼尔 (Paul O'Neill) 著
邓川 李珂珂 庞贻丹 译

清华大学出版社
北京

北京市版权局著作权合同登记号　图字：01-2024-2465

内 容 简 介

当国际群展和双年展成为展示当代艺术的主流模式后，策展人被视为具有核心地位的文化传播者，从幕后组织者和选择者转变为显而易见的创造性活动的主导者。本书从策展实践与现状以及相关文化理论体系出发，讨论了策展如何影响艺术的展现与传播，艺术又如何改变策展，并重新审视当代策展人的角色。本书通过文化研究的方法审视当代策展制度和艺术生产机制，为艺术与文化领域的学生、研究人员、实践者提供了全球化的视野。

First MIT Press paperback edition, 2016

© 2012 Paul O'Neill

All rights reserved. No part of this book may be reproduced in any form by any electronic or mechanical means (including photocopying, recording, or information storage and retrieval) without permission in writing from the publisher.

The Simplified Chinese-language Copyright © 2024 by Tsinghua University Press Limited under license by The MIT Press.

本书封面贴有清华大学出版社防伪标签，无标签者不得销售。
版权所有，侵权必究。举报：010-62782989，beiqinquan@tup.tsinghua.edu.cn。

图书在版编目（CIP）数据

策展文化与文化策展 /（爱尔兰）保罗·奥尼尔（Paul O'Neill）著；邓川，李珂珂，庞贻丹译. --北京：清华大学出版社，2024.9. -- ISBN 978-7-302-67003-2
Ⅰ. G245
中国国家版本馆 CIP 数据核字第 2024P0S506 号

责任编辑：张龙卿
封面设计：何永善
责任校对：李　梅
责任印制：刘　菲

出版发行：清华大学出版社
网　　址：https://www.tup.com.cn, https://www.wqxuetang.com
地　　址：北京清华大学学研大厦 A 座　　　邮　编：100084
社 总 机：010-83470000　　　　　　　　　邮　购：010-62786544
投稿与读者服务：010-62776969, c-service@tup.tsinghua.edu.cn
质量反馈：010-62772015, zhiliang@tup.tsinghua.edu.cn
印 装 者：三河市铭诚印务有限公司
经　　销：全国新华书店
开　　本：185mm×260mm　　印　张：10.25　　字　数：227 千字
版　　次：2024 年 11 月第 1 版　　　　　　印　次：2024 年 11 月第 1 次印刷
定　　价：59.80 元

产品编号：097489-01

前　言

策展实践作为揭示艺术被展示、调解和讨论的方式,是展览制作史的一部分。关于策展的讨论,都在思考艺术展是如何成为展览发展过程的一部分,如何将艺术及其语境以观念化的方式为人们所理解。分析这些艺术展是如何发起和组织的,就是要思考艺术是如何被构建的,如何被谈论的,如何被表达的。本书本质上是对从20世纪80年代末以来出现的当代策展话语的详细分析,这是一个见证了独立策展出现的时刻。本书将展示这一时期以策展人为中心的话语带来的对策展理解的巨大转变。它还表明,现在有充分的论据可以将策展视为一种独特的调解实践。这种发展是由艺术家、策展人、艺术家型策展人和策展团队带来的,他们持续质疑艺术作品的局限性和边界,并重新塑造了人们对文化生产领域内的众多行动者和机构的理解。

策展的实践与话语是辩证地交织在一起的,这是过去近25年里将实践重新编码为话语的结果。在这一时期,群展[1]已经成为当代艺术策展的主导模式,策展开始被理解为一系列类似于艺术实践的创造性活动。在这个过程中,策展人的角色已经从一个收藏品的看守者、一个幕后组织者和品位的仲裁者转变为一个独立积极的实践者,其在当代艺术世界及与之并行的评论中处于更中心的位置。在讨论期间也显示出这一时期的艺术及其主要经验重新集中在临时性的展览事件上,而不是展出的艺术品。

本书在讲述20世纪60年代以来策展话语演变的同时,以1987年至2012年策展内部发生的关键性变化为中心展开。以1987年作为详细研究的起点有很多原因。首先,1987年,法国格勒诺布尔的马加辛艺术中心启动了欧洲第一个研究生策展培训项目,名为马加辛学院(L'École du Magasin)[2]。其次,1987年,惠特尼博物馆的独立研究项目(ISP)[3]的艺术史部分与博物馆研究部分被更名为"策展和评论研究",理论家哈尔·福斯特(Hal Foster)被任命为高级讲师,理由是"展览应该体现理论和批判性的论点",因此将ISP作为一个实验机会,看看是否有可能发展为可替代的策展形式,挑战既定的惯例[4]。由马加辛和惠特尼ISP举办的为期八九个月的课程都以一个群展制作为主要成果:从最初的提案到最终的实施,每届学生都在一起工作,这已成为现在欧洲和北美洲无数研究生策展课程的模板。从这个角度来看,1987年开始,人们对策展的理解发生了重大转变:策展从在机构语境下从事收藏的职业工作,转变为一种潜在独立的、具有批判性参与特点的、带有实验性的展览制作实践。简而言之,策展实践成为一个可能的学术研究领域,就像一个专业对于人们的职业选择一样。由此开始的这一时期,也是当代艺术展览在全球范围内扩大的时期,为策展人拓展了新的可能性。

本书探讨了策展作为一种独特的话语模式出现的原因,以及策展人为其话语生产做出贡献的方式。围绕策展话语的阐释性文献产生了一个特殊的研究领域,这个领域倾向于夸大个体策展人立场的重要性。艺术领域内的讨论被当时权威的喜好所推动,这种权威是由被阐明的话语赋予个体的文化实践。虽然围绕策展话语的、看似无休止的争论有时似乎是乏味的自我中心主义,但重申这种言论的力量,在当代艺术作品中建立或至少支持一种连贯的能动意识,是非常重要的。因为这一点,我们发现策展话语已经为与其他学科进行更大互动建立了框架,因为人们认识到批判性文化实践总是游离于其领域的边界附近。

与目前许多策展方面的出版物不同,这本书的目的不是调查在个人实践的名义下已经实现了什么,而是探讨策展人、艺术家及其批评者所讨论、阐述和争论的内容。这是一种由尤尔根·哈贝马斯(Jürgen Habermas)提出的关于话语的研究,将"话语"作为"发生在特定社会语境中并受到时间和空间限制"[5]的言语集合。因此,对话语的研究就是在特定领域内追踪"对语言使用的任何方面的研究"[6]。如此一来,本书是对这一时期的各种材料,包括出版物、声明、轶事、官方文件和临时性的信息的研究。这本书辨析的中心集中但不限于1987—2011年广泛而不同的理论主体。这包括来自当代艺术和博物馆陈列领域的现有历史文献、关于策展实践的写作选集、展览画册中的文章,当代艺术杂志和期刊发表的关于策展的讨论、会议论文、研讨会记录以及对当代策展人的公开采访。

本书受到业内著名艺术家及学者的推荐,荷兰埃因霍温范·阿贝博物馆馆长查尔斯·埃舍(Charles Esche)说,"策展人无处不在。策展早已脱离艺术范畴,在社会文化中成为一种无处不在的现象。然而,策展有其自身的历史。对于那些想要了解策展从何而来以及策展是如何发展的人来说,本书是一本必不可少的读物。这是第一部由专人撰写的策展专著。保罗·奥尼尔对五十年的策展史进行了出色的梳理,其简洁明了的语言将读者带入到不同策展人的故事和他们的工作方法之中。此外,本书还展示了艺术家与策展人之间的关系,以及这种关系是如何塑造了自20世纪70年代以来艺术与其受众的发展"。英国皇家艺术学院的格里·范·诺德(Gerrie von Noord)说,"本书以深入的研究成果和引人入胜的文字,概述了策展领域发展至今丰富且复杂的历史轨迹。因此,对当代策展实践的发展和讨论感兴趣的读者,本书将是一项不可或缺的文献资料。书中介绍了许多具体的艺术历史事件和近年来策展工作实例,其中不仅包括展览,也涵盖一些过程性、持续性和合作性更强的艺术项目。这本书也汇集了众多有影响力的国际策展人的观点,而奥尼尔本人也是当代策展话语中的关键人物"。英国艺术家利亚姆·吉利克(Liam Gillick)说,"艺术家保罗·奥尼尔对策展实践的深入思考具有开创性的贡献。对于想要了解策展发展动向的人来说,本书是一本不可或缺的读物。奥尼尔关于策展历史的叙述帮助我们理解了策展是如何走到今天这一步的。他提倡一种独具开放性和多样化的策展概念。这在当下是非常重要的,因为传统的策展等级制度已不足以反映当代策展人的创

前 言

造力和协作性"。

关于策展实践的印刷材料种类及数量非常庞大,更不用说伴随着展览的大量文本材料:从新闻稿到画册、采访和评论,仅开始这项工作就要面对大量关于当代策展人的角色构成的相互矛盾及意见。本书有助于了解何时、如何及为何在策展实践中出现了某些主导性问题。

除了对策展文献展开全面回顾,本书还对主要策展人、展览学家、艺术家型策展人、评论家型策展人、策展培训项目的毕业生,以及策展课程的讲师和课程负责人进行了音频访谈。这些访谈被用作一种研究工具——作为一种收集新信息的手段,以及一种绘制该领域地图的方式。访谈的形式,如同知识领域中的任何文本,符合米歇尔·福柯(Michel Foucault)所说的"陈述",它属于一个话语,就像一个句子属于一个文本一样,被认为只是"演绎整体"的一小部分。每个"陈述"都是一个"话语原子"或一个"基本话语单元"。它仅构成"话语结构"的一部分,其中"话语"对于一个共同但不完整的知识体系而言是一个更大的陈述群体[7]。与阐述策展思维的意图一致,采访形式有助于收集关于特定展览、出版物和事件的信息,在几乎没有关键理论发表的领域对关键问题做出第一手回应[8]。

尽管与艺术家进行访谈的形式有着悠久的历史,但在20世纪60年代其成为与艺术家交流的主要形式,特别是在波普艺术、概念艺术和极少主义的领域[9]。但是,基于与策展人的类似采访进行研究,意味着其范式的转变,被访者的角色从艺术家转向策展人。处理这些材料时必须要注意W.K.维姆萨特(W.K.Wimsatt)和门罗·比尔兹利(Monroe Beardsley)所说的"意图谬误",每个被访者都有可能在自己的叙述中采用某种程度的"语境证据"来证明自己对过去事件的说法,尤其是当所讨论的展览项目唯一能永久保存的形式是文献、画册和评论时更是如此[10]。作为一个写作型策展人的作品,本书并非没有矛盾之处,因为它是体现笔者已有实践的一种尝试。鉴于在调查领域的投入,笔者自己的立场绝不可能是无价值的,但笔者希望在整个研究过程中能够明确地保持一定程度的批判性[11]。

在过去的25年中,群展形式已经成为一种争议不断的知识生产方法和一种独具特色的创造性实践模式。正如人们将要看到的,艺术家、评论家和策展人都对"艺术家型策展人"这一现象提出了强烈的质疑。通过结合多种艺术立场,当代策展制度改变了艺术的传播方式。本书是对策展实践如何通过多种方式转变对艺术的感知的概述及其补充说明。

本书分为三章,探讨了在过去的25年里,诸如筛选、组织、安排、调解①、宣传等概念是如何与展示、展览、生产等词汇在策展空间中相互交叉的[12]。各章内容的演变可总结如下。

第1章首先勾勒出从20世纪20年代开始的展览制作简史,指出西方艺术史如何在很大程度上未曾意识到展览策划、展陈设计和展览形式的空间安排所发挥的作用[13]。本章不但展现了策展作为展览生产和文化中介的新兴形式如何被逐渐理解,还追溯了1987年以来

---

① 根据文化社会学中的mediation一词的多种中文译法,本书中的mediating译为"调解",mediator译为"调解者"或"中介者",抽象概念mediation译为"中介"。

策展话语中出现的主流话语趋势。从20世纪60年代后期开始，许多艺术家越来越关注信息系统、组织策略和媒介语言，因为他们转向了更具观念性的策略。这些策略倾向往往意味着对艺术作品作为一种意识形态结构的自主性批判。同时，策展作为一种创造性、半自主性和个体主导的中介（和生产）形式出现，提供了艺术作品的体验，并影响了作品的制作和传播方式。这让人们清楚地看到了策展人的职责范围。它超越了艺术家或单件艺术品的利益，开辟了一个批判性争论的空间。在这个意义上，20世纪60年代发展起来的对策展的分析建立在对艺术系统的祛魅上，并起源于对主导秩序的反对，形成了对展览建构及其意义和价值生产的讨论。20世纪60年代末至70年代初也为人们对策展行为的认识提供了一个过渡的时机，一些独立策展人，如露西·利帕德、塞斯·西格尔劳博和哈罗德·泽曼的角色开始被纳入"什么是构成艺术生产和艺术观念化"的批评讨论中。

到20世纪80年代，"策划"展览的理念已经确立为一个独立的批判性反思的存在，位于辩论中心的个体策展人是群体展览形式的唯一作者。本章继续讨论策展人如何优先使用现存艺术品和工艺品的展览制作方法，在主题性的、非历史性的展览中使用它们作为说明性片段。这些由哈罗德·泽曼（Harald Szeemann）、杨·荷特（Jan Hoet）和鲁迪·福克斯（Rudi Fuchs）等策展人策划的大规模的临时项目被理解为"作家型策展人"的唯一作品。群展被认为是作者的一种主观形式，并被认为是一种类似于整体艺术作品的策展文本。20世纪80年代末，"策展"这一动词形态的出现开始被表述为一种主动参与艺术生产过程的方式：被策划的展览提供了一种独特的自我展示风格和方法；同时，策展人也在构建其主观的关于艺术的"新真理"，它通常在一个总体的策展框架内作为普遍的叙述呈现。这种趋势一直延续到20世纪90年代，在这个被迈克尔·布伦森（Michael Brenson）称为"策展人时刻"的时期，某些策展人获得了前所未有的超可见性[14]。也许不足为奇的是，这一时期恰逢以策展人为中心的出版物和国际策展会议的数量激增，这进一步强化了人们对策展实践作为一种国际网络模式下的个人创作的看法。

第2章研究了20世纪90年代新双年展模式的扩展如何使某些策展人的形象大大提升。通过对双年展画册、展览评论和批评文献的研究，以及对高知名度的双年展策展人的深入访谈，本章内容围绕全球主义、游牧式策展和跨文化主义问题发展的模式，以让－于贝尔·马尔丹（Jean-Hubert Martin）和马克·弗朗西斯（Mark Francis）策划的"大地魔术师"（巴黎，1989年）为起点，追踪该展览对后来大型展览的影响。同时，本章特别关注1989年至21世纪前10年间与全球展览相一致的策展叙事的变化，这种变化影响了第十一届卡塞尔文献展（2002年）、弗朗切斯科·博纳米（Francesco Bonami）策划的第50届威尼斯双年展"梦想与冲突：观众的独裁"（2003年）以及后来的展览。通过压缩25年的大型展览历史，本章展示了在全球流动的策展人如何将双年展模式作为验证和质疑国际艺术世界构成的工具，以解读在传统上被推至边缘的非西方艺术实践。对策展人来说，双年展模式已经成为一个不断进步的生产性空间，将日益多样化、跨文化和全球化的艺术世界聚集在同一个地点与时间。新的全球策展人从基于随机差异的文化多元化理念和面向"他者"的民族志方法出发，承认在单一展览中代表总体世界观是不可能的。作为替代，后殖民主义和合作的方法被鼓励，这改变了看待艺术规则的立场。

在双年展和大型国际展览的背景下进行策展，对边缘和中心、全球主义和全球化、本地和国际、混合性和碎片化的辩证关系的讨论做出了重大贡献。虽然双年展现象反映了全球艺术实践的多样性，但这种反复出现的展览也同时成为全球文化产业中新的艺术类型和策展模式的合法化场所。作为当代艺术界高层梯队的艺术家和策展人的认证手段，双年展已经成为少数策展人的证明机制。同时，双年展的策展人也致力于改变全球展览模式的局限性，最明显的办法是扩充展览的参数，使展览不仅仅是被时间和空间限定的单一事件。这包括开展讨论、发行出版物和进行"域外化"等活动。在某些情况下，话语性的时刻已经成为主要的展览活动。同样地，由单一作者制作的展览的缺陷也通过后来的迭代被承认，后来的展览已经更多地注意到了集体性和对话性的策展模式。

第3章以艺术家型策展人的概念为基础，详细分析了20世纪90年代策展和艺术实践之间的融合。本章也考虑到展览制作可以被理解为一个更广阔的领域，包括当下对话的、教学的和话语方法的展览合作生产方式。通过关注对策展实践的理解及其对艺术生产的影响之间的紧张关系（早在20世纪70年代就有迹可循），这一章阐述展览如何被视为一个既相对较新又允许不同观点存在或表达的抽象空间，特别是当群体展览被同时作为艺术家与策展人的媒介并不断受到争议时。我认为，策展人的工作是当代艺术领域中得到充分认可的一种自我表现方式。当群展形成自我表达的主要场所时，对于艺术家和策展人来说，策展既是一种沟通的媒介，也是一种艺术创作体裁。作为一种涉及多种实践、学科和立场的合作交流媒介，群展形成了一个由艺术家、策展人、观众组成的三角网络，并在此过程中提供了一种对艺术的运作模式，以及对文化领域其他部分在创造性和审美上的分离提出异议的方法。

本书试图说明策展如何改变了艺术，以及艺术如何改变了策展。它尝试解释当使用术语"策展话语"时所指的内容。它试图通过借鉴福柯对话语的理解来做到这一点，即话语是一种有意义且具可塑性的陈述的集合，被放在一起并被归类为同一话语性结构。本书提出，策展的当代实践应被理解为一个最近形成的活动领域，与早先历史上的策展形式有着根本的不同。自始至终，本书都以同等程度的尊重和怀疑态度来看待策展话语的意图——将其暴露在批判性和负责任的审视之下，将策展话语作为一种具有创意的和规范的实践来对待[15]。应该明确的是，策展作为当代艺术领域的特有话语往往是矛盾的，但在某种程度上仍然是一种进步的艺术观的生成力量。在过去的20多年里，人们所知的策展制度经历了一个清晰的话语形成①过程，它主要是由策展领域内一系列被权威认证的陈述所塑造。虽然现有证据表明，策展的风格和立场有很大的多样性（在各种讨论、选集和会议出版的纪录文献中都有体现），但策展人通常对其领域采用一种自我肯定的声明方式。为了将自己的实践定位在策展体系中，以第一人称叙事和以策展人自居是他们主要

---

① 福柯提出的概念discursive formation，参见由谢强、马月翻译并由生活·读书·新知三联书店于1998年出版的《知识考古学》一书第78页。

的话语模式。显而易见的是,这带来了一种具有相对不稳定的历史基础的策展知识形式。通过作为艺术家或策展人进行研究、选择、规划、组织、构造和策划团体展览,人们开始了解策展是如何构建艺术理念的。策划每一个展览的行为有助于更好地理解这些想法,因为每一个展览都在积极地展现不同的艺术理念。在追问何种类型的知识和认识论以及如何在策展领域内部被产生和启用的同时,本书阐明了被高度管理化和组织化的艺术世界如何产生一种不断确立和重塑自身的策展文化。

保罗·奥尼尔(Paul O'Neill)
2012 年

注:标[1]为本书针对专有名词的引用与解读,可在书后注释中查看。
注①为译者注。

目 录

第1章	策展话语的兴起 1
1.1	20世纪60年代末独立展览制作人的兴起 1
1.2	祛魅与调解者的角色 8
1.3	20世纪70年代以来策展作为一种新兴实践 11
1.4	20世纪80年代后期作为展览作者的策展人 13
1.5	从20世纪60年代的"祛魅",到80年代的"可见性",再到90年代策展人的"超可见性" 18
1.6	策展文集与新兴的展览史 22
1.7	20世纪90年代末以来的策展话语 25

第2章	双年展文化和全球化策展话语的出现:1989年以来双年展和大型展览语境下的策展 31
2.1	双年展的定义 32
2.2	双年展作为当代全球在地化现象的表达 32
2.3	"大地魔术师"和作为全球作者的策展人 33
2.4	20世纪90年代以来的双年展和全球策展 38
2.5	作为全球化白立方的艺术世界 46
2.6	流动性是21世纪策展工作的先决条件 48
2.7	20世纪90年代末集体策展转向的三种途径 52
2.8	展览框架之外的策展 54
2.9	双年展概述 57

第3章	策展作为艺术实践的媒介:20世纪90年代以来艺术与策展实践的转变 58
3.1	策展作为文化产业 58
3.2	作为媒介的展览 60

3.3	作为形式的展览	61
3.4	策展身份与艺术自律性	65
3.5	策展作为自我展示的媒介	66
3.6	文化生产领域内的策展	67
3.7	展览作为艺术家和策展人的媒介	69
3.8	艺术家型策展人	71
3.9	新的策展修辞与争议	74
3.10	对抗主义与新策展身份	84
3.11	对展览制作的双向理解这一概念的兴起	89

注释 90

致谢 137

后记 140

第 1 章　策展话语的兴起

先锋派展览制作的演进史是一部艺术家、批评家和策展人开始质疑社会赋予他们的艺术自由以及审美自律性[①]的历史,"这种自律性在高度现代主义[②]美学中达到了顶峰"[1]。自 20 世纪 20 年代以来,文物保管员型策展人的角色逐渐发生了变化:从在公众视线之外与藏品打交道,变为一个更广阔的舞台上占据较核心的位置。20 世纪 60 年代末,一些展览虽然在形式和内容上有很多差异,但是已经在展览空间和概念主导的艺术生产之间发展出了一种共生关系。在这里,展览、艺术作品和策展框架是展品呈现过程中必不可少的、相互依存的元素。这一过程在展览最终面向公众时达到极致。作为对这些变化的回应,一种称为策展批评的形式随之出现,并开始关注作家型策展人的展览文本。自 20 世纪 60 年代起,人们越来越理解和接受策展人在艺术的生产、调解和传播环节中发挥了更积极、更具创造力和更具政治性的作用。虽然本章的目的不是按时间顺序对这些趋势进行精确的论述,但它将介绍策展话语兴起的三个关键的历史发展阶段,其有效地构成了人们对当代策展话语的主要理解:从 20 世纪 60 年代末开始,策展人角色的去神秘化作为历史先锋派的延伸;20 世纪 80 年代末,作者型策展人的展览模式占据首要地位;20 世纪 90 年代,策展实践史开始时,以策展人为中心的话语得到巩固。

1.1　20 世纪 60 年代末独立展览制作人的兴起

在 20 世纪早期,有许多颠覆传统的艺术展览形式的尝试。虽然展览多是由展览组织者和博物馆馆长委托或合作的,但颠覆传统形式的努力主要归功于艺术家和设计师——他们开始质疑审美实践的功效,将此作为对"资产阶级艺术体制"更广泛批判的一部分。这种批判是由达达主义者、构成主义者和超现实主义者等团体提出的。1974 年,彼得·比格尔(Peter Bürger)在其《先锋派理论》一书中指出,20 世纪早期的先锋派历史必须被理解为

[①] 本书中 aesthetic autonomy 的译法参见沈语冰、张晓剑主编的《20 世纪西方艺术批评文选》一书中第 360 页,该书由河北美术出版社于 2018 年出版。

[②] 本书中 high modernist aestheticism 的译法参见沈语冰主编的《20 世纪西方艺术批评》一书的第 7 页,该书由中国美术学院出版社于 2003 年出版。该词另有"极端现代主义""全盛现代主义"等译法。

对艺术和文学本身及其内在体制的批判。艺术体制①被认为是一个神秘的框架,在其框架中,艺术品被生产、接受并产生价值。历史先锋派艺术家开始批判艺术是一种需要反击和对抗的体制,艺术体制将被否定和反思。艺术家通过质疑作者在构建艺术意义中的核心地位,开始认识到自律艺术的社会无关性。艺术作为资产阶级社会的子系统进入了比格尔所说的"自我批判阶段"[2]。

对于历史先锋派来说,颠覆展陈设计是一种对艺术及其展览空间的被动体验的批判。艺术家们开始考虑将实践的社会、关系和情景语境作为艺术品的一部分。在将现实生活中的元素引入艺术的同时,埃尔·利西茨基(El Lissitzky)、马塞尔·杜尚(Marcel Duchamp)、萨尔瓦多·达利(Salvador Dalí)和彼埃·蒙德里安(Piet Mondrian)等不同的从业者积极地思考如何让观众参与其中。艺术家开始批判其自身与社会生活的脱离,并批判资产阶级艺术框架有效地解除艺术的社会功能的方式[3]。通过挑战资产阶级文化赋予艺术的威望和社会地位,这一时期的许多艺术家开始利用展览作为载体,对艺术的分离性进行自我批评。随着新的展示方式的形成以及展览的空间与时间性表达,艺术将关注并反思这个世界,同时批判性地谴责其自身与世界的脱离。艺术家、策展人和设计师为观者调动了更多的物理互动性,激励观众从艺术展品的被动接受者转变为在艺术中更积极、更直接的参与者。这是早期先锋派艺术家在某种程度上放弃作者控制权的一个关键动机。

在20世纪装置艺术的一些早期形式中,作品被认为是通过观众参与完成的。在两篇关于参与的艺术的文章中,克莱尔·毕肖普(Claire Bishop)和鲁道夫·弗里林(Rudolf Frieling)分别追溯了互动艺术的起源,即从20世纪20年代开始,在事件性装置和带有实验室风格的展览制作中出现的艺术与社会生活的兼容[4]。这一点在利西茨基于1927—1928年为汉诺威州立博物馆设计建造的《抽象陈列室》②和杜尚的《千里之弦》[5](1942年展览"超现实主义的最初文本"的展品之一,在怀特洛·瑞德大厦展出)等作品中得到了很好的说明。如图1-1所示,在那里,观众的兴趣被充分调动起来。像利西茨基的许多展陈设计一样,《抽象陈列室》便于许多作品在一个相对较小的空间里展出。这件作品也类似于他的《构成主义艺术的房间》③(德累斯顿,1926年),既具有实用性,同样也有意识形态性。利西茨基曾公开表示,他的作品旨在挑战传统的、被动的艺术体验,尽管当时的现代主义城市设计正引起人与人之间更大程度的分离。正如格奥尔格·齐美尔(Georg Simmel)和瓦尔特·本雅明(Walter Benjamin)最著名的预测那样,现代城市的诞生带来了公民的被动性和人与人之间的距离,同时通过总体规划项目鼓励新形式的资本主义消费,例如道路建设和居住区网格化,以及廊道、百货商店、商业中心和汽车等的兴起[6]。利西茨基对积极的观众产生

---

① 本书中institution of art的译法,译为"艺术体系",参见德国人彼得·比格尔所著的《先锋派理论》一书,该书由高建平译,由商务印书馆于2002年出版;另为"艺术体制",参见周计武、王丽婷发表的《比格尔的艺术体制论研究述评》一文,具体见《艺术管理(中英文)》杂志2019年第1期。

②③ 参见吕佩怡发表的《艺术家与策展人的金刚合体——艺术家策展人(Artist Curator)的趋势观察》一文,见《典藏今艺术》杂志,2005年第148期。

了兴趣,这表明:"不仅现代主义范式的表征出现危机,而且艺术家与观众的关系也出现危机"[7]。许多艺术家活动的重点是激发个体观众参与,并将其作为进行总体转变的一部分,面向更多参与的关系形式。

图 1-1　杜尚作品《千里之弦》出现在展览中(图片由利奥·拜克研究所提供)

在整个 20 世纪 20 年代,关系性和互动式观看在诸如弗雷德里克·基斯勒(Frederick Kiesler)的"新戏剧技术展"[8](维也纳音乐厅,1924 年)等项目中得到了发展。为了这次展览,基斯勒发明了一种可移动的、可互换的灵活的装置设计的新方式,可以让作品在一个设计单元中进行多种展示。此次展览有 600 多件未装裱的海报、设计稿、图纸、照片和建筑模型,它们被安装或放置在 L 形和 T 形架构上。这些架构设有悬臂,可以使观众根据自己的视线水平调整作品的高度。展陈设计框架独立于展览场地的室内建筑物理结构。艺术品没有附着在任何墙壁或固定在不可移动的物件上;相反,作品被展示在可以很容易改变和重新安排的灵活单元中。这个系统是可移动的,可以适应各种特定展览空间的具体要求。基斯勒展陈设计的重点是展览的物理框架、其灵活性以及观众在展览空间内的互动,而不是简单地展示作品;观众因此成为接受艺术作品的积极的能动者①。这种针对观众的互动性以及在展览空间中的观音的兴趣,显然是从 19 世纪末和 20 世纪初的从透景画和全景画等类型中发展而来的,但它也暗示了一种互动的"文本中的读者"的情景,与后结构主义分析和意义产生于接受者的观念相一致。

从 20 世纪 40 年代末开始,装置艺术新的形式出现,例如卢西奥·丰塔纳(Lucio Fontana)的《空间环境》(1949 年)、理查德·汉密尔顿(Richard Hamilton)的《一次展示》(1957 年)、伊夫·克莱因(Yves Klein)的《空虚》(1958 年)、阿尔曼(Arman)

---

① 此处译法参考社会学的常见概念 agent,中文一般译为"行动者"或"能动者",指社会结构中具有一定能动作用的主体,参见李占伟主编的《关系与生成:布尔迪厄文艺思想研究》一书第二章,由中国社会科学出版社于 2020 年出版。

的《满》(1960)、何里欧·奥迪塞卡（Hélio Oiticica）的《巨核》(1960—1966年)以及克莱斯·奥尔登堡的《商店》(1961—1962年)，他们将展览的场地限制和空间性质作为"艺术作品的材料"[9]。例如，在《一次展示》中，汉密尔顿与艺术家维克多·帕斯莫尔（Victor Pasmore）和策展人劳伦斯·阿洛维（Lawrence Alloway）（是独立小组的成员）合作形式制作了一个迷宫般的、由透明的彩色嵌板组成的移动装置。《一次展示》是一个独立的作品，同时也是集体生产的展览形式造就的一个空间视觉结构，它将观众的视觉空间剖析和转换，在交织着水平和垂直表面的空间中，形成一种三维体验[10]。由于他们表达的重点既是艺术作品的参与语境，也是场地本身的性质，这些艺术家中的许多人在他们作品的被接受环节中争取到了更大的控制权。艺术家们的意图是限制艺术机构、组织者和策展人的调解作用，并通过这种方式使展览空间成为实现艺术作品的主要语境和主要媒介，同时也成为根据每个具体的展览语境进行调整和修改艺术作品的表现形式[11]。

在20世纪早期，一些有影响力的博物馆馆长与艺术家、设计师和建筑师共同发起了一种创新性的展览模式，将博物馆从一个历史题材的艺术藏宝库转变为一个展示当代艺术的地方，这一举措暗中重塑了博物馆的功能，使其成为外部社会的一个延伸。例如，20世纪20年代，汉诺威的州立博物馆馆长亚历山大·多纳（Alexander Dorner）开始将非艺术展品与艺术品，按照主题一同放置而不是按照创作时期安排的展览陈设。他还邀请参展的艺术家共同设计博物馆陈设的组成部分，例如委托拉斯洛·莫霍利·纳吉（László Moholy-Nagy）设计座椅。平面设计师威廉姆·桑德伯格（Willem Sandberg）在1945—1962年担任阿姆斯特丹市立博物馆的馆长，他扩大了博物馆的收藏范围，增加了工业设计、印刷品、摄影和日常材料的展陈。评论家劳伦斯·阿洛维是独立小组的成员，1955年成为伦敦当代艺术学院的助理院长，1956年在白教堂画廊参与共同组织了著名的"这就是明天"展览。他采用创新性的互动设计技术，将展览确立为一种交流网络。在这个网络中，大众文化、电影、广告、平面设计、产品设计和时尚被整合到整个展示中，而不是被分隔在所谓艺术作品的更高级的实体之外。

进入20世纪60年代，斯德哥尔摩现代艺术博物馆的创始馆长蓬杜·于尔丹（Pontus Hultén）在1968年时策划了"她，一座教堂"的展览，从而声名大噪。这是一场刻意制造轰动的展览，由艺术家妮基·圣法勒（Niki de Saint Phalle）、让·丁格尔（Jean Tinguely）和皮尔·奥洛夫·乌尔特维德（Per Olof Ultvedt）合作，公众被邀请进入一个100英尺长、躺卧的女性雕塑的内部，入口位于她的两腿之间。在雕塑的右胸处是一个牛奶酒吧；在左胸处有一个银河系的天文馆；里面还有一个养着金鱼的水族馆，并放映着葛丽泰·嘉宝（Greta Garbo）的电影。20世纪60年代初，埃因霍温范阿贝姆博物馆让·里尔宁（Jean Leering）主张艺术具有社会价值，并呼吁建立一个"活"的美术馆——该馆由所有经过其大门的人集体产生。这一概念在他1972年的展览"街道：共同生活的方式"中得到了最好的体现。该展览设立在埃因霍温周围及其公众的环境里，同时展览场景则构建出了一个模仿美术馆墙内和墙外的临时城市环境。

与早期艺术展览不同，20世纪60年代后期，当代艺术展览的组织者脱离固定的美术馆职位，开始了独立运作。在人们对艺术生产和艺术调解的理解发生转变的过程中，博物馆专业策展人的观念也发生了变化，开始走向更加独立的实践，并随之出现了从专业美术馆策展人的主流观念转向更独立的实践运动的趋势。随之出现德语 Ausstellungsmacher（展览组织者）和法语 faiseur d'expositions（展览制作者）这两个词。它们代表了一个与美术馆对立的知识分子形象，他们组织大规模当代艺术独展，被大众理解为一个在艺术世界里花了相当长时间运作的人，通常没有一个固定的机构职位，而是要通过自己的展览影响公众舆论。美国学者布鲁斯·阿尔特舒勒（Bruce Altshuler）回顾说，20世纪展览史的关键时刻始于"远景展览的世界"和"策展人以创作者之姿崛起"[12]。这一时刻在20世纪90年代达到顶峰，在这一时期大规模、周期性的国际展览数量激增，在关于艺术、国际主义和相关话语的讨论中，策展人这一角色开始受到高度重视。

20世纪60年代以后关于策展的讨论与之前的讨论的不同之处在于，对展览形式及其机构的评价超越了单纯对艺术品的批评，不仅仅是艺术家围绕自主权的自我批评，还将其包括在一种新形式的策展批评中，这种批评侧重于展览组织者、画廊经营者、批评家和策展人的实践。因此，对艺术体制的批评是开始质疑策展的行为，以及它影响艺术生产的边界和作者的责任以及调解的方式。

到了1969年，艺术实践和策展实践的趋同，使人们对什么是各自生产者的创作媒介产生了困惑。针对这个问题，一个具有里程碑意义的展览是露西·利帕德（Lucy Lippard）的"557,087"[13]。在此次展览中，有许多利帕德自己安装或根据缺席的艺术家的指示而制作的作品。在对展览的评论中，彼得·普拉根斯（Peter Plagens）提出，利帕德对参展作品中展示的策展手法形成了"这场展览的总体风格，这种无处不在的风格不断暗示着露西·利帕德实际上是艺术家，而她的媒介则是其他艺术家。"[14] 利帕德后来回答："当然，批评家的媒介总是艺术家；批评家是最初的挪用者。"[15] 如图1-2所示，该展览于1969年在西雅图艺术博物馆以及于1970年在温哥华艺术馆举办。当1970年在温哥华举行的第二次展览"955,000"的规模被扩大时，利帕德有了另一个自我反思层面的回应。在西雅图和温哥华场馆开设展览的联合画册中，由展览中的艺术家填写随机排列的4英寸×6英寸索引卡片，利帕德不仅为读者描述了画册的内容，她还强调了被策划的展览一旦使人们达成共识，在本质上将伴有缺陷性。她说："由于天气、技术问题和难以确定的混乱，迈克尔·海泽的作品没有在西雅图市实施；索尔·勒维特（Sol LeWitt）和简·迪贝茨（Jan Dibbets）的作品没有完成；卡尔·安德烈（Carl Andre）和巴里·弗拉纳根（Barry Flanagan）的指示被误解，作品展示没有完全按照艺术家的意愿执行。理查德·塞拉（Richard Serra）的作品没有被及时送达。"[16]。虽然这也许是她对普拉根斯的反驳，但也提供了一个早期的案例，即对策展人角色的局限性的认知，对缺席、错误和误解进行评论而不是忽视或隐瞒。在这里，自我意识显示出谬误性，这种谬误来自展览就应当作为一个完整作品来展示的理念。利帕德的评论还揭示了隐藏在艺术制作背后的结构，这些结构往往被遗漏在艺术作品之外。完美与中立的叙述在这里被颠覆了，它将艺术生产和展览中涉及的隐性机制凸显出来，戳穿了艺术与生活分离的神话，并揭露了其所有不合理的因素。

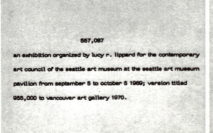

图 1-2 "557,087" 和 "955,000" 展览的画册索引卡（图片由西雅图艺术博物馆提供）

英文中对德语 Ausstellungsmacher 最接近的理解是"独立的展览制作者"（independent exhibition maker）[17]，主要代表是一些在 20 世纪 60 年代和 70 年代初开始活动的策展人，如意大利策展人兼评论家尔马诺·切兰特（Germano Celant），他创造了"贫穷艺术"[18]一词；康拉德·费舍尔（Konrad Fischer）最初为艺术家康拉德·吕格（Konrad Lueg）工作，开始均以费舍尔的名义独立组织展览，直到 1967 年 10 月在杜塞尔多夫开设自己的画廊；沃尔特·霍普斯（Walter Hopps）在 20 世纪 50 年代开始组织展览，1956 年与艺术家爱德华·金霍尔茨（Edward Kienholz）在加利福尼亚建立了费鲁斯（Ferus）画廊，并于 1962 年成为帕萨迪纳艺术博物馆的馆长；蓬杜·于尔丹（Pontus Hultén）[19]在 20 世纪 50 年代开始在斯德哥尔摩一家名为"收藏家"的画廊策划展览，1958 年成为斯德哥尔摩的当代美术馆的馆长；另外还有塞斯·西格尔劳博和哈罗德·泽曼（Harald Szeemann）等策展人。直到 20 世纪 60 年代末，作为自由职业者制作的展览仍然停留在相对本土化的层面。后来切兰特、利帕德、西格尔劳博和泽曼等人开始将不同的当代艺术场景以及来自美国的、欧洲的、英国的和拉丁美洲的与激浪派、贫穷艺术、后极简主义和概念主义有关的艺术家们的作品首次纳入国际群展中。当时的主要展览及策展人包括："当态度成为形式：作品、概念、过程、情境、信息"是由哈罗德·泽曼负责策展的，该展览于 1969 年在瑞士伯尔尼美术馆举办，对应图片由瑞士伯尔尼美术馆提供（图 1-3）[20]，同时"偶发与激浪"也是哈罗德·泽曼负责策展的[21]；"1969 年 1 月 5 日至 31 日"是由塞斯·西格尔劳博负责策展的[22]。如图 1-4 所示，"1969 年 1 月 5 日至 31 日"展览由塞斯·西格尔劳博策展，于 1969 年在纽约的塞斯·西格尔劳博画廊举办。"圆洞中的方钉：结构与隐结构"由维姆·毕茬（Wim Beeren）负责策展[23]；"反幻象：程序/材料"由玛西娅·塔克（Marcia Tucker）和詹姆斯·蒙特（James Monte）负责策展[24]；"空间艺术"（spaces）由杰尼弗·里希特（Jennifer Licht）负责策展[25]；"557,087"由露西·利帕德策展[26]；"信息"展由柯尼斯顿·麦克西恩（Kynaston McShine）负责策展[27]。

通过这些展览，无论是艺术家还是策展人都获得了国际认可，尽管这些展览对非物导向① 艺术实践进行了回应，但其中许多展览是在成熟的博物馆和艺术馆举行的。对于在这

---

① 本书中"物导向"这个名词由张黎在《人类世的设计理想与伦理：非人类中心主义与物导向设计》这篇文章中提出，出自《装饰》，2021 年第 1 期，第 27 页。

种情况下举行的展览而言,策展人的工作包括将相关的艺术作品和被认为具有类似关注点的艺术家组合在一起,这导致展览的形式本身被当作一种媒介。换句话说,展览可被清晰地识别为某个具体的展览制作人或者展览出品人的带有自身标志性风格的产物,也可以被看作他们把系列作品作为一个整体进行语境化的一种能力[28]。

图 1-3 展览"当态度成为形式:作品、概念、过程、情境、信息"(图片由瑞士伯尔尼美术馆提供)

图 1-4 由塞斯·西格尔劳博策划的展览"1969 年 1 月 5 日至 31 日"(图片由塞斯·西格尔劳博提供)

在大多数情况下,艺术作品是专门为展览而创作的,并且是在展览中创作的,这对作品和展览的地位都有重大影响。正如艾琳·卡尔德罗尼(Irene Calderoni)所写的:"这导致人们意识到艺术作品所拥有的中心地位,以及艺术品被限定在某个地方与某个时刻,并作为其功能而运作。"[29]。换句话说,艺术家和策展人有意地参与了一个平行的制作和组织过程,这个过程是为了迎接未来的展示时刻,最终的展览是努力的结果,艺术创作往往是专门为特定的展览而创作或改编的,而不是作为预先存在的、固定的、自主的作品而被挑选和展示的[30]。

根据卡尔德罗尼的说法,对于一些人来说,这些展览是艺术研究和展览美学的成功结合:

这一时期的策展实践也深刻地参与了艺术语言的演变,导致展览媒介以及策展人本身的角色被彻底重新定义。从展示技术到画册设计,从广告策略到艺术家与机构之间的关系等多个方面,使这些展览与传统展览相比具有创新性。这种创新,或者说,连接所有展览的共同矩阵,在于这样一个事实,从现在开始,艺术生产的空间和时间背景将与展览的背景相吻合[31]。

有些人认为,激进的艺术和传统展示场所的结合是有问题的。在 1969 年的采访中,特玛索·特里尼(Tommaso Trini)使用了"博物馆紧急情况"一词来描述将具有过程性的艺术作品引入博物馆环境所产生的问题[32]。对特里尼来说,所提出的两难问题似乎是不可调和的,因为传统博物馆空间的固定性与许多展出的艺术作品的时间性形成了明显的对比。

无论人们如何评价这种对展览制作过程的关注或认识，它都表明艺术制作与调解的分离不再那么容易被确立。艺术家的工作变得不那么容易了，开始与策展人的工作进行区分。此时，艺术家在他们的实践中采用了调解策略，通过使用文本、语言学和系统理论，产生了更多具有观念性的结果。正如艺术家罗伯特·巴里（Robert Barry）在1969年所声称：" '艺术'这个词正变得不再是一个名词，而是一个动词……与其说是对事物本身的思考，不如说是对事物本身所蕴含的可能性和观念的思考。"[33]。巴里对艺术作为动词的阐述是观念艺术众多定义中的一个[34]，它表明对艺术的理解不再局限于物质化的艺术对象；相反，艺术也可以包括关于艺术想法的产生，而这些想法本身就可以构成艺术。艺术可以是那些被口头化、被谈论或被书写的东西。作为物质实践的艺术与作为话语实践的艺术是不可分割的。就像艺术可以通过语言和思想的表达呈现在世界中一样，这些思想可以成为艺术生产的主要媒介和结果。而且，如果艺术可以是一种思想，那么那些参与创造和运用思想作为媒介的人，无论他们自称是策展人、批评家还是艺术家都可以说是艺术的生产者。正如思想需要调解（通过某种方式或手段）一样，艺术的调解和作为调解媒介的艺术观念也变得混淆。

1.2 祛魅与调解者的角色

除了受到"艺术即思想"等相关不同类别创作观念的影响，艺术家们还承担着与评论家或策展人有关的传统职能，如写作和组织展览。20世纪60年代后期，通过对展览形式的多种调整，策展人开始承继起艺术家的创作衣钵，艺术家、策展人和批评家的传统角色被瓦解并走向融合，艺术家和策展人以合作的方式共同工作。正如画廊主西格尔劳博所说：

当时艺术界的不同类别都在被打破：画廊经销商、策展人、艺术家型策展人、作者型评论家、写作者型画家，所有这些类别的概念都变得模糊不清。在某种程度上，这是20世纪60年代政治计划的一部分。"信息社会"已经启动并开始运行，其中许多不同的领域都跃跃欲试，人们在事物之间穿梭，做着许多不同的事情[35]。

鉴于策展人、艺术家和评论家开始认识到在展览的形成、制作和传播过程中调解因素正在发挥影响力这一事实，西格尔劳博将"祛魅化"这个术语应用于展览制作的变化条件之中[36]。"祛魅化"被描述为"策展人和艺术家开始试图理解和意识到我们行为的过程；明确我们和其他人在做什么……无论好坏，你都必须有意识把策展作为艺术展览过程的一部分来应对。"[37]。对西格尔劳博来说，祛魅是一个必要的过程，它揭示和评估了一个展览中更隐蔽的策展组成部分，明确了策展人的行为产生了哪些影响，例如哪些艺术品被展出，以及艺术品是如何被生产、调解和分配的。用他的话说，理解了策展人的工作，也就大致理解了你在展览中看到的东西[38]。正如西格尔劳博后来所说的那样，"我们以为我们可以将博物馆的角色、收藏家的角色以及艺术品的生产去神秘化；例如，画廊的规模如何影响艺术的生产等。在这个意义上，我们试图去揭秘艺术世界的隐性结构"。这种对艺术世界的隐秘结构的祛魅，成功地证明了在艺术的构建及其展示价值中有许多行动者和行为在发挥作用。"策展之手"的突然出现使得艺术作品的作者与独立策展人之间的分化日趋复杂[39]。

西格尔劳博与罗伯特·巴里、道格拉斯·休伯勒（Douglas Huebler）、约瑟夫·科苏斯（Joseph Kosuth）、劳伦斯·韦纳（Lawrence Weiner）等艺术家合作的作品并不是以物导向为主，他们作品的呈现并没有带来物质或物理上的结果。相反，他们的实践往往以理念为重，涉及思想、信息或以系统为导向生产。许多这些"非物质化"[40]或理念化驱动的作品需要某种形式的调解，通常是作为艺术作品本身的一个组成部分，以使作品易于感知。典型的例子是韦纳的《一个约一英尺乘一英尺的地洞，将一加仑火性白漆倒入其中》（1969 年）作为一个声明，它确定了作品的材料结构，以及其主要材料和生产过程和"巴里惰性气体系列"（1969 年），它既包括将气体释放到环境中的观念，也包含这一实际行动。为了让后者的艺术作品显而易见，西格尔劳博用一个 35 英寸 ×23 英寸的海报宣传了这个项目，并将邀请/广告寄给了邮件列表上的个人和主要机构，上面写着"罗伯特·巴里/惰性气体系列/氦、氖、氩、氪、氙/从测量的体积到无限地扩展/1968 年 4 月/塞斯·西格尔劳博，日落大道 6000 号，好莱坞，加利福尼亚州，90028 / 213 HO 4-8383。"[41]。

正如广告将物品的"使用价值"和"交换价值"[42]都塑造成单个标志一样，西格尔劳博将海报作为证明作品存在的标志，并将之作为认证作品交换价值的标志，而不是任何实际物品[43]。因此，艺术作品的展览被分为两部分：一部分是巴里的临时行为，他对展览过程进行了音频记录；另一部分是西格尔劳博以海报文本形式向公众展示的视觉效果，用亚历山大·阿尔贝罗（Alexander Alberro）的话说，这使得艺术作品的展览"仅以广告的形式，并作为纯粹的符号向公众开放"。[44]艺术品的物质表现和内在要素都是同一展览的一部分，两者既存在区别又相互依存。

1969 年，西格尔劳博指出，艺术是如何从一种观念转变过来的，即当有人绘画时，他所做的和你所看到的是同一件事，而"艺术本身与艺术的信息如何被提供是不同的事情。"[45]因此，现在有可能将艺术品分为"主要信息"（即"作品的本质"）和"次要信息"（即用于让人了解作品及其"表现形式"的物质信息）[46]。如图 1-5 所示，"鹿特丹对话：策展人"的展览由塞斯·西格尔劳博与策展人凯蒂·斯科特（Kitty Scott）、魏特德维茨于 2009 年在鹿特丹的当代艺术中心举办。

图 1-5　塞斯·西格尔劳博与策展人凯蒂·斯科特在鹿特丹的当代艺术中心针对策展人的话题进行对话（图片由魏特德维茨当代艺术中心提供）

艺术策展制度的变化不仅涉及新的分配和展示技术的独立应用，还影响甚至决定了展品的呈现方式，这成为艺术作品本身不可分割的组成部分。通过这种方式，艺术作品的生产及其在公共展览语境中的调解就相互交织。一种新的后形式主义美学出现了，就艺术来说，现在看重的是系统论、语言学、场所特异性及艺术的环境维度，而不是传统的美学形式[47]。西格尔劳博在1968年的一篇未发表的文章中指出，到20世纪50年代末及60年代初，"大多数艺术家确实地接受了艺术作品的框架惯例是隐性的"这一论点，而更传统的基于物体的艺术则被拒绝了[48]。在这种接受逻辑艺术的历史演进中，存在着对象的意蕴及其与物理语境的关系（如墙、地板、天花板和房间本身）。同年，丹·格雷厄姆也指出"展览是为特定的场所而做的"[49]，进一步突出强调了对展览场所与艺术作品场所的理解是密不可分的。

因此，那些提供艺术调解的语境的负责人几乎与艺术家自身一样，是艺术生产的核心。与此同时，艺术家们似乎在寻找富有同情心的展览组织者，他们能够提供展示他们的非物质化作品的方式，以及那些对艺术作品和展览的实际构成有基本认识的人。正如韦纳所说："策展人将他们的结构建立在能够合法和正确地展示（这意味着理解）某种没有先例的作品的基础上。至少在我自己的案例中，我确信这一点，而且在大多数其他情况下，我觉得艺术家们正在寻找至少了解他们所做的事情的策展人。他们甚至不需要同意它；他们只需要理解它，这样，当它被呈现时，它就不会被曲解。"[50]

回顾这一刻，哲学家彼得·奥斯本（Peter Osborne）将20世纪60年代的观念艺术实践所否定的四个关键要素，即艺术的物质客观性、媒介特异性、视觉性和自律性——分离出来[51]。作为探索这些属性的一种手段，策展人设想了新的展览方式，试图解决如何呈现这种观念性和非物质化的实践，同时提供一个可见的策展结构，使艺术作品能够得到最佳展示。在许多展览中，艺术作品（艺术家为展示而创作的作品）、策展结构（艺术作品创作的主要组织框架）、调解技术（用于超越展览形式交流作品的方法）以及展览形式（将这些关系向公众展示的展示类型）都相互碰撞。

这些展览中的早期实例是1967年由艺术家布莱恩·奥多赫蒂（Brian O'Doherty）策划的阿斯彭5+6（aspen 5+6），如图1-6所示。"阿斯彭5+6"展览是由布莱恩·奥多赫蒂策展，于1967年举办。其中包括约翰·凯奇、马塞尔·杜尚、索尔·勒维特、罗伯特·莫里斯等精心挑选的电影、音频、乙烯基唱片和印刷品，这些作品与塞缪尔·贝克特、阿兰·罗布·格里莱、苏珊·桑塔格和罗兰·巴特委托撰写的文本一起放在一个盒子里，为这些作品提供作者后结构主义创作理念的语境理解[52]。与此相反，西格尔劳博与杰克·温德勒（Jack Wendler）1968年的"施乐复印书"邀请了艺术家安德烈、巴里、休伯勒、科苏思、勒维特、莫里斯和韦创作受到尺寸限制的作品（一张信纸大小的纸）、媒介（书的复印件）和说明（策展人可以复制的作品）[53]。如图1-7所示，"施乐复印书"的展览由塞斯·西格尔劳博和与杰克·温德勒策展，于1968年在纽约举办。同样，西格尔劳博的展览宣传活动与其中的艺术作品相互映照。他在《艺术论坛》上为"道格拉斯·休伯勒：1968年11月"所做的宣传广告，正是休伯勒在其作品中所使用的描述性语言[54]。泽曼称之为策展理念阐释和"保护艺术品的自律性"之间的"伟大平衡行为"[55]，到1972年进入了一个关键的过渡阶段。评论家比阿特丽斯·冯·俾斯麦（Beatrice von Bismarck）回顾性地观察并界定这一关键的转折时刻："艺术世界中的英雄角色从艺术家中的佼佼者转变为策展人。"[56]

图1-6　展览"阿斯彭5+6"（图片由格温·艾伦提供）

图1-7　塞斯·西格尔劳博与杰克·温德勒策划的展览"施乐复印书"（图片由塞斯·西格尔劳博提供）

1.3　20世纪70年代以来策展作为一种新兴实践

到20世纪70年代初，展览制作者的角色已经从离散艺术品展览活动的主要组织者转变为展览的组织者和话语实践者。策展人的工作开始囊括可能与艺术作品展示不直接相关的各种因素，例如知识的产生，或文化传播和翻译的发展，这些因素塑造了艺术可以与之结合的其他形式[57]。伊尔·罗格夫（Irit Rogoff）最近称之为"通过一系列原则和可能性来构建这些展览制作活动的可能性"[58]。对艺术框架和艺术调解的强调，而不是对其生产的强调，也为参与这些实践框架的个体行动者——策展人创造了一种新的可见性。在当代艺术展览的构思、生产和调解过程中，组织者、中间人和中介所扮演的角色，在某种程度上开始受到人们的认可，这是对艺术生产条件变化的一种回应。但这也在一定程度上质疑了这些条件，通过设计新的形式，艺术家可以将其作品作为公开信息呈现。正如所表达的西格尔劳博在描述他与巴里、休伯勒、科苏斯、韦纳等艺术家的工作关系时所表达的：

我的兴趣是与他们一起工作，共同设计能够展示他们作品的展览结构和条件，这将反映他们的作品与什么有关。换言之，我清楚地认识到，在寻求解决他们的工作性质及其背后理念所带来的问题时，画廊不一定是展示它的最理想环境。可以说，我的工作责任是找到那些新的表现形式，找到那些新的结构和条件，以便能够展示他们的作品[59]。

"调解者"的构成发生了变化，这意味着策展人是传播链上的能动者（艺术家作为发送者，策展人作为调解者，观众作为接受者）。策展人主要负责生产各种方法（展览形式），通过这些方法来调动各种形式的信息（如艺术品、策展理念）。正如吉勒·德勒兹（Gilles Deleuze）所设想的那样，创造力是一种运动或流动，需要调解者，作为积极沟通网络的一部分，保持事物的开放性和活力：

  创造都是关于调解者的，他们不可或缺。他们可以是人——对一个哲学家来说，调解者可以是艺术家或科学家；对一个科学家来说，调解者可以是哲学家或艺术家——但也可以是事物，甚至是植物或动物……无论他们是真实的还是虚构的，有生命的还是无生命的，你都必须形成属于你的调解者，这是一个体系。如果你不在某个体系中，你就会迷失方向，即使是一个完全虚构的体系。我需要我的调解者来表达我自己，没有我，他们永远不会表达他们自己：你总是在一个团队中工作，即使你看起来是独自一人[60]。

  如果说，正如德勒兹所建议的那样，调解者的作用是使事物保持运转，是作为一个群体一部分的一系列"动态的"行动或"表达"，那么去神秘化作为使这些调解者可见的一种方式，似乎是这类运动和实践的必要功能。20世纪60年代末至70年代初，人们迎来了一种新的且有表现性和动画性的策展实践模式，可以理解为雷蒙德·威廉姆斯（Raymond Williams）所表述的"新兴"。在《马克思主义与文学》（1977年）中，威廉姆斯构建了一个由主导的、残余的和新兴的①文化时刻组成的三联体[61]。

  虽然主导文化代表了现状，而残余文化因素与有效主导文化总保持着一定的距离，但仍然是主导文化的其中一部分的文化因素。残余的文化因素包括那些源自宏大传统的文化因素，这些因素被用于使当代社会关系合法化，同时在很大程度上在边缘空间运作。威廉姆斯认为，这种通过"重新解释、冲淡弱化、投射、辨别取舍"将残余收编的做法是选择性传统的产物。此外，新兴文化创新包括产生新含义、价值观和相互关系的创新实践。因此，"新兴"不仅仅是新奇的表象；它是对主导者辩证对抗的场所——承诺克服、违背、回避、重新谈判或绕过主导者——而不是简单地在"新"或当代的奉承下提供更多相同的东西。

  威廉姆斯认为，真正的新兴实践很难与那些在主导文化中处于新阶段的实践区分，不仅仅是"新奇之物"②。从最严格的意义上讲，新兴的实践给受认可的文化体验、行为和价值观提供了真正的替代方案。威廉姆斯认为，与残余文化或主导文化不同，新兴文化的重要之处在于，尽管它总是依赖于寻找新的形式或适应该形式，但它包含着一种内隐或外显的批判因素[62]。当然，这是艺术市场长期以来对新兴修辞的共同选择，正如"新兴艺术家"的陈词滥调所证明的那样。这种共同选择使得对真正新兴事物的辨别更加复杂，把不确定的真实性动态既作为阻力点，也作为卖点。

  根据威廉姆斯的定义，20世纪60年代末把策展实践的新兴时刻现在作为当代策展话语的残余元素运作，因为它与早期社会形态和文化阶段产生某些意义和价值的方式有关[63]。

---

① "主导的、残余的和新兴的"等雷蒙德·威廉姆斯术语，参见由王尔勃、周莉翻译并由河南大学出版社于2008年出版的《马克思主义与文学》一书。

② 此处novel译为"新奇之物"，参见由王尔勃、周莉翻译并由河南大学出版社于2008年的《马克思主义与文学》一书的第132页。

当代人可以追溯,那些意义和价值代表着人类的经验以及渴望和成就历史重要时刻,但却被主导文化所忽视、压制或低估[64]。

策展话语更确切地说是策展话语中的一个特定的子形式,将策展视为一个有争议的领域,在近几十年来已成为一个重要的文化矩阵。策展话语使一系列批判性的创新成为可能,这些创新在许多场所的实践中与主导文化展开了竞争。学习理解策展话语如何作为新兴的引擎运作,将有助于考虑策展话语本身的发展,一些策展人批判性地反对,将其确定为一种半独立的个人创作调解(和生产)的形式。例如,当泽曼在 1972 年策划第五届卡塞尔文献展"怀疑现实:今日图像世界"①时,泽曼作为个体策展人的地位已经引起了更广泛的国际讨论。

这场争论伴随着艺术批评的侧重点的转移——从最初作为自主研究对象的艺术作品的批判,转向一种策展性批评的模式,在这种模式中,策展人成为批评的中心主体。例如,对第五届卡塞尔文献展的批评,主要集中在泽曼过分强调自己的策展理念,而不是展览中的艺术作品。当时,这种批评是由一群曾与泽曼合作过的参展艺术家主导的[65],他们在《艺术论坛》[66]以及其他地方提出请愿,其中包括德国报纸《法兰克福日报》[67]。这些艺术家反对在未经他们许可的情况下进行主题分类展览,并反对泽曼在展览中按照"怀疑现实"和"今日图像世界"来分类艺术作品,并且使用一个包罗万象的主题概念;该展览还包括非艺术材料,如科幻小说、漫画、政治宣传海报和广告[68]。正如冯·俾斯麦后来所说,这种反抗的姿态平息了艺术界权力关系的根本冲突,因此,宣言应该被视为对策展人和艺术家角色转变的早期反应。在这对立的时刻,争论的焦点是塑造艺术的公众形象的力量[69]。

将艺术展览视为一个关于"策展"空间的想法,体现了一个超越艺术家利益的职权范围,这种职权范围有时会使艺术的半自律作用失效,有可能会打开新的路线。这种现象提供了一个批判性争论的空间,超越了对艺术作品的集中批判,具有讽刺意味的是,艺术家越来越关注自身作品的调解和已经概述的调解语言——并开始将策展作为自身的实体和批判的对象。在这个意义上,策展地位的兴起开始于策展去神秘化的过程。作为一种对"什么构成了艺术作品""谁构成了艺术作品"的主导秩序的反对,开始了关于展览作品的价值和意义的讨论。

1.4　20 世纪 80 年代后期作为展览作者的策展人

从 20 世纪 80 年代中期开始,在美国艺术界(尤其是本杰明·布克洛、哈尔·福斯特、安德里亚·弗雷泽和惠特尼独立研究项目的学生,如约书亚·戴克特、马克·迪昂等人)针对比格尔的"关于体制的批判"②,重新定义了历史先锋派,将其重新命名为"机制批

---

① 本书中关于 documenta 内容的译法,可参见卡塞尔文献展官方网站。
② 此处 critique of institution 的翻译,参见由高建平翻译并由商务印书馆于 2002 年出版的《先锋派理论》一书。

判"①[70]。这个术语开始涵盖"新先锋派"[71]，如迈克尔·阿舍尔（Michael Asher）、马塞尔·布罗代尔（Marcel Broodthaers）、丹尼尔·布伦（Daniel Buren）、丹·格雷厄姆（Dan Graham）、汉斯·哈克（Hans Haacke）和劳伦斯·韦纳等艺术家的实践。福斯特声称，这些艺术家的主要兴趣是对传统博物馆惯例的批判（达达主义、构成主义和其他历史先锋派）转变为对艺术机制的感知和认知以及结构和话语参数的调查[72]。

在这种语境下，机制批判被理解为不同于历史先锋派对体制的批判，因为它主要是作为内部批判来运作的，主要是针对艺术的制度基础及其制度化体系[73]。简而言之，这是一种削弱主导制度的方法，而不是推翻主导制度。正如布克洛所写："事实上，制度批判成为这些艺术家攻击视觉虚假中立性的中心焦点，而视觉虚假中立性为这些制度提供了基本原理。"[74]因此，机制批判现在通常被其明显的对象（即机构）所界定和限制，其中包括博物馆、美术馆和已建立且有组织的艺术展示场所及媒介、艺术市场、艺术杂志和艺术批评。正如安德里亚·弗雷泽（Andrea Fraser）所言，无论其立场如何，能够体现出非物质性、关系性、公共性或突出性即可，"当艺术为那些承认它是艺术、重视和评价它是艺术，并将它作为艺术消费的话语和实践而存在时，无论是作为对象、姿态、表征，还是仅仅是理念，它就是艺术[75]。被宣布为艺术的东西总是被其运作的系统制度化了，这仅仅是因为它存在于那些参与艺术领域里人的感知之中。换言之，'艺术的制度不是任何作品之外的东西，而是它作为艺术存在的必不可少的条件'。"[76]没有艺术内部的机制就没有艺术。

作为艺术体制的重要组成部分，策展通过展示和讨论向艺术传递价值。因此，策展人被视为内部的重要人员。策展人被认为有能力建立新的路线，并为艺术的展示提供条件，开始界定艺术的生产框架，同时维护其总体的展览语境。策展人的角色有了一个新的可见度，这始于艺术机制的去神秘化，并继续回应更多的观念化实践。到20世纪80年代末，这样的条件使得策展人的角色被"重新神秘化"，成为一个主导的、单一的创作者。对群展形式的批评开始将展览描述为一种展示媒介，由策展人将作品并置，这种媒介产生了主观的叙事线索。策展工作回归到将现有物品纳入展览，或将现有作品和委托作品组合在一起，作为整体展览构成的一部分。20世纪80年代的非历史性或专题性展览往往认为，策展人的主要职能是作为一个代理人，几乎是完全统筹一个展览概念的作者。该展览被提议由个人将艺术品、概念和实践综合融合成一种"总体艺术"②将艺术作品整合成一个整体形式[77]。除了有据可查的对传统博物馆的挑战外[78]，一种新修辞的盛行，将当代策展明确为塑造并赋予展示功能的艺术活动。例如，1982年，第七届卡塞尔文献展的艺术总监鲁迪·福克斯（Rudi Fuchs）总结了他的艺术展览工作："我们实现了这一绝妙的造物……我们在为这一展览腾

---

① 此处 institutional critique 的翻译，参见由吕佩怡于2011年12月《博物与文化》第2期中的《美术馆与机制评判：迈向一个在地机制批判可能性之探讨》一文。另还有"制度批判""机构批判"等译法。

② "总体艺术"（gesamtkunstwerk）这个词由德国音乐家瓦格纳在1549年提出，也被翻译成"总体剧场"。20世纪的一些艺术家和理论家随后借用和发展了这个概念，在建筑、装置和多媒体艺术中把影像、环境、物件和建筑组合进行复杂的交相互动。参见钱文逸翻译并由上海人民出版社出版的《"空间"的美术史》。

出了空间之后建构了一个'展览'。与此同时，艺术家们努力尝试做到最好，这也是应该做到的。"[79] 到了1983年，哈罗德·泽曼在苏黎世美术馆策划了"总体艺术的趋势"，他提出展览是通过策展人的想象力来探索艺术的整体性、综合性。

在与策展人汉斯·乌尔里希·奥布里斯特的访谈中，泽曼详细阐述了此次展览：

总体艺术只能存在于想象中。在这个展览中，我从德国浪漫主义艺术家开始，如诺瓦利斯和卡斯帕·大卫·弗里德里希的同时代人龙格（Runge）……然后我收集了一些作品和文献，它们与主要的文化人物相关，例如理查德·瓦格纳和路德维希二世、鲁道夫·斯坦纳（Rudolf Steiner）和瓦西里·康定斯基、薛瓦勒（Facteur Cheval）和塔特林……施维特斯的《情欲苦难大教堂》①；包豪斯的宣言"让我们建造我们时代的大教堂"；安东尼·高迪和玻璃链运动②；安托南·阿尔托（Antonin Artaud）、阿道夫·沃尔夫里（Adolf Wolfli）和加布里埃勒·邓南遮（Gabriele D'Annunzio）……在电影领域，有阿贝尔·冈斯（Abel Gance）和汉斯·于尔根·西贝尔伯格（Hans Jürgen Syberberg）。这又是一部具有乌托邦意味的历史。展览的中心有一个小空间，我称之为我们这个世纪的主要艺术姿态：里面有一件康定斯基1911年的作品、杜尚的《大玻璃》（Large Glass）以及蒙德里安和马列维奇的作品各一件。我以博伊斯作为这次展览的结束，他是视觉艺术中最后一次革命的代表[80]。

泽曼的展览是众多大型展览之一，这些展览在不同时代、运动、媒介和风格的艺术之间创造了复杂的间隙。在这些展览中，其总体结果被称为一个统一的作品，由许多在同一种愿景下展出的艺术品组合而成。"总体艺术的趋势"提出了一种自成一体的策展价值体系。作为一个命题，泽曼的展览似乎把他自己的神话作为一种价值，有其自身真理之外的不合理性。在雅努斯面孔③思维下，他自创的神话遵循了罗兰·巴特（Roland Barthes）所认为的使其永久化的一个关键属性，即"意义总是在那里用来呈现形式"[81]。泽曼的展览是由作品和物体组成的混合体，这些作品和物体构成了泽曼叙述的片段，作为他最终展览形式的材料，他打算将其隔绝起来，与艺术家个体的意图保持一定的距离[82]。在这样的展览中，对各种作品的安排产生了极大的潜在意义，将单个艺术品的审美价值转化为象征性价值。通过将创造艺术品意义的责任几乎完全交给策展人，泽曼的主观决定重新构建了艺术品价值的判断体系[83]。

20世纪80年代的大型展览还探索了对画廊或博物馆以外的空间的利用，如卡斯珀·柯尼希（Kasper König）的展览"从这里开始"（杜塞尔多夫，1985年），该展览被布置在与建筑师赫尔曼·捷西（Hermann Czech）共同构思并专门建造的展厅内。许多人还采用了"分散场域的方式"。例如，1986年杨·荷特在根特的各种私人公寓的一个或多个房间里举办

---

① 情欲苦难大教堂是德国达达主义者库特·施维特斯于1923年开始创作的装置作品《梅尔茨建筑》的场景之一，此作品集拼贴、雕塑和建筑为一体。

② 布鲁诺·陶特（Bruno Taut）发起的现代主义艺术运动，是第二次世界大战后德国表现主义（1910—1923年）建筑的主要流派，以玻璃与混凝土结构的透明建筑为其代表性设计。

③ "雅努斯面孔"指代一种双重形象，强调其内在的双重性或矛盾性。参见周计武编写并由北京大学出版社于2019年出版的《艺术的祛魅与艺术理论的重构》一书的第139页。

的展览"朋友们的房间"或者在1987年克劳斯·布斯曼（Klaus Bussmann）和柯尼希在明斯特雕塑项目中的长期举措，即在选定的户外场所展示场域回应性的（site-responsive）艺术作品。此后不久，策展人玛丽·简·雅各布（Mary Jane Jacob）用举办艺术节的方式囊括了一系列临时公共艺术作品，这些作品与查尔斯顿的空间和历史语境相呼应，被归属为一个单独的展览，名为"关于一个过去的地方"（1991年）[84]。

在一个新的价值体系中，艺术被重新排序。其中，策展人的选择被看作是一种自我展示，从而为这些掌舵的组织者造就了一定的地位。

根据布莱恩·奥多赫蒂的说法，这种开始对作品周围空间的重视在20世纪50年代和60年代就已经开始。在当时，单个艺术品的意义是由与之并列的作品以及它在其他作品中的位置决定的。在一些展览中，例如1988年鹿特丹博伊曼斯·范·伯宁恩博物馆由泽曼策划的"历史的声音"、1989年巴黎蓬皮杜中心和维莱特公园中让-于贝尔·马尔丹策划的"大地魔术师"，以及鲁迪·福克斯在1983年对埃因霍温的范阿贝姆博物馆藏品的重新布展——之后该收藏品也由此博物馆的现任馆长查尔斯·埃舍复原，作为2010年的"重复：夏季展览1983年"（Repetition：Summer Display 1983）其中的一个单元"玩转范阿贝姆（一）"（Play Van Abbe Part 1）——作品的并置都是值得注意的，它们在材料、风格、时间和文化起源方面都有很大的不同。图1-8所示为"博物馆馆藏夏季展"，该展览由鲁迪·福克斯策展，于1983年在范阿贝姆博物馆举办，并于2009年在埃因霍温由鲁迪·福克斯策划了"重复：1983年夏季展"展览。虽然对永久收藏品进行非线性的重新排列目前已经成为泰特现代艺术馆等各大展览馆的制度性实践模式[85]，但在当时，福克斯的方法因其"对抗性"而引人注目，例如他将马克·夏加尔的《向阿波利奈尔致敬》（1912年）与卢西亚诺·法布罗的《帕里斯的裁决》（1979年）放在一起，打破了传统艺术史针对艺术风格或时期的分类。当时，福克斯根据它们在主题上的相近，为这种有争议的相似性进行辩护："法布罗突出了一个希腊神话中的事物，其影响已经持续了许多世纪。夏加尔有俄罗斯背景，其作品也与一个基本的故事有关。他们都关注生活中的事物，关注历史的本质"[86]。

图1-8　由鲁迪·福克斯策划的展览"博物馆馆藏夏季展"（图片由范阿贝姆博物馆提供）

上面提到的所有展览都包括来自不同时间、地点和文化的作品，展览作品都是根据它们的形式、主题或语境关系来选择的。这些展览的共同点是将不同的作品组合在一起，仿佛是在相互对话，并由一个作者型策展人的个人叙事进行调解。与博物馆展示相关的分类系统被主观形式下的分类学"本质主义"所取代，后者主要基于策展人的品位、作品风格和展品之间的相似性[87]。艺术史学者黛博拉·J.迈耶斯（Debora J. Meijers）认为，在福克斯、泽曼等人的非历史性展览中，"艺术作品被安排在新的真理的基础上。尽管这些真理具有强烈的个人色彩，却被作为普遍性的东西呈现。"[88]策展人因此成为"品位的仲裁者"，他们对艺术家和作品的单方面的选择被视为"对他们无所不能的保障。"[89]正如利亚姆·吉利克（Liam Gillick）在1992年提到，策展行为的功能是"在艺术家和他人之间创造一套调解因素"，艺术作品通过这些因素得以被观看。然而，吉利克也提到，尽管策展的"语境化结构"似乎是展示艺术的新方法，但在现实中，策展的决策与"市场力量和私人画廊"携手并进[90]。

在这类展览中，策展人强烈的存在感，是以牺牲参展作品的审美自律性为代价的。与此同时，策展人的偏好也遭受到了批判性审查。这也使艺术的意义在展览语境中被重新定义。这种相对主义的、混杂的、非历史性的展览制作方法受到了很多批判性的攻击，因为它在没有语境背景的情况下创造了来自不同地点与时间的艺术星丛①。艺术品之间几乎可以互换，仿佛它们都来自一个对等的空间。在群体展览形式为艺术世界提供了新语境的情况下，个体作品的独特性被重新编码成一种国际化的艺术语言。帕特里克·墨菲（Patrick Murphy）是20世纪90年代费城当代艺术学院博物馆的策展人，他批评了20世纪80年代公开的主题性国际展览数量的剧增，将之称为"居家文化旅游"。其中，所有不同的艺术品"被排列在各个展厅中，为各种各样的来源提供其意义"[91]。通过这种方式，个体作品在信息的传达中取得一定作用，而在一切的中心，存在一种展览设计师向"元艺术家"角色的转变。

黛博拉·迈耶斯所谓的策展人作为"新统一体"和"新真理"理念的构建者或主张者，受到了相当多的批评。这类陈述表明了一种话语设置，它将策展活动作为叙事生产的主观模式[92]。正如迈耶斯接下来所说："一个将自己的活动视为艺术的展览设计师，与逐渐意识到自己历史叙述的文学维度的历史学家，没有本质上的区别。"[93]

20世纪60年代，"艺术"一词开始被视为一种动词。与之相呼应的是，从20世纪80年代末开始，人们见证了一种范式的转变：从使用与传统博物馆功能相关联的名词"策展人"（curator），转向使用动词"策展"（to curate），后者意味着通过艺术品之间的对应关系来构建叙事[94]。动词"策展"的出现——曾经只有名词"策展人"——暗示着策展人参与了艺术生产的生成过程。正如策展人亚历克斯·法夸尔森（Alex Farquharson）所写："新词汇，尤其是那些语法上不太正宗的词汇，像动词to curate（更糟糕的是形容词curatorial），终究在语言社群持续地确认一个讨论点的需求中产生了。"[95]

对策展人作为负责整个展览结构和叙述的行动者这一概念的引申，确立了"由……策展"这一短语如今在展览邀请函、新闻稿和画册中普遍使用。作为所有展览的一个规范属性，"由……策展"为策展人阐明了一个半自主的作者角色。在群展的语境下进行策展——这种展览形式最明显地将策展人带到了幕前，并帮助建立了"由……策展"的机制——使

---

① constellations of art 强调艺术作品并非单一割裂的个体，而是主客体之间各种要素相互作用形成的功能性结构，这一概念源自本雅明与阿多诺美学理论中的"星丛"理论。此理论可参见王乃一翻译并由中国画报出版社出版的《策展哲学》一书的第6页。

人们清楚地认识到,在所有的展览中,除了艺术家以外,还有一个行动者在工作,而且"展览"是一种具有自己语法的策展词汇[96]。正如尼古拉斯·伯瑞奥德所说,"将群展作为一种语言概念来发展,展览(包括个展)的方面都被间接地、以同样的方式被解码",并归入同一种群展的策展语言[97]。

1.5 从20世纪60年代的"祛魅",到80年代的"可见性",再到90年代策展人的"超可见性"

正如人们所看到的,20世纪60年代后期和80年代都是关键节点,使策展人的角色、策展实践的纽带及其运作的场域的边界都得到了扩展。作为历史上的先例,西格尔劳博无意中确定的"祛魅化"的概念是后来的策展话语中最切中要害的议题之一。也正如约书亚·戴克特(Joshua Decter)所述:"文化机构和博物馆更希望当代艺术展览的'不可见的'力量仍保持不可见。文化机构内部发生的很多事情都不为公众所见,甚至常常不为专业的艺术群体所见。"[98] "可见性"对于戴克特,就像"祛魅化"对于西格尔劳博——一种通过增加策展流程的可见度,揭露艺术展览背后过程的迫切需求。曝光展览被生产的各种决策过程,表明了什么是作为艺术被传播的,以及关于艺术的信息是如何被调解的[99]。

"祛魅化"的概念是基于一种假设,即策展人被认为是有权力的人物,但这只在一些更大的制度性权力的语境下生效。在这种背景下,策展人的工作很大程度上被理解为在某一特定时刻,参与选择和展示具有最大审美价值、文化价值和历史价值的艺术品[100]。凯瑟琳·托马斯(Catherine Thomas)曾提到,对策展人权力的感知程度与他们的不可见性成正比:"从历史上看,策展人的'手'或选择过程尽量不在'客观性的'展示中出现。这种不可见的做法背后的观念,仍然与一种传统观念有着内在的联系,即博物馆是理性的、中立的和权威的,是一个代表着绝对真理和价值的地方。"[101]

祛魅作为理解艺术实践和策展实践之间关系变化的必要工具,最初是为了揭示在展览的选择、组织和搭建框架的过程中所涉及的决定、个人选择和细微差别。20世纪60年代后期以来对艺术实践进行历史化的回顾性研究,开始优先考虑扩大某些个体策展人的历史地位。例如,亚历山大·阿尔贝罗的《观念艺术与公共政治》(2003年)中着重介绍了塞斯·西格尔劳博在20世纪60年代的策展实践。而在哈罗德·泽曼去世后,学者们则围绕他的实践发行了三部专著:《哈罗德·泽曼:展览创作者》(2005年)、《哈罗德·泽曼:凭借,面对,得以穿越——1957—2001年所有展览的画册》(2007年),以及《哈罗德·泽曼:个人方法论》(2007年)[102]。这种对策展人个体新的关注是出于以下三个原因。首先艺术话语中策展人地位的可见度提高,正如所看到的,这是去神秘化过程合乎逻辑的结果。第二个原因正如米克·威尔逊(Mick Wilson)所说,自20世纪90年代以来策展以及更广泛意义上的艺术领域的"话语转向"[103]。在这种转向中,话语作为当代艺术专业的一个重要组成部分被认为是一个有力的媒介,这种公开讨论的做法可以塑造声誉并将其转化为占主导地位的历史性话语。这一新发现的重点在于建立针对策展领域的话语。

第三个原因是,当时策展史正在被编写以填补该领域知识的空白,而这些知识又集中在20世纪60年代后期以来的关键人物身上。例如,布莱克·斯廷森(Blake Stimson)为《观念艺术:批判性文集》(1999年)撰写的序言中提到:"塞斯·西格尔劳博,这位组织者、企业家……也许是唯一一个在艺术领域里,与'观念艺术'运动有关的最有影响力的人物。"[104] 大量的文章声称哈罗德·泽曼"在一批策展人才中居于核心的领导者地位,这些人才塑造了人们对第二次世界大战后实验艺术的普遍看法"。[105] 这部新的策展史将在本书接下来的章节中加以深入探讨。

然而,到了20世纪90年代,雷蒙德·威廉斯将"去神秘化"定义为"积极的残余因素"[106],成为策展人讨论时的特定的一个比喻。"去神秘化"之所以是"残余"的,是因为在20世纪60年代它最初是作为艺术过程神秘化的反对力量而形成的一种概念;它之所以是活跃的,是因为它的意义和价值在策展话语中被广泛地持续使用。在被主导文化同化的过程中,去神秘化已经有效地被收编、重新解释,并被淡化为策展人地位的"可见性"。让自我呈现形式消失、隐匿或崩塌,这些优点被忽视了,因为它自身就是一种潜在的、有效的实践模式。去神秘化甚至成为一些人的主要做法,例如奥多赫蒂,他将其描述为"我们目前工作的一种媒介"[107]。自20世纪60年代末以来,策展人的地位已经从一个仍然活跃在文化进程中"积极的残余因素"转变为"在过去有效地形成和生成的因素,而且是作为一种在当代有效因素存在。"[108]

如今,去神秘化在策展话语内部被广泛接受为一种界定和表现策展立场的方法。这就是说,在当下艺术的社会领域和文化领域中,作者身份、自我定位和策展人的创造性价值等观念被视为理所当然。查尔斯·埃舍(Charles Esche)对其立场的阐述表明了这一点:"我认为我们应该承认,在策展人这个新名词中隐含着一种真正的创造力……现在我们参与了生产,创造语境和机会,所有这些都有创造性的因素……一个策展人就一个立场……我有自己的立场。比如,如果你想要一栋由雷姆·库哈斯(Rem Koolhaas)设计的建筑,你就会向雷姆·库哈斯提出要求。"[109] 这一点在罗伯特·斯托尔(Robert Storr)关于他的策展立场的陈述中得到了重申:"我认为祛魅是一个至关重要的部分。现在有不同的方法,也有不同的机会或时机……如果你在机构中工作,你的处境会有些不同,因为你最好的选择,基本上是创造最大的透明度,然后尽可能处理那些需要不透明的地方。"[110]

因此,对策展人角色去神秘化的想法已经标志着两方面的融合:一方面是最大透明度的概念,作为阐明和定义策展人特定立场的一种手段;另一方面是策展人安妮·弗莱彻所说的一种调解的"超可见性"[111]。现在假设而不是质疑一个展览已经被策划。对于弗莱彻来说,策展人的声明现在"作为实践的一个固有部分",包含了去神秘化的过程,在这个过程中,提供信息,开放、展示自己并保持透明是至关重要的[112]。此外,她发现一种明显的矛盾,即策展人所谓的职责与他们仍然对其效应反应迟钝的事实。这种职责的效应意味着可见性会在艺术及其相关话语领域内赋予策展人巨大的权力与地位,这属于新的声誉经济的一部分。当考虑到这种超可见性如何通过与当代展览实践相关的话语对策展的表现、评估和制度化产生影响时,弗莱彻继续说:"也许在另一个层面上,策展人的可见性是应该被质疑的,即他们超可见的程度,更确切地说是他们应该被赋予责任,应该承担责任。"[113] 也就是说,基于这种透明度、公开的展示和一种奇特的名人品牌效应,作为个人策展立场中的超可见性立场的祛魅几乎没有涉及这种可见性的持续重复可能造成的影响。这种影响是艺术及其策展人的主导性话语的创造和维护所产生的。

这就是迈克尔·布伦森所说的"策展人时刻",他认为随着20世纪90年代中后期国际会议、策展人峰会和双年展的出现,这个时刻已经到来:

在听了3天国际双年展和三年展的负责人谈论他们的希望和关切后,我清楚地看到,策展人的时代已经到来。这些展览的组织者,以及世界上的其他跨文化工作的策展人,都必须同时是美学家、外交家、经济学家、评论家、历史学家、政治家及观众的发展者和推广者,并能对他们之间的兼容性和冲突点进行想象性思考。他们不仅要能与艺术家沟通,还要能与社区领导、企业高管和国家元首沟通……新的策展人理解并能够阐述艺术触动和动员人们的能力,并鼓励关于精神、创造力、身份和民族的辩论。策展人所持的欢迎或排斥的态度,他们声音的质感和基调,他们所持的欢迎或排斥的态度,以及所引发的对话形式,对于当代艺术的质地和知觉是至关重要的[114]。

正如布伦森所指出的,策展专题研讨会是一种公开的展示形式,展示了策展人如何成为代表他们学科发言的主体的方式。作为一种实践,他们通常建立一个层级结构的舞台或框架。例如,2009年3月在魏特德维茨当代艺术中心举行的"鹿特丹对话:策展人"国际研讨会试图提供一个契机,反思自20世纪90年代策展人身份崛起以来的行业现状。为期3天的会议聚集了一些最知名的策展人,从杨·荷特(Jan Hoet)到汉斯·乌尔里希·奥布里斯特再到尼古拉斯·伯瑞奥德,还有一些受欢迎的双年展策展人,从侯瀚如到卡洛琳·克里斯托夫·巴卡捷夫(Carolyn Christov-Bakargiev),以及艺术中心和其他艺术机构的年轻一代的独立策展人——从延斯·霍夫曼(Jens Hoffmann)到亚当·布达克(Adam Budak)。如图1-9所示,2009年杨·荷特和侯瀚如在展览"鹿特丹对话:策展人"的现场。这次研讨会以"话语的展览"(an exhibition of discourse)将发言的声音以公开的展示的形式呈现。然而,无法避免的是,大量的自我表达只是在所提供的框架内,在已经运作的声誉经济中,具体化了所提供的象征性价值。该活动有效地再现了那些强大的价值体系,其基础是一种知名策展人文化,人们在过去20年的"策展人时刻"中已经习惯了这种文化。作为一次反思所取得的成就和事情如何变化的重要契机,这些人几乎没有因这些变化是否为艺术或更广泛地为文化带来任何成果而进行自我批评[115]。

弗莱彻发现的矛盾之处在于,策展人地位的去神秘化与其可见性之间的矛盾,这些矛盾可以从策展人提倡的批评性回应中看到。例如,2002年的第四届欧洲宣言展(Manifesta 4)被其策展人雅拉·布勃诺娃(Iara Boubnova)、努丽娅·恩吉塔·梅奥(Nuria Enguita Mayo)和圣法尼·莫伊斯顿(Stéphanie Moisdon)宣称是一个"彻底透明"的策展系统,旨在创造有机整体的过程,以对话、交流和新艺术模式为中心,联合策展人承担"促进者而非巨星策展人的角色。"[116] 但是,通过提醒人们注意他们所谓的透明度,策展人确保了围绕展览的讨论主要集中在他们的策展声明上,而不是他们选择的艺术作品上[117]。同样,当弗朗切斯科·博纳米(Francesco Bonami)试图通过邀请11位策展人在整个展览中形成"区域",使2003年的威尼斯双年展成为一个更加集体化的展览项目时[118],评论主要集中在每个人的策展声明上,博纳米甚至被批评对展览的策划不够[119]。最夸张的也许是第九届里昂双年展的独特策展理念,奥布里斯特和莫瓦东采用了一种非传统的递旧的方式来组织策展,他们邀请了大约50位策展人自主选择艺术家,同时还与策展人自己选择的艺术家共同展出作品。

图1-9　杨·荷特和侯瀚如在展览"鹿特丹对话:策展人"中对话（图片由作者提供）

策展人安德鲁·伦顿（Andrew Renton）在关于他自己的实践主题的论战中表示,他希望在他的策展思维中保留一种复杂性的因素:

我非常坚信,策展工作的一部分是使展览自我解释,人们会问这是什么,我会说,你有的不仅是一个作品的图录,它解释了作品,实际上作品之间相互解释,然后你就真的得到了一个完整的展览。去神秘化不允许的是复杂的概念,我们生活在这样一个时代,艺术作品并不遵循单一的类型,而从其固有的性质来看,是复杂的……我对艺术的体验过程的去神秘化很感兴趣,但我也对同时保留其中的复杂的可能性感兴趣。[120]

安德鲁·伦顿似乎渴求围绕艺术体验的某种神秘感,这可能是艺术复杂性和策展决策的作用。艺术作品相互解释的渴望似乎强化了艺术不可或缺的抽象调解能力的概念。他的立场还带有一种对策展意图能力的信念,即仅仅是策展人将某些作品并列起来作为一种适当的自我解释的形式,就能产生意义。

还有其他一些抵消策展人角色的去神秘化的尝试,其动机是希望保持策展人与艺术机构的距离,例如斯托尔在透明度增长的情况下明智地使用不透明的方法。然而,任何公认的对立性都必须考虑到这样一个事实,即这种向策展的透明度的副产品之一,是随后将策展人重新神秘化为一种主导力量,这种主导力量可以通过促进与其相符的信仰和价值观来实现其合法性;使这些信仰自然化和普遍化,使之具有自明性和明显的必然性;诋毁可能挑战它的想法；排除对立的思想形式，也许是通过一些不言而喻但系统化的逻辑；并以方便自身的方式遮蔽社会现实。这种"祛魅"，正如人们所熟知的，常常采取伪装的形式[121]。

这种伪装的功能类似于巴特对神话如何运作的理解，作为社会建构和文化建构的一种形式，这种伪装被认为是自然的。在某种情况下，某些权力关系被掩盖或遮蔽，其中的紧张和困难的部分被屏蔽。以上情况所带来的威胁作为自然化过程的一部分被化解[122]。巴特说过：神话是一种"话语的类型"，其中"只要有话语传达，一切都可以是神话。"[123]。如果当代策展人角色的祛魅仍然主要与话语相关，如决策过程的透明度，那么还有许多其他问题仍然处于当前主导话语的边缘，其中包括名人效应问题、通过策展人职业获得的经济优势、艺术家的职业发展以及艺术市场对策展人决策的影响等。

总之，通过公开展览、艺术杂志、出版物和临时性的活动等新的展览形式，20世纪60年代见证了揭开调解者的神秘面纱重要的第一步。发生在20世纪80年代的第二个范式转变，则是回归到用离散客体进行展览；虽然与艺术博物馆藏品的策展有关，这种新的发展与之前将展览视为单独的策展声明不同，展览被分配成了一个统一的概念或叙事主题，打破了历史上的陈列惯例。然而，这些概念的共同点是，在围绕艺术展览的讨论和辩论中，策展人作为研究的主体和对象都变得非常突出。正如人们将看到的，到20世纪90年代，策展作为当代艺术评论中的一个中心节点被重构，并且这种现象还在持续。

1.6　策展文集与新兴的展览史

策展作为一种历史话语和一个学术研究领域之所以仍未完全确立，部分原因在于其永久自我生产的状态。然而，在20世纪90年代的英语世界，一个主要的发展是一系列专业出版物的发行，它们专门研究了展览史、策展上的创新和已出现的模式，及上述内容与不断发展的实践之间的潜在联系。根据茱莉亚·布莱恩·威尔逊（Julia Bryan-Wilson）的说法，这一时期可以被称为"策展研究时代"。在这个时代，"被视为既定事实，当代艺术的营销和包装成为成千上万的学生关注的焦点问题。"[124]在此期间，以策展人为中心的讨论已经开始出现。同时，历史化的进程与当代策展实践的重大转变同时进行。正如赫尔穆特·德拉克斯勒（Helmut Draxler）在1992年所说，这10年的最初几年被认为是策展职能"制度化"的时期，再往前追溯随着20世纪60年代最初的"制度转变"，策展培训项目蓬勃发展，策展人成为一种向心式人物[125]。这种策展人职能的制度化，只是当代新策展话语出现的第一阶段。随之而来的是上述出版业的发展，这一领域由拥有出版渠道的新一代策展人主导，并为之服务。

1996年，布鲁斯·弗格森（Bruce Ferguson）、里萨·格林伯格（Reesa Greenberg）和桑迪·奈恩（Sandy Nairne）在《关于展览的思考》的前瞻性引言中，强调了"一种艺术展览新话语的出现和巩固，旨在"将一系列正在形成中的、正在被接受的议题纳入讨论中。"[126]他们在此文集中选择的文本主要聚焦于20世纪的展览史——包括策展、展览场地、展陈形式和观看方式——试图说明自20世纪80年代以来围绕展览的话语是如何发生巨大变化的，以及在20世纪90年代,"对艺术展览的关注表明了许多以展览为中心、由展览促成的辩论背后的政治和文化动因"[127]。

关键性展览对艺术史的影响在1994年已经被阿尔特舒勒(Altshuler)强调过,他提出现代主义、历史先锋派和20世纪60年代前卫艺术的历史建立在艺术家社群和其观众之间的接受和相互支持的基础上,即"所有参与者都置身于个人和经济关系的系统之中"[128]。阿尔特舒勒进一步观察到,"这场对抗的中心节点是展览,在那里,艺术家、评论家、经销商、收藏家和公众得以会面并以各种方式回应艺术家的作品。群展将此类问题凸显出来,此类活动在我们所谓的历史先锋派中扮演了关键角色"[129]。

在《展示的权力:现代艺术博物馆(MoMA)的展陈历史》(1998年)中,玛丽·安妮·斯坦尼泽夫斯基(Mary Anne Staniszewski)强调,西方艺术史忽视了策展、展览设计和空间探索在20世纪早期展览形式中的作用。对丁斯坦尼泽夫斯基来说,人们与这段过去的关系不仅仅是一个问题,即什么样的艺术如今被纳入这段历史,而且是什么样的展陈文献留存下来的问题,因为"过去被遗漏的事物能同样程度上展现一种文化,与历史记录和流传的集体记忆一样"[130]。对斯坦尼泽夫斯基而言,视觉性、展示和叙事是所有展览的重点,它们仍然是最优越的呈现艺术的形式。因此,展示可以被理解为展览的核心[131]。

展览产生暂时的秩序。"作为一类事件,它不能被简化为维度和手段;作为一种期望,它将迄今为止看似分离的、连贯的和同质的实体在思想上汇集,并重新分配似乎已注定的事物,这赋予了临时展览以理论价值,并使之成为'展览'"[132]。为了让展览有一个短暂的秩序,临时展览起到了"时间胶囊"的作用,在这个胶囊中,策展人的特定选择被固定为一个集合——一个在特定的时间对策展人有意义的艺术品的集合。

无论展览采取何种形式,它们都是艺术的政治经济学中主要的交换场所,也是"意义被建构、被维护、偶尔被解构"的地方,在这里,人们可以"建立和管理艺术的意义"[133]。虽然仅仅专注于展览内部的展示实践而忽略了组成展览的艺术作品的写作,"可以被视为艺术批评及其语言的危机"[134]。但同样重要的是,临时展览的暂时性往往意味着艺术作品的体验方式被忽视,未曾被记录,也未得到充分体现。正如斯坦尼泽夫斯基所断言的,筛选内容时决定保留或排除是文化被生产的一种方式。在策展将艺术历史化的过程中,这种"文化生产"被记录在相关图录、国际上专业艺术刊物的报道以及主流媒体的评论中,而这些资料往往以负责展览的策展人为中心。不仅奥多赫蒂在1976年的文章中提到过[135],斯坦尼泽夫斯基也认为,展览史是我们最受压制的文化史之一。尽管展陈对于艺术中被创造的方式具有重要的影响,但空间及其修辞的语境化却被艺术在时代角度和艺术家作品层面的语境化所掩盖[136]。

艺术后代生产①的一个关键因素是现代主义的白盒子在展览空间中的主导地位,它消除了制度条件的内涵。奥多赫蒂所谓的"激进式健忘"与创新型展览形式的早期历史有关。

---

① 此处译法可参见《艺外》2013年4月第43期王圣智翻译的《策展的转变:从实践到论述》一文。

自20世纪50年代开始,白盒子的体制化带有一种对更广泛的空间、身体和时间语境下的艺术体验的拒绝,即人们"在艺术作品前的存在"的既定认知意味着人们必须"为了眼睛和观者而使自己缺席"[137]。对于奥多赫蒂来说,这种无形的能力维护了艺术的自主性,主要以形式上的视觉方式被体验。根据托马斯·麦克维利所言,感知上持久的中立性赋予了白盒子提供审美价值和商品价值的能力。正如他所说,这种力量表面上集中在"杰作的不朽的美感上。但事实上,它是一种被美化的特殊感知力,有其特定的局限与条件。通过暗示着对某种感知力的永久认可,白盒子也暗示性地永久认可了具有感知力的群体的主张"[138]。

与奥多赫蒂主要关注艺术家的分析不同,斯坦尼泽夫斯基强调了展览设计缺乏连贯的历史,以及历史上的艺术实践中策展人角色受到的压制。对她来说,"失忆"的运作与之前的展示实践创新有关,特别是富有远见的艺术家、设计师和策展人——例如阿尔弗雷德·汉密尔顿·巴尔(Alfred h. Barr)、赫伯特·拜尔(Herbert Bayer)、亚历山大·多纳、马塞尔·杜尚、弗雷德里克·基斯勒、埃尔·利西茨基、拉兹洛·莫霍利·纳吉、莉莉·赖希(Lilly Reich)、亚历山大·罗德琴科(Aleksandr Rodchenko)和威廉·桑德伯格——在20世纪20年代以后逐渐形成的展览陈列的生产中扮演着有影响力的角色。在考察纽约现代艺术博物馆历史中的展览设计、展示和展陈时,斯坦尼泽夫斯基提出了一些关于策展实践和艺术传播在创建制度惯例以及构建意识形态与历史进程上的责任问题。

奥布里斯特还强调了所谓20世纪20—50年代的实验年代对"实验性展览内部复杂性的严重失忆"[139]:

> 在关于策展的讨论如此之多的当下,却没有记录或研究展览概况的文献。我们必须从20世纪20年代汉诺威的亚历山大·多纳说起,然后到50年代阿姆斯特丹的威廉·桑德伯格。许多书籍都消失了,记录展览的文献也整个消失了;首先,策展先驱亚历山大·多纳或蓬杜·于尔丹等人的关键文本大多已绝版,而桑德伯格(他启发了哈罗德·泽曼那一代)的著名广播节目也没有英文版。它们只剩下极少数样本,这就是为什么它们如此受欢迎且如此重要。这是一种展览文献的缺失。这与展览本身没有被收藏有很大关系,这就是为什么它们会陷入更深的失忆[140]。

在许多情况下,奥布里斯特都对斯坦尼泽夫斯基提出的"策展知识匮乏"做出了回应,他还直接引用了后者的主张:"对展览设计的重视提供了一种研究艺术史的方法,即承认文化的所有方面的生命力、史实性以及与时间和地点紧密相连的特征。"[141]此外,奥布里斯特宣称,这种失忆"不仅模糊了我们对实验展览史的理解,还影响了具有创新性的策展实践",而且这些展览"不仅促成了现有博物馆和展览结构的突变,还同时推动了新的跨学科结构的发明"[142]。

这种过去和现在的实践之间的联系,这种想要把策展史立足于当下的迫切需要,在奥布里斯特的策展研究中反复出现。自20世纪90年代初以来,他一直在记录关于20世纪的许多有代表性的策展人的访谈,了解他们的展览背后的思想,以此作为解决这种"历史性失忆"的方法[143]。这不仅体现了一种对建立策展史的兴趣,而且体现出一种自我定位的潜在空间。尽管奥布里斯特的本意是弥补策展知识的匮乏,他称之为"对遗忘的抗议",但这也把过去的策展创新与他的策展实践联系起来,后者被定位为前者的合理继承者[144]。

策展人兼评论家露西·利帕德也强调,失忆是策展声明中一个反复出现的修辞:"文化失忆——与其说是由于记忆丧失,不如说是由深思熟虑的政治性策略造成的——意味着过去40年里许多重要的策展工作早已谢幕。"[145] 利帕德还指出:"没有太多的文献可用,那时我们并没有做太多那样的工作。"[146] 这强调了需要思考展览史和复现过去的事件。相比之下,策展人延斯·霍夫曼认为,我们最新形式的策展实践未被充分体现。

这种失忆导致的结果是,人们谈论策展时泛泛而谈。在当前的策展形式中,如果需要一个历史人物,像多纳或泽曼这样的人总是会被拉出来。泽曼完全没有对自己的实践或策展表现出强烈的自我反思,而讨论多纳则是一个非常难的案例。因为人们对他的工作知之甚少,但却总是称他为策展的先驱者……比这更糟糕的是,今天人们已经不记得20世纪90年代初的策展人了,由于某种原因,他们在最近几年没有那么高的知名度,但是他们在10～15年前就已经做出了具有开创性的展览[147]。

因此,在20世纪90年代之前,策展实践及其具体话语都集中在当代艺术上,很少或根本没有诉诸展览历史,并且反复关注最新的趋势。针对这一话语体系的空白,同时代的策展人的讨论确定了某种程度的历史失忆,旨在形成一种新的策展知识体系,而不是填补亟须的话语体系的空白。策展正在成为一个可以被视为知识体系的话语实践矩阵。有规则且有真有假的游戏,更普遍地说,福柯称之为"这些话语实践中的真言化形式(forms of veridiction in these discursive practices)"①[148]。也就是说,仍然有必要更彻底地研究这些规则、结构和模式是如何使策展人主导的话语成为可能的。

这种对被遗忘的过去的当代修辞虽然忽视了对自身时代背景的考虑,但是开始在个体策展人和策展立场方面形成一种新的展览类型。与此同时,策展人和艺术家们也对这一"新批评性"②进行了回应,并参与其中,通过扩展策展空间的范围,将更多的话语形式纳入其中,从会话交流模式到大规模的地缘政治陈述,以展览的范围作为框架机制的中心。尽管霍夫曼和奥布里斯特都有许多相反的主张,对当代和策展立场的优先排序造就了一种特殊的话语模式,但是这种模式仍然是自我参照的、以策展人为中心和以策展人为主导的,具有不稳定的历史基础。

1.7　20世纪90年代末以来的策展话语

早在1989年,本杰明·布克洛(Benjamin Buchloh)就提出,迫切需要将策展人的立场作为艺术话语的一部分加以阐明。他认为策展人的立场需以"行动"或"策展"为实践,以"言

---

① 此处福柯原文翻译由匡钊在《江海学刊》2019年第2期中《"以西释中"何以成为问题——中国哲学史现代诠释的可接受标准判定》一文。
② "新批评性"此处译法可参见《艺外》2013年4月第43期王圣智翻译的《策展的转变:从实践到论述》一文。

说"或"书写"为话语中,这样策展人的职能才能得到作为制度的上层建筑的部分认可:

策展人观察他/她在艺术体制中的运作,最突出的是抽象化和集中化的过程,这似乎是作品进入上层建筑,以及从实践到话语转变的必然结果。这几乎已经成为策展人的首要角色——作为一个能动者,提供曝光和潜在突出的机会,以换取即将被转化为神话/上层建筑的实践时刻[149]。

一段时间后,在戴夫·比奇(Dave Beech)和加文·韦德(Gavin Wade)对《21世纪的策展》(2000年)的思辨性介绍中,作者假设话语是一种可能的实践形式。他们说:"即使是说话也是在做事,尤其是当你在说一些有价值的东西时。那么,行为和言说都是对世界采取行动的形式。"[150] 这毫无疑问是事实,也是一条经得起检验的真理,可以被应用于明显不同的目的。如果比奇和韦德的声明意味着,话语可以是对主导策展话语的批判性行动,那么它也可以用来证明主导话语本身的构建和维护是正当的。换言之,比奇和韦德的猜测可能有些乐观。相比之下,米克·威尔逊认为,语言的生产力一直是广泛的实验艺术实践和随之而来的评论的固有假设的一部分。他称之为"过去20年艺术中的福柯时刻",以及"话语"这个词作为一个用来召唤和表现权力的词语无处不在的吸引力,进一步推动了这种趋势,以至"言语也是行为"[151]。在这种极端情况下,在关于策展实践的论述中,话语代替了"行为"的位置。

随着当代策展的专业化,策展立场在20世纪90年代的崛起开始将策展人身份确立为讨论、批评和辩论的潜在纽带。在这种关系中,策展的新批评空间取代了评论家在平行文化话语中被转移的角色。正如利亚姆·吉利克所写:

我之所以参与到这个关键领域,是因为一个半自主的批评声音开始变得微弱,而发生这种情况的原因之一,是策展成为一个动态的过程。所以你以前见过的人,可能过去是批评家,现在是策展人。最明智、最聪明的人参与到这个多重活动中,成为调解者、生产者、连接者和新批评家。有争议的是,过去10年来关于艺术的最重要的文章并没有出现在艺术杂志上,而是出现在围绕画廊、艺术中心和展览制作的画册和其他材料中[152]。

展览无论采用哪种形式及其补充性的讨论划定了一个关于艺术的信息和观念被执行、存储和传递的地方。随着策展史出版物数量的增加,对策划展览的批判性分析在过去20年中呈指数级增长,这在很大程度上有助于确立策展实践的地位。这种可敬性反过来有助于加强策展实践作为一个值得研究的课题的价值。

正如格林伯格(Greenberg)等人在从策展人的角度评估艺术批评向展览写作的转变时所指出的,"这种策略可能是一种补偿手段,一种将艺术作品视为相互关联而非单个实体的政治化尝试,或者是对艺术世界本身变化的文本回应"[153]。

如前所述,策展人通过关注自身实践的独特性,使艺术的选择、合作、展示和传播变得清晰可见。通过有关策展的公开讨论、会议和出版物,具有高知名度的策展人试图传达一种"共同性"和"连接性"的意识,以便将他们的个人立场置于更广阔的话语范围内,并将他们自己纳入一个等级体系中[154]。因此,"共同性"包括各个策展人与志同道合的人之自我定位,将每个策展人与类似的实践形式联系起来[155]。

作为文献工具,画册也作为展览之后的代表性调解形式为策展人提供服务,在展览结束后很长一段时间内仍然存在,并且由于有如此多的展览争夺关注,制作画册通常可以保证展览在活动结束后继续存在。在为展览提供文字延伸的同时,画册允许策展人展示一种知识立场,以阐明他们的整体策展工作。

正如布鲁斯·弗格森所言,画册提供了一种记录和解释艺术的资源,但它们也引发了"对策展人特权的崇拜"[156]。自20世纪90年代以来,策展人的突出形象助长了由这种画册驱动的话语体系,在这种话语中,文本往往凌驾于艺术经验之上,策展论题凌驾于展出艺术品的意图及其与其他研究领域的关系之上。

作为一种有效的策展形式,在双年展的背景下,画册也具有百科全书式的维度,因为策展人利用庞大的配套出版物,通过与自己的文本一起委托制作的文本进行扩展性策展声明。正如艺术家丹尼尔·布伦所言,这在最近有很多类似的形式,特别是第九至十一届卡塞尔文献展:

> 大型展览的主办方、写作者、艺术家为我们提供了大量研究与实践的结果:文献展成为宣传策展人的一个平台,策展人可以从中获利,或以画册文章的形式发表自己的论文(卡特琳·大卫),或以论坛的形式支持"发展中的政治正确世界"(奥奎·恩维佐),或干预组织者举办的其他展览,或为日益贪婪的西方艺术消费市场提供新的商品。西方艺术消费市场与所有市场一样,必须不断快速更新,以免屈从于现实[157]。

随着策展印刷材料的指数级增长,策展研讨会也以国际大型展览的负责人为中心,现在这种动员的规模比以往任何时候都大。正如托马斯·布图克斯(Thomas Boutoux)所言,整个20世纪90年代,当代艺术界都将这一现象视为重塑自身的机会,由艺术界的主角们领导,他们被新兴的世界性流通的规模和力量所打动,"也被这个新世界普遍存在的破败感所打动,专注于全球的一致性,并将其作为整合以前被视为西方现代主义边缘的艺术生产场所的杠杆"[158]。

伴随着更便宜的航空旅行、更大的人口流动性以及互联网技术的出现,艺术专业人士获得了更多接触地方、民族和文化的机会。艺术界"从一个主要围绕一些西方中心和大都市组织的世界彻底转变",它几乎排除了来自美洲、亚洲或非洲的个人(艺术家、策展人、评论家和历史学家)的贡献,"变成了一个非常密集的国际机构网络,来自各大洲和几乎所有国家的专业人士都在其中活动、工作,并讨论艺术在更广泛的世界中的作用"[159]。

这种艺术世界的迁移不仅是全球形势发生新的变化的结果,也是策展和艺术实践专业化的结果[160]。这种全球化的话语与20世纪80年代的一代人形成了鲜明的对比。20世纪80年代的一代人将策展作为一种偶然的职业考虑,例如,罗伯特·斯托尔(Robert Storr)最初是一名艺术家兼艺术管理者;或者尤特·梅塔·鲍尔(Ute Meta Bauer),她在转向策展之前是一名艺术家活动家兼音乐家。正如凯瑟琳·德泽格尔(Catherine de Zegher)在将同辈与她自己于20世纪70年代末和80年代的工作进行比较时所指出的:

> 关键的转变是策展实践已经变得专业化了,某种程度上,它曾经是非专业化的。我们这一代人都介于非专业化和专业化之间。我们都学习艺术史,但不是只研究历史;我们在现

实中工作,一开始没有人真的知道该把我们放在哪里,因为当代艺术本身当时并没有作为一种研究而存在,更不用说作为一种实践,所以我们密切地生活在这种转变中。比如,当你是一个律师时,你就是一位专业人士;现在,成为一名艺术家被认为是一种职业……我有这样一种印象,策展人的职业化与艺术家的职业化是同时发生的[161]。

到了20世纪90年代,策展文集开始出现,它往往来自策展人组织的国际会议,作为策展峰会、专题讨论会、研讨会和其他会议的一部分。以尤特·梅塔·鲍尔于1992年组织的颇具影响力的"Meta 2:策展新精神"为开始,一种趋势被确立:即策展人坐在桌子旁,拿着麦克风面对着观众并展开一场讨论,这场讨论随后被记录在出版物中。如图1-10所示,1992年1月24—26日由尤特·梅塔·鲍尔(Ute Meta Bauer)组织的"策展新精神"当代艺术国际会议及其传达方式,由斯图加特艺术之家举办,演讲者包括科林·德兰德(Colin De Land)、赫尔穆特·德拉克斯勒(Helmut Draxler)、约翰·米勒(John Miller)、汉斯·乌尔里希·奥布里斯特、菲利普·托马斯和尤特·梅塔·鲍尔。毫无例外,这些出版物都通过主要访谈、陈述和对展览的回顾,强调个人策展的实践,强调第一人称叙述和自我定位[162]。其他出版物紧随其后,如2004年的《MIB——黑衣人:策展人实践手册》(*MIB—Men in Black:Handbook of Curatorial Practice*),通过对策展人就其自身非日常的实践所做的非实质性和个性化的回应给予极大的关注来缓解这一问题(这些非日常的实践中,充斥着"传记式的叙述,以及理论腔调、对目的的乐观解释、政治式夸张和自我美化")[163]。虽然声称代表了"策展新精神",这些出版物相当于策展人对自己的立场和项目独特性的陈述,再次强化了策展人为主导的话语[164]。这类策展人主导的话语影响了策展被谈论和体验的方式,一个范例是策展人现在构建了自己的固定公式:实践—立场—叙述。这一点在前面提到的研讨会"鹿特丹对话:策展人"中得到明显的体现,但也可以在一长串名单中加上2009年的"卑尔根双年展会议",它不是一个艺术作品的展览,而是一个双年展活动,国际策展人在"双年展的生存或毁灭?"这个问题的框架下讨论双年展的策展。如图1-11所示。在这些由策展人兼组织者埃琳娜·菲利波维奇(Elena Filipovic)、玛丽克·范·哈尔(Marieke van Hal)和索尔维格·夫斯特布(Solveig Øvstebø)主持的讨论中,关于讨论形式中固有的写作者的立场表现出了一定程度还在形成中的自我临界性(generative self-criticality)①[165]。通过对某些展览形式及其特定历史的更严格的分析,从自我中心的、父权制的话语模式转变为更多元的对话环境,旨在反思已经做了什么,以及该行业是如何达到目前的状态的。

布伦森认为,这一时期的"策展人时刻"的话语形成可以细分为威廉斯提到的"残余""新兴"和"主导"三个时刻,在这种情况下,这些时刻以下述方式限定策展人的角色[166]。

首先,祛魅仍然是一个积极的残余因素——最初与20世纪60年代后期的一些独立展览制作者有关,其副作用是20世纪80年代后期以来策展人职位的超可见性,当时的策展实践颠覆了博物馆的展示技术,成为一种策展人主观的自我展示形式。

---

① 此处"自我临界性"译法出自由中国轻工业出版社出版并由吴佳佳所译的《精神分析复杂性理论(万千心理)》一书。

图 1-10　由尤特·梅塔·鲍尔组织的"策展新精神"会议（图片由尤特·梅塔·鲍尔提供）

图 1-11　卑尔根双年展（The Bergen Biennial）会议现场（图片由卑尔根双年展提供）

其次，策展人实践的特定话语的新兴是一个逐步发展的过程，策展人以自己的实践作为主要的主题和讨论焦点参加专题讨论会及发表出版物。"策展人时刻"的新兴阶段以每个展览"被……策展"为特征，带来了20世纪90年代初向作为全球职业化的策展人的范式转变，随之而来出现了新的双年展形式，这将在第11章中展开论述。20世纪90年代初，策展性培训项目的出现加速了策展话语的扩展。学生和项目负责人开始关注现有的展览模式和相对较少的既定的策展先例，他们将重点放在仔细研究展览历史中的策展性成分而不是艺术。

最后，自20世纪90年代以来，围绕双年展策展人角色的主导性话语为全球游牧式策展人创造了市场。与此同时，策展与新的团体开始联系在一起，这是一种潜在的创造性的文化实践形式，也是艺术家、艺术史学家、评论家和艺术管理者的职业选择。

在20世纪90年代的当代艺术辩论中所讨论的策展转向，试图为策展制定一种新的语言和词汇，并通过这些表述为经常与其他专业或活动相关的个体化策展行为构建一个核心的概念，使之成为一种多样化的、国际化的实践[167]。在2003年，埃因霍温范阿贝姆博物馆馆长兼策展人查尔斯·埃舍接受采访时，表示现在将策展人称为展览组织者是错误的，因为这个词自18世纪以来一直将策展人描述为藏品的看护者，"所以可以说我们实际上应该找到另一个词，因为我不确定这种历史联系是否非常有用"[168]。正如巴西策展人卡洛斯·巴苏尔多（Carlos Basualdo）指出的，以往把策展人定位为一个有洞察力的批评家或理论性的历史学家的惯例将不再有助于理解当代策展人的角色，因为他们是"相对陌生的人物，一方面需与由批评家和艺术史家建立的传统价值体系保持距离，另一方面，在与展览活动产生的制度环境相应的意识形态压力和实践之间进行调解"[169]。

正如这两个陈述所表明的那样，策展现在被描述为一个不断变化和适应性的学科，使用和采纳承袭下来的规则和行为准则。现在有一系列隐喻试图调和多样化的实践模式，从媒介或"中间人"[170]到"助产士"[171]，再到"××型策展人"现象；从编辑、DJ、技术人员、代理人、经理、平台提供者、推广者和侦查员,到更荒谬的占卜者,甚至到上帝型策展人[172]。20世纪90年代末以来,相关文本的主要修辞都承认了展览制作的主观性,以及策展人在塑造展览中日益增强的重要性[173]。

  在结束本章之际,值得注意的是,在过去的6年左右,艺术杂志开始将策展实践作为一个主要的讨论主题,这通常由受邀策展人主持。最近还出现了4本专门从事策展主题研究或讨论的英文期刊:《当代策展宣言杂志》(自2003年以来)、《策展进行时电子刊》(自2008年以来)、《展览家》(自2010年以来)和《策展研究期刊》(2012年)[174]。尽管出现这种现象的一种解释可能仅仅是许多评论家现在主要是策展人,但这种焦点的实际基础是多方面的。如前文所述,相关出版业回应了策展人在当代艺术领域日益提高的知名度。但其中,策展人无处不在,关于策展的扩展域①的效益缺乏批判性。最显著的是,新观众的增长意味着数量激增的策展人、策展学生和策展毕业生们都在寻找相关素材。20世纪80年代后期以展览媒介和参与展览调解的人为中心,开辟了一个比以往任何时候都更具全球化的新的市场和新的研究领域。

---

① "扩展域"的翻译参见由中国画报社出版的王乃一翻译的《策展哲学》一书的第41页。

第 2 章　双年展文化和全球化策展话语的出现：1989 年以来双年展和大型展览语境下的策展

在过去的 25 年里，在双年展和其他周期性展览盛行的语境下，当代策展实践中最明显的转变是国际化活动日益增多。在《当代》杂志关于策展的特刊中，伊莎贝尔·史蒂文斯（Isabel Stevens）提供了一份实质性的清单，列出了仅在 2005—2006 年在全球举办的 80 个此类型的正式展览[1]。双年展现在被认为是世界上公认的展览模式，文化决策者无法抗拒双年展作为国家和城市品牌宣传工具的能力，以至双年展已经成为一种同质化的力量——一种可以复制而不可颠覆的模式。

本章研究了双年展如何以及为何成为当代的全球化现象[2]，双年展如何通过各方面的评论对策展人的角色形成一种更具全球化视野的看法。考虑到对所有这类活动开展全面调查几乎是不可能完成的任务，本章将重点探讨 3 个里程碑式的展览，并讨论其相关影响的一些要点：1989 年由马克·弗朗西斯（Mark Francis）和让-于贝尔·马尔丹策划的"大地魔术师"展；2002 年由总策展人奥奎·恩维佐（Okwui Enwezor）策划的第十一届卡塞尔文献展；2003 年由总策展人弗朗切斯科·博纳米策划的第 50 届威尼斯双年展"梦想与冲突：观者的独裁"。

在围绕这些展览的讨论中，值得注意的是，"大地魔术师"似乎为一种超越了以往建立的西方艺术生产中心的策展实践模式的兴起铺平了道路。自 1989 年以来，在大规模、周期性展览的背景下，策展主要保持了一种跨文化的方法，并将诸众①的概念视为一种生产力，以对抗哈特（Hardt）和奈格里（Negri）所称谓的帝国②概念：策展是一种笼罩着当代文明的新的全球秩序。与此同时，此类展览的策展人支持文化全球主义③[3]的普遍观点，认为这是一种更具包容性的展览的生产框架，而全球主义本身就提供了一个中心主题。

---

① "诸众"的概念出自政治理论家迈克尔·哈特和安东尼奥·奈格里，用于称呼一种新的反对全球化资本体制的模式。参见重庆大学出版社出版并由尉光吉翻译的《艺术与诸众：论艺术的九封信》一书。

② "帝国"一词出自麦克尔·哈特与安东尼奥·奈格里，他们所提出的帝国概念是基于全球化的现状下新兴的一个无中心、无疆界的统治机器，"帝国正在我们的眼前出现……我们基本的假设是主权已经拥有新的形式，它由一系列国家的和超国家的机体构成，这些机体在统治的单一逻辑下整合。新的全球的主权形式就是我们所称的帝国。"参见由江苏人民出版社出版并由杨建国、范一亭翻译《帝国：全球化的政治秩序》一书的第 1~2 页。

③ 全球主义，是一种全球化的意识形态，是国际关系理论中的一个重要概念，多用于国家关系及国家理论研究中。参见由中国社会科学出版社出版并由唐青叶、程福干翻译的《全球主义：21 世纪最伟大的观念博弈》一书。

就本研究及其对与策展人有关的话语的关注而言,本章试图说明双年展模式是使策展人的地位被提高的方式。本章还将说明在过去的10年中,双年展模式如何实现从单一作者的策展模式向更多的合作性、话语性和集体性的策展模式的显著转变。

2.1 双年展的定义

"双年展"这个词意味着每2~5年举办一次的大型国际群展[4]。基于此类展览庞大的观众规模和其物质内容,艺术家兼评论家约翰·米勒认为这种活动是"超级展览"①和"巨型展览"②[5]。在本书中,"双年展"一词被用来形容一种特定的大型展览类型,其特征是倾向于展出大量的作品、具有充足的预算,并具备成为艺术界国际纽带的雄心。无论是被称为双年展、博览会,还是经常性的活动,这些展览都是以国际主义为核心,即将全球艺术世界纳入自己的视野——这种愿景往往决定了它们具有探究的性质。这些展览大多强调文化和艺术生产的国际性,在这里不是一个视野统一的问题,而是以多样的方式把国际主义当作一个有争议的术语来考虑。这意味着当代策展人超越了地域,将目光投向全球文化生产网络以寻找其素材[6]。这种国际主义与双年展的特点相吻合,即作为一个临时的、中介型的空间,并在一次次的时间间隔中发生着变化。

虽然每个双年展的具体动机不同,其动机随着时间的推移而变化,但运作模式是相似的。可以说,这些展览为多样化的艺术文化的交流与对话开辟了空间。在某些方面,它们还使艺术具有更广泛的受众——这些受众既有区域性的,又有全球化的;既有原住民的特点,又有游牧人群的特点;既有非专业的,又与艺术界之间有接口。自20世纪80年代末以来,在较新的双年展的策展框架内发生了一些关键的转变,促进其向更加综合的、全球性的展览模式发展。近期的双年展的三个特点是:以国家为优先的体质结束[7]。艺术界中根深蒂固的体系概念的终结,以及为了新的国际化的利益,邀请西方特定艺术中心以外的艺术家参与。这些全球运作也清楚地表明,"全球本土化"和"当代"的孪生概念是如何作为两个平行的主题,以维持双年展作为主导的展览模式运行。

2.2 双年展作为当代全球在地化现象的表达

"全球本土化"③这一术语是在20世纪80年代被创造的,用来指称地方和全球在相互关系网络中的交汇点。作为地方和全球之间持续对话的一部分,地方经济在调整其系统以

---

① 超级展览,可参见《美术馆》2020年第3期由冯雪所写的《超级链接——"全球化"在美术博物馆展览叙事中的意义和表达》这篇文章。

② 巨型展览参见王圣智翻译的《策展的转变:从实践到论述》一文。

③ 原文中的 glocal(全球本土化),是由英语 global(全球的)和 local(在地的)连缀而成,进而形成名词化表述 glocalization(全球本土化)。参见由社会科学文献出版社出版并由徐博所著的《国际城市收缩问题研究》一书。

适应自身需求的同时,也保留了全球市场的一部分。"全球本土化"可以被描述为"全球政治经济力量和地方区域反应在单一的、调整中的国家领土组织框架内日益密集地叠加和相互渗透"[8]。

在双年展中,地方主义的政治尤为重要,从柏林到里昂、威尼斯、哈瓦那等城市(或城镇)通常出现在展览活动的标题中,通过将该地点框定为全球生产网络中的中心节点来占据文化高地。在这里,意义和神话充满了集体想象,使双年展的地点在国际艺术展览中处于中心位置。展览活动通过一次性活动的形式,成为体验艺术的场所和语境。根据定义,它提供了一种短暂的艺术体验,并在特定的时刻对艺术世界做出陈述。在这个过程中,展览的地点开始决定包括什么类型的艺术,观众是谁,同时也决定了阅读展览的起始位置及其核心区域[9]。正如弗格森(Ferguson)、格林伯格和奈恩(Nairne)所说:"国际展览的地点从主办城市和国家的角度构建了一幅世界地图,强调了国家平等的概念。"[10]。双年展意味着临时的中介空间,通常交给受邀的策展人或策展团队,由当地社会文化网络支持,并与全球艺术市场联系在一起。这些展览为国际艺术经济及其市场力量的整合提供了一种有效的形式,并为其赞助商、经销商、收藏家和资助机构提供了一种行之有效的模式。

双年展每隔一段时间举行一次,总是处于自我革新的过程中。它代表了艺术界与时俱进的需求。作为最新趋势的及时体现,它们通过新的委托产生、促进和重新构建"当代"艺术实践的概念,其艺术作品通常是根据所在地或专门为新的策展框架制作的。因此,双年展通过该艺术领域的社会子系统有一定的力量来呈现对世界的看法。对于乔治·阿甘本(Giorgio Agamben)来说,当代有着"时代紊乱"的特征,指的是与过去不可挽回的分裂、分离或非连续性,将现在描述为属于自己时代的一种不可避免的状态。现代主义及其以后的时代,同时代性强调与西方中心主义的连续性模式的决裂,这些模式与现代性和线性发展紧密联系在一起。同时代性被认为是公共性的——属于同一历史时代的多元主义。因此,同时代性被认为是在试图根除或拒绝过去的选择性力量的领域中具有激进的潜能[11]。

双年展的模式为这些论述做出了贡献,同时关注当下所有新颖的事物。双年展往往以推动当代概念的产生而告终。与其说是对过去的拒绝,不如说是作为一种载体,让艺术得以进入市场。每个双年展的策展人都面临着压力,他们必须充满活力,富有感召力,并能够为他们的展览内容找到新的艺术家、艺术作品和艺术世界。同样,大多数双年展背后的行政和政治机构都渴望比同行业的机构更具有时代性,且拥有更大的全球影响力。这往往导致一种夸张的文化,即新艺术首先在双年展的橱窗里被过度曝光,然后才得到艺术市场的认可——从威尼斯到巴塞尔都是如此[12]。

2.3 "大地魔术师"和作为全球作者的策展人

到 20 世纪 90 年代中后期,当代艺术世界的"人类学转向"——首先由哈尔·福斯特提出(Hal Foster,他在 1996 年创造了"作为民族志学者的艺术家"(artist-as-ethnographer)),这一术语用来描述一种包罗万象的范式。在这个范式中,艺术家正在使用传统上与人类学研究相关的田野工作方法——得到了艺术评论家和人类学家的普遍认可,并由詹姆斯·克利福德(James Clifford)、亚历克斯·科尔斯(Alex Coles)、权美媛(Miwon Kwon)、詹姆斯·迈耶(James Meyer)和阿恩德·施奈德(Arnd Schneider)等作家加以阐述。文化开始被视为研究对象,被理解为可以被研究者选择和改造的实体,然后研究者根据发现来构思和提出一个研究项目[13]。对福斯特来说,"作为民族志学者的艺术家"通常是来自当地文化之外的知名的国际访问者。福斯特认为,在他们自我呈现的同时,"为艺术家设置的准人类学角色可以促进对民族学权威的假定和质疑。"[14]。与福斯特的观察相呼应,策展人也对这种人类学的转向做出了回应,他们的研究重点是由主流文化定义的"他者"。正如权美媛所言,文化差异再次被物化,以满足"当代对真实历史和身份的渴望"[15]。这种"渴望"也体现在策展人的自我扩张的意识感上。例如,弗朗切斯科·博纳米在2001年承认:"今天策展人的角色涉及如此巨大的地理多样性,以至策展人现在是一种视觉人类学家——不再只是一个潮流缔造者,而是一个文化分析家。"[16]

在通过重要的展览来看待民族志转向时,值得进一步追溯上述这一现象,以此来质疑策展人在建立非西方艺术的非语境化表述中所扮演的角色——这种表现着眼于形式和美学问题,而不是社会文化具体的艺术。1985年在纽约现代艺术博物馆举办的"20世纪艺术中的原始主义"展览是一个较早的具有里程碑意义的作品。该展览由威廉·鲁宾(William Rubin)和柯克·瓦内多(Kirk Varnedoe)策展,副标题"部落与现代的亲缘关系"表明了其意图,即旨在揭示西方现代主义的一个侧面:来自部落艺术中的灵感。在展览中,来自非洲的部落文物因其形式上的特质而被选中,并与西方现代艺术一起作为从属参照物被展示。这些物品被安排、组织,并围绕着形式上的相互关系进行分类,例如,在西班牙的著名画家毕加索的一幅画旁边的是非洲尼日利亚族的面具。这个展览因抹杀了"亲缘关系"这一概念所带来的所有差异而饱受批评;策展人对库拉索人物品的过度审美化,部分原因是缺乏背景(除了出借人的名字,没有作者、标题、日期、出处和所展示艺术品的历史背景);而"部落"一词是指所有非西方对象时的泛指用法,是其价值低于展示的"实际"的西方艺术。到1989年,出现了许多针对"20世纪艺术中的原始主义"的批评。事实上,在"大地魔术师"的画册中和之后的陈述中,策展人马尔丹和弗朗西斯将该展览定位为对"原始主义"展的直接批判。为了证实这一定位,他们邀请了当代非西方艺术家与来自西方艺术生产中心的艺术家一起展出作品,摆脱了对艺术与工艺品的区别[17]。正如人们将看到的,该展览指出了"原始主义"展的一些缺陷,其中许多是非西方艺术的整体策展方式所固有的。

1985年,在马尔丹担任巴黎双年展总监之际,"大地魔术师"最初是以替代传统的双年展形式组织的展览。马尔丹提议,这次展览将探索亚洲、非洲和拉丁美洲艺术家的创作实践,以及来自美国和西欧的当代作品,而不是像以前那样由每个参展国家的文化代表挑选作品。虽然这次展览是联合策划的,但一些人的早期回应把它解释为个人成就。本杰明·布克洛在接受马尔丹采访时将其命名为"全球秀",他援引了对"大地魔术师"的理解,认为它是由单一作者实现的单一文本,并将责任归咎于作为该展览唯一制作人的马尔丹[18]。

第 2 章　双年展文化和全球化策展话语的出现：1989 年以来双年展和大型展览语境下的策展

克莱门汀·德里斯（Clémentine Deliss）在同年出版的一篇文章中回应了这一观点，她在文章中对"大地魔术师"的描述是："让-于贝尔·马尔丹的国际展览终结了所有的国际展览，这引导观众从一种世界观、一种艺术定义走向另外一种。"[19] 本杰明·布克洛和克莱门汀·德里斯的评论则很少关注艺术作品，他们将展览的框架视为一个独立的研究对象，而将马尔丹作为他们批评的主要对象。就马尔丹本人而言，他更愿意承担属于他的个人角色，把展览当作他自己的展览来谈论和写作[20]。尽管现在人们普遍认为展览是单一作者的作品，但"大地魔术师"是第一次在全球视域范围内赋予单一策展人形象的事件，尽管这种形象是错误的。

虽然该展览后来被批评抹杀了"来自策展人的所拥有的不同于传统艺术家的文化特质"[21]，但"大地魔术师"被公认是第一个提出将非西方中心主义的当代艺术和艺术家纳入展览的大型国际群展。它仍然是与双年展文化体系相一致的策展辩论中的主要参考点，并继续被许多批评家型的策展人如卡洛斯·巴苏阿尔多（Carlos Basualdo）、尤特·梅塔·鲍尔、卡特琳·大卫（Catherine David）、奥奎·恩维佐（Okwui Enwezor）、查尔斯·埃舍、侯瀚如（Hou Hanru）、瓦西夫·科尔顿（Vasif Kortun）、赫拉尔多·莫斯克拉（Gerardo Mosquera）、吉兰·塔瓦德罗斯（Gilane Tawadros）和罗伯特·斯托尔等引用，并影响了后来大型展览的走向。

该展览还影响了后来使用边缘与中心、身份与差异、民族与社区、杂糅与分裂、地方与国际等核心对立的概念的争议性话题。"大地魔术师"可能有意将这些问题摆在突出位置来展开讨论，但它也对当代艺术问题提出了质疑，这一问题来自西方化的地缘文化视角，甚至是因为这种观点被比喻为策展人作为人类学家，以西方为中心的帝国主义方式来策划来自其他地方的艺术。正如加文·詹杰斯（Gavin Jantjes）当时指出的那样：

"大地魔术师"像外科医生在没有麻醉剂的情况下解剖自己的身体一样，打开了西方/欧洲中心意识。它揭示了以欧洲为中心的凝视在关注"文化他者"及其成就和方法时存在着明显而令人担忧的问题。暗示文化舞台的品质是由每个人共同展示所定义的，这既是一种幻想，也是没有历史依据的[22]。

"大地魔术师"当时提出的许多问题今天仍然未解决，其中最明显的是关于双年展的全球化效应的问题。在双年展中，来自世界不同地区的材料被汇集在一起，形成似乎具有凝聚力和闭合性的全球文化展览[23]。此次展览突出了策展实践中更广泛的分歧，当时策展人不承认当代艺术是在非洲、亚洲、南美洲和中东等地产生的。从 20 世纪 80 年代末开始，简特杰、拉希德·阿拉恩（Rasheed Araeen）和斯图尔特·霍尔（Stuart Hall）等作家型策展人，以及《第三文本》等期刊，将人们的兴趣扩大到了西方以外的更广泛的艺术方法和思想，这促进了后殖民主义辩论的扩大，而双年展却在所谓的边缘城市举行[24]。

跨文化策展被称为是一种"聚集"不同文化的方法，作为一种汇聚世界性材料的组织模式，它也面临着"对他者的崇拜"的风险，即艺术家的身份在新的策展行为中被简化为组成部分[25]。正如约翰娜·拉莫鲁（Johanne Lamoureux）所提议的那样，策展人对其展览的内容提出了明确的关乎作者身份的主张，从而强化了这种崇拜方式："尽管预期会否认艺术表达的中心，但这种主张却提出了挑战，因为它将个人作品的焦点转移到了展览中使它们聚集的项目上。"[26] 这一点映射在恩维佐对20世纪90年代从评论家到策展人的权利转移的观察中，他认为，这不仅是博物馆、大型展览和双年展激增的"结果"，也是"其他形式的大型展览激增"的结果。展览已成为合法的艺术媒介，就像小说之于虚构一样[27]。

在区分"大地魔术师"与后来展览的策展方法时，要着重考虑"他者性"的表现。前者运用了当时后现代主义"多元主义"的修辞手法，而后来的卡洛斯·巴苏阿尔多、尤特·梅塔·鲍尔、卡特琳·大卫、查尔斯·埃舍、奥奎·恩维佐、吉兰·塔瓦德罗斯和伊沃·梅斯基塔（Ivo Mesquita）的方法可以被定义为后殖民主义。1985年，哈尔·福斯特认为，晚期资本主义社会的成功动作不再依赖标准化过程；相反，后现代多元主义打着异质性和差异性的幌子，很好地适应了不断扩大的全球市场，因为它强调消费者有更广泛的选择自主权并拥有从日益增多的可用商品中选择的自由[28]。对福斯特来说，多元主义是一种假象，因为其假定了流行的消费文化中的差异，同时允许增加网络、空间和客体来进行资本化和文化消费。福斯特反对后现代主义仅仅是一种创造性的观点，反对将后现代主义狂欢视为高文化和低文化之间的分崩离析。福斯特批评的后现代主义的简要观点，常常被认为涉及最大限度地提高自由及其表达的可能性，并对异质性给予高度重视，特别是对不同文化、民族和社会的认同。在这一语境下，策展人可以被视为运用了自上而下的多元主义，将非西方艺术作为一种方式，提供"随着他们从主体性的差异……种族和阶级、时间的感性面貌以及空间的地理位置和错位中涌现出来的多种形式的他者性"[29]。一方面，策展姿态被视为通过承认他者缺乏可视性而开辟了激进的前景；另一方面，它被视为最终具体化了某些权力关系，因为它未能阐明一种政治背景，使展览中所涉及的各种形式的他者更具意义。

从西方的角度来看，非西方的文化差异是无法被理解的，这是当时后现代主义的一个普遍现象。这种现象作为一种观点，"告诉我们不仅要接受，而且要在碎片化和各种不和谐的声音中狂欢，通过这些声音来理解现代世界的困境"[30]。大卫·哈维对后现代主义专注于"他者的不可穿透性"的批判就是一个例证，他认为后现代主义只不过是"与物质崇拜和对潜在社会意义漠不关心的事实公然共谋"[31]。因此，马尔丹对文化多元主义的阐述被认为是其包容性方法的一个基础，他将其他文化中不相干的碎片作为"视觉和感官体验的对象"，认为它们具有内在的审美价值，使得其语境背景变得不再必要[32]。事实上，长远来看，即使只是在微观表征层面上，这仍然意味着一种霸权主义的立场。这是一种令人不安的、不负责任的后现代主义观点，它将所有的差异视为等同存在，并且"通过以不透明的他者（这或那场语言游戏的特殊性）将他们隔离开，立即切断了这些'其他'声音获得更普遍权力来源的渠道。"[33] 尽管马尔丹试图在他的方法论中加入所有自我反思的修正，但他确实接受了自己的局限性，宣称他的"种族中心主义"的观点是他自己有距离感的、多元主义的方法不可避免的副作用，最后他只能从外部看[34]。他的观点似乎与哈维在许多后现代主义小说中描述不同世界的叠加方式相一致：这些世界是"沉默寡言的'他者'在共存空间中占据主导地位的世界"[35]。在"大地魔术师"中，策展人的民族志声音最为响亮，压倒了任何将异质元素语境化的严肃尝试，他为了自己的修辞性策展叙事，竭尽全力将作品的文化起

第 2 章　双年展文化和全球化策展话语的出现：1989 年以来双年展和大型展览语境下的策展

源去语境化。

让-弗朗索瓦·利奥塔（Jean-François Lyotard）的后现代主义是一场叙事危机，在这场危机中，有必要呼吁贬低宏大叙事及其自我合法化的话语。马尔丹的声明唤起了利奥塔对后现代主义的看法，即"在那里，真理、权威和修辞的诱惑性之间没有任何区别；谁拥有最流畅的语言，或最生动的故事，谁就拥有力量"[36]。利奥塔的后现代主义最具还原性和简单化，它表达了对元叙事总体效果的怀疑[37]。仅仅重新聚焦和扩展要研究的内容范围是不够的，相反应该质疑：是谁在观察？他们是如何做的？通过他们生产的新型相对论和修辞元叙事而使观察被合法化的是什么？

"大地魔术师"为公众如何理解双年展作为一种有争议的政治主体铺平了道路，通过双年展，策展人被设立为一种在实践各种形式的社会批判、全球评论甚至是行动主义的形象[38]。本次展览与之后的后殖民主义通过展览制作实现了对他者的选择、展示和叙述的反应相对立的形势。例如，恩维佐反对后现代主义的总体策略，即"将历史变革相对化，并对修辞性宏大叙事的失误和偏见提出质疑"[39]。相反，他对"后殖民主义"的认识论方法试图"通过对历史解释模式的新伦理要求，扬弃和取代所有宏大的叙事"[40]。这种区别在恩维佐对自己在第十一届卡塞尔文献展上的策展方法的分析中最为明显。虽然他承认"大地魔术师"是实现更广泛和跨国展览模式的一个突破性时刻，但他与马尔丹的民族志和殖民主义的方法保持距离，他认为这是一种通过展览制作来构建跨国主义问题的活动，而不是揭示这些问题是什么或可能的解决方案是什么。他说：

"大地魔术师"在某种程度上为真正阐明西方和非西方作品之间的关系开辟了一个空间。然而，"大地魔术师"的问题在于，它仍然是基于一种非常冗余的观点，即谁应该是这个"他者"空间中的艺术家……它有一种新的殖民主义眼光……我不认为第十一届卡塞尔文献展和"大地魔术师"在方法论、策展兴趣、知识兴趣、历史问题方面有任何共同之处，除了我们真正感兴趣的是关于艺术在哪里产生的最大可能性的概念之外[41]。

对恩维佐来说，"后殖民主义"不是用来区分前后概念的，而是一种全新的表述方式，将全球纠葛理解为后殖民主义的本质，它是一个新起点，而不是一个终点，从中可以考虑我们当前的全球状况。因此，"后殖民星丛"被视为一系列广泛的艺术实践，扩展了当代文化的定义。对于恩维佐而言，这一系列实践的主要历史交汇点是它们与"帝国话语的霸权规则"的对立[42]。

同样，第十届文献展的策展人卡特琳·大卫认为"魔术师"展强化了对中心现代性和边缘现代性的错误划分——后者被视为异国情调的、古老的或反现代的[43]。这方面的一个例证是，马尔丹的关注点是西方审美凝视下的"文化的"对象，很少为观众提供艺术展览生产的社会政治背景，也很少注意到策展陈述中潜在的新殖民主义台词。虽然认识到没有边缘就没有中心且反之亦然，"魔术师"展不仅假定了以民族中心主义和霸权主义标准挑选西方世界以外的参展者是不可避免的，而且假定了这种限制在当时是可以接受的。马尔丹声称，"客观的、未受文化影响的"观点或"去中心化的"观点是不可能的，而且在任何情况下都是无益的。相反，他认为，以西方的眼光来看待文化的对象，得以将具有批判意义的人类学立场纳入一个跨历史的观点中。这一立场代表了同时代普遍的多元主义思想,即艺术或审美判断缺乏任何公认标准时,可由道德判断来弥补。马尔丹的辩护使他成为一个精神上的、民族志的探索者,也使他参与对西化的他者的自我道德化考古之中[44]。

如前文所述,马尔丹的跨文化策展方法正值后现代主义理论家全神贯注于文化多元性概念的时代,他们利用相对主义作为一种手段来质疑西方现代主义所谓的宏大叙事,不认为现代主义具有任何解放的潜力[45];策展人恩维佐称之为"西方后现代主义在关于多元性修辞上的装腔作势"[46]。弗雷德里克·詹明信所归纳的后现代主义的特性"并非一种风格,而是一种文化主导:这种概念允许一系列特殊但从属的特征存在且共存"[47]。在恩维佐看来,为马尔丹提供了一种进入异质性区域的操纵方法。虽然以"迥异但从属的特征"为主要前提,但只有当这些特征"被观众接受,使其存在的基本事实得以彰显"时,全球性展览中的"存在"和"共存"才会被关于"边缘"的早期后现代跨文化方法允许[48]。马尔丹的策展方法论陷入了这样一个陷阱,即文化作为"随机差异"[49]共存。其展览"大地魔术师"旨在将非西方艺术的独特性和特殊性纳入与西方化的审美观念、精神观念和质性观念的普遍关系中,就像此展览有着重写近来的艺术史的意图一样。正如赫拉尔多·莫斯克拉所说,在"对文化的策展"和"被策展的文化"[50]之间总是存在一种不对称的关系。也就是说,跨文化策展总是可以作为一种政治工具,将被策展的文化纳入既定的西方准则——一个基于西方原则和价值体系的综合过程。

2.4　20 世纪 90 年代以来的双年展和全球策展

在卡罗尔·邓肯(Carol Duncan)对博物馆环境的分析中,她认为这类空间通过其被标定的、过渡的时空区域实现了一种仪式化的效果,在这种空间中,参观者们被邀请去演绎一个在博物馆的环境、建筑的象征和展陈的动线影响下的剧本或场景[51]。她认为,所有的展览都是"仪式性结构"[52];它们利用有序的空间、照明和展品的排列,为参与者、观看者或来访者制定了规范的行为方式。在这种情况下,策展主体的特权塑造了不同艺术品之间的关系。每位观众的个体特点都会融入并提升未成型的观众群体的共同体验。关键点是在被构建的叙事和观看之外,要避免任何潜在的批判立场。

在艺术展示和公众接受之间维持一套特定的权力关系,往往出现在 20 世纪 90 年代的大型调研式展览中。双年展倾向于将这种权力关系作为不合时宜的元素纳入其中——约翰·米勒称之为"本身就是一种仪式的过剩挫败"[53]。

然而,这可能意味着任何不妥之处都可以作为整个事件的一部分卷土重来。在这样的展览中,有一个"提高期望和迅速幻灭的循环"[54],这既是可预见的,也是非常确定的。米勒认为,作为一个有组织的、壮观的事件,艺术的这类社会经验不仅是一种告诉观众事物正在发生的方法,也以一种将自己融入国际性景观中的方式进行经验的引导。它由一个总体性的策展陈述支持,后者声称要提供一种看待事物的新方式。

米勒认为,由于其规模和受欢迎程度,双年展成为一种意识形态体制;重新确定艺术作品和观众之间的社会关系是其不可避免的目标之一。由于这种展览有着明确目的,即对艺术作品进行全面的以及在统计学上的调研,其话语条件是预先确定的;它们排除了"在艺术生产过程中被改变,因此受到矛盾和冲突影响"的可能性[55]。根据米勒的观点,在既定框架内基于个体策展人的选择对这些展览进行批评,就是忽视了支撑这种体制甚至整个当代艺术产业的意识形态——一个被密切监视的全球网络、市场和评估型经济所限制的领域。在这个行业中,个体将自己定位在高度重视声誉的文化经济中,通过文化与政治上的操纵来争夺地位[56]。

米勒提到展览的组织者,例如在第九届文献展(1992年)上,杨·荷特将观众视为统一的、无异议的社会选民时,他正确地指出,他们这样做并没有对那些另有所图的主体、选民或对抗性公众有任何区分意识。在这一过程中,大展的体制赋予策展人职务以主导者的特权,其展览则作为一种有机的、必然发生的事实出现。换句话说,双年展背后的制度让人产生一种错觉,误认为其策展理念一直是强有力的甚至达到近乎天才的水准,这种错觉被作为既定事实呈现给想象中与现实中的公众[57]。相比之下,"公共"(作为人、地方或一个动态的概念)不仅可以被理解为一个具体的实体,可被解构或多元化来看待,而且能够产生或构成其自身。反过来,"公共"被认为是正在构建并为展览赋予了可以影响社会的能动性——具体而言,这里的"公共"是那种既被人类社会化,又使人类被社会化的公共空间[58]。大型展览建立了一种假设,即有一种共同的、集体的经验在起作用。事实上,起作用的是运转良好的艺术活动机器及其随行观众之间不言而喻的默契,而全球艺术界观察者的盛大集会带来的狂欢气氛使得这一默契变得更加可能,这一点在不对外开放的开幕场面中尤其明显。

在没有任何替代性叙事或实质性反对的情况下,策展人成为最核心的负责生产和调解双年展的主体。在这种体制的机制中,策展人成为艺术展览的生产者,而这类展览被当作全球文化的陈述者。

一个统一的、不受干扰的策展空间的呈现,掩盖了大规模双年展模式的组织结构中属于无数个体、管理人员和助理的大量真实的、非物质的劳动[59]。正如夏洛特·比德勒(Charlotte Bydler)所承认的,一个联系更加紧密的全球艺术世界给"文化工作者的劳动力市场带来了巨大的压力"。双年展模式的扩张正印证了这一点[60]。双年展策展人拓展世界观的能力使得双年展成为一种文化活动。这种活动与资本主义为追求新的劳动力市场而进行的殖民扩张相一致[61]。

全球主义在大型展览[62]的背景下,通过"艺术界"呈现出来——这是一个看似统一的地方,在这种情况下创造性差异和文化差异可以融合,同时多种共存的身份得以保留。因此在许多情况下,双年展模式似乎助长了一种对全球化的定义,即一个良性的、加速的进程,"体现着社会关系空间组织的转变……产生跨洲或跨区域的流动和网络"[63]。作为这一进程的例证,双年展被视为当代全球化的必然产物。

双年展将世界描绘成不同文化、时代和地点的集合体。所有的一切融合在一起,成为大卫·哈维所说的"时空压缩"①[64]的综合体现。哈维描述了当不同地点之间的旅行所需时间急剧减少时,人与人之间的相互关系是如何发展的。这种地理距离的有效缩短和通信速度的加快,已经达到了"现实就是全部存在"[65]的地步。双年展支持"全球一体化""加速的相互依存""全球状况的意识提升"和"区域间的权力关系"等理念[66]。在这里,来自世界各地的文化工作者和艺术家聚集在一起,他们的工作被展现在全球性展览与活动的框架内。这样的聚集成为一种广泛且包容性地概述整个世界的方式,它在同一场所、位置、城市、时间面向观众起到调解作用。

正如评论家托马斯·布图所点明的,在整个20世纪90年代,当代艺术界接受了作为一种连贯现象的"全球化",它可以整合之前被西方艺术史准则拒之于门外的艺术作品[67]。双年展语境下的策展设立了一种独特立场,"既反映全球主义作为一种现实,也采用它作为一种理念或主题"[68]。暂且不论任何关于"双年展化"的全球效应在策展上的自我反思性,"边缘"仍然遵循着"中心"的话语。在双年展中,"边缘"靠近"中心"来寻找合法性,并反过来接受这种合法性的附加条件[69]。查尔斯·埃舍指出,艺术全球化在大型展览中通过一种标准化的过程,同化了中心和边缘之间的差异。根据埃舍的说法,"中心优先"的全球艺术模式主要始于1989年,仍然在很多博物馆和双年展文化中占据主导地位。这种模式要求"当代文化的重要机构正式认可'边缘',以便将其纳入新型视觉艺术的准则中。"[70]即使展览中的许多艺术家可能已经在公认的艺术世界的边缘进行了艺术实践,一旦他们的作品被中心认证和消费,这种边缘和中心的关系就仍然存在[71]。与全球化的运作方式相一致,双年展偶尔会增加被赞助者的经济收益,但很少有兴趣维持其自主性和可持续性[72]。

虽然双年展策展人承认,呈现一个全面的世界观是不可能的,但他们似乎也认为这种局限性是他们所掌握的全球化状况的一种具有生产力的特征。正如第九届国际伊斯坦布尔双年展(2005年)的策展人查尔斯·埃舍和瓦西夫·科尔顿所声明的那样,自1989年以来,双年展已经成为国际艺术巡回展览的载体,通过这个载体,许多艺术得以认证并获得价值[73]。与当地环境中发挥着更关键作用的固定机构不同,双年展的策展视野可以塑造人们理解全球文化的方式。在此,双年展成为艺术为观众诠释世界的工具。同样地,这些展览表明了多样化的创造性活动如何能够与不同的文化模式共存,它们在一个地点被共同展示,类似于一个有机的全球合作。正如游历甚广的策展人侯瀚如所说:

我在"运动中的城市",特别是"紧急地带"等展览中所尝试的,是创造不同系统的重叠,它们代表了世界上不同的速度和空间性。在其中,你可以看到安静的角落,或更快速的空间,而另一些则更隐晦,所有这些都必须像有机体一样编织在一起[74]。

如图2-1所示,1997年伦敦海伍德美术馆举办的展览"运动中的城市",由侯瀚如与汉斯·乌尔赖希·奥布里斯特策展。

---

① "时空压缩"参见商务印书馆出版并由阎嘉翻译的《后现代的状况:对文化变迁之缘起的探究》一书的第300页。

图 2-1　由侯瀚如与汉斯·乌尔赖希·奥布里斯特策划的展览"运动中的城市"
（图片由汉斯·乌尔赖希·奥布里斯特授权）

将展览描绘为一个"重叠"且有差异的"有机体"，符合麦克尔·哈特和安东尼奥·奈格里对全球化的描述，即一个"不可阻挡和不可逆转"的过程，归因于他们称之为"帝国"[75]的一种新兴全球主权大国对经济、文化交流的控制。根据他们关于这种全球状况的核心论点，与"帝国主义相比，帝国不建立权力的中心，也不依赖固定的疆界或界限"[76]。相反，它已经"具体化"为一个"无中心、无疆界的统治机器，在其开放的、扩展的边界内，不断加强对整个全球领域的统合"[77]。为了抵消这种影响，哈特和奈格里假定了"诸众"的出现，即"全球化的生产主体与创造主体"的复数形式。这些"诸众"已经学会了"形成个体和事件的星丛，在全球范围内持续地设定系统的特性"[78]。"诸众"被哈特和奈格里当作"政治主体"或"一种占有力"、一个"生态政治的自我组织"开始出现在世界舞台上，由合作和集中的主体组成，负责指导和管理"非物质"生产模式、社会工作和创造性行动[79]。

"诸众"将工人阶级重新设想为一个具有移民背景的文化工作者、社会文化运动和合作网络组成的异质群体，对帝国的全球霸权进行某种形式的合作性抵抗。根据哈特和奈格里的说法，这种抵抗是由于"诸众"能够在地理上和本体论上永久地调动自己而实现的。在创造新的主体性、人口和社会群体的过程中，通过其不断运动的能力，诸众的创造性运动产生了新的"混杂之物在形式和程序上的调整"[80]。对于哈特和奈格里以及追随他们的全球策展人来说，"诸众"可以"被构想为一个网络——一个开放而广阔的网络，在其中，所有的差异都可以被自由而平等地表达出来；一个提供相遇途径的网络，让我们得以共同工作和生活"[81]。它的永恒运动意味着它永远处于不断变化和流动之中，同时被视为能够超越民族国家的地理边界；它的灵活性和可塑性在下文中有更详细的描述。

哈特和奈格里的"诸众"概念以其矛盾性和最终肯定的、乐观的立场而著称。但根据某些评论家的说法，这限制了它作为一种生产力或对抗力的潜能。他们笔下的诸众具有一种明显的开放性，这使其在某些人眼中成为一个没有面孔、没有声音、总是处于边缘地位的实体。例如，对于保罗·维尔诺来说，诸众是后福特主义生产过程的副产品，这种生产过程最终被资产阶级的流通自由的概念所定义。通过这一概念,工作被指向意义的创造、管理和分配,而不是物质生产。作为这种状况的副产品,诸众将永远无法达成集体政治上的能动性。相反,诸众仍然是一个政治领域的人文主义概念,没有阶级差别,其力量在于它勇于拒绝成为掌权者。用维尔诺的话来说,诸众"在司法意义上被剥夺了",总是"与共同事务无关"[82],虽然意味着群众,但诸众的潜力仍然是一种存在于个人经验之外的集体力量,而不是一种制宪权力;它"注定无能为力",被表达为一种少数派群体的集合,其中无人渴望成为多数派[83]。

雅克·朗西埃(Jacques Rancière)曾反问道:"所有的诸众都是'善的'或'真的'诸众吗?"[84]对他来说,哈特和奈格里的"诸众"是有问题的,因为它被赋予了一个非常积极的前景,几乎没有歧感①或反对的空间,以共同性为基础,由于其自我安慰和平等主义的预设,从未塑造自己的对立性。反过来,它被赋予了"打破所有障碍,以可感知的社群形式自我成就"的重担,这就更不可能了,因为诸众"注定成为内容,帝国则是其容器"。[85]作为一种后福特主义的、灵活的劳动力,"创作性诸众"这个现象已经不同程度地体现在各大双年展中。

诸众被视为一种非物质劳动的全球集合体。这种劳动生产的方式为知识型文化型的商品赋予了艺术与文化价值,并且为提升声誉值做出了贡献。正如社会学家和艺术评论家帕斯卡尔·吉伦(Pascal Gielen)所认为的,双年展是一个非物质劳动和艺术诸众时代的后机构,其中策展人、艺术家和观众,无论他们有多么真诚,都必须保持一定程度的犬儒主义和机会主义,以便在一个等级森严的全球艺术体系中度日。"犬儒主义和机会主义现在是我们全球化社会的一个结构性组成部分",因此,其已经成为当代艺术世界及其劳动力市场的必要运作模式[86]。

吉伦所指出的这种争议与维尔诺对近年来机会主义是如何出现的评估是一致的,这与后福特主义时代的众多策展人作为号召者、安排者、调解人和沟通者有关。在这里,声誉经济将机会主义作为一种消极的力量加以利用,意味着接受了领域内的支配形式、等级结构甚至腐败。这是文化领域经济化的一个副产品。对维尔诺和吉伦而言,诸众的起义及其争取解放的斗争,是从对可能性的渴望开始的。这种斗争为诸众创造了明显的机会,而不是为自我推销者创造机会,后者正在寻求消灭权力而不是征服权力的方法[87]。尽管维尔诺进一步提出了诸众是不稳定的和自我毁灭性质的——因为它总是处于失去平衡的状态,经常进行自恋式的带有自我反思——但他只是勉强承认了诸众这一概念的负面,这一面终会浮现,并与帝国霸权产生真正的对抗。然而,与此相反的是,双年展文化在整体上采用的当代诸众的形象,具有仁慈的、创意的积极力量[88]。

---

① 歧感在朗西埃的政治—美学术语中,dissensus 的汉译不一,计有"异见""异议""歧义""异现""歧感"等不同译法。在其美学讨论中,dissensus 重在强调感知与感知的冲突。在讨论美学和艺术时,将 dissensus 译为"歧感"或"不谐"。参见《艺术时代》杂志 2013 年 5 月第 31 期由蒋洪生翻译的《可能性的艺术:与雅克·朗西埃对话》一文。

第 2 章 双年展文化和全球化策展话语的出现：1989 年以来双年展和大型展览语境下的策展

在过去几十年的全球双年展的语境下，来自不同文化和全球信息网络的艺术被暗示为一种批判性的"诸众"，被表述为一种适合大型国际展览模式的运作领域，即一种被集中组织的、与全球互联的领域。正如策展人卡洛斯·巴索尔多所说，双年展可以"被看作一个更广泛的反思的机会，当然，艺术是其中非常重要的组成部分"[89]；在全球艺术可能是"出发点或到达点的情况下，你实际上是在处理更复杂的系统，在这个系统中，你还会试图处理艺术与文化生产的其他方面之间的联系和对话"。[90] 图 2-2 所示为 2009 年卡洛斯·巴索尔多和汉斯·乌尔里希·奥布里斯特在卑尔根举行的"卑尔根双年展会议"。

图 2-2　卡洛斯·巴索尔多和汉斯·乌尔里希·奥布里斯特在"卑尔根双年展会议"中
（图片由卑尔根双年展授权）

双年展的扩张在过去 20 年中支撑着一种愿景，即全球主义是人类时代不可避免的产物。例如，第十届文献展（1997 年）被其负责人凯瑟琳·大卫认为是试图提出一种扩张的、重新集中的艺术史和艺术世界的视角，通过这种视角，"与当代展览空间的多元性相一致的当代审美实践和媒介的极端异质性"将被用来"提供一种多元性"，表现了"随着全球化进程变得明显的"转变和重新定义[91]。与此类似，尤特·梅塔·鲍尔将第十一届文献展（2002 年）的空间设想为一些将艺术品和思想连接在一起的"片段"，相互关联如同"块茎分权为一个不能即刻感知的整体"，其中"交换形式的分层强调多种联系的差异性、多样性原则"[92]相比之下，第 50 届威尼斯双年展"梦想与冲突：观众的独裁"（2003 年），被策展人弗朗切斯科·博纳米视为"全球浪漫主义"的一种表达，是"全球性和浪漫主义的结合，在这里经济和信息最终交织在个人和情感的复杂性中"。[93] 博纳米将他对当代艺术状况的分析结果描述为一个全球性的展览，在这个展览中，"声音和思想的复调"聚集在一起，体现了"一个新的文化表达网络，它不再那么教条主义，而是更加注重精神层面的追求"。[94] 同样，欧洲游牧双年展"宣言"、柏林双年展、地拉那双年展、里昂双年展和伊斯坦布尔双年展，以及 20 世纪 90 年代在全球范围内建立的许多较小规模的周边双年展、三年展和四年展，都倾向于采用一种跨国的方式来组织，以本地艺术作品作为主要出发点，与全球艺术生产网络相连,由少数巡回策展人掌舵[95]。

人们能够想象策展人赫拉多·莫斯克拉所说的"一个所有的点都在网状网络中相互连接的星球。"[96]通过将不同的文化聚集在一个全球性展览中,策展人,展示了詹姆斯·克里弗德所说的"阐释人类学",其中文化被提议为"文本的集合",目的在于挑战"民族志的权威",在一个主要文本即展览的文本中建立更多"对话和复调的话语范式"[97]。这种方法论沿用了皮埃尔·布尔迪厄（Pierre Bourdieu）对结构主义的文本模式的质疑,它有能力将"社会关系简化为交流关系,确切地说是解码操作"①[98]。当一个特定的策展人的叙事,或艺术世界观被移植到不同的实践中时,"实践重新编码为话语"[99]就会发生。以展览为主要文本,策展人提供了最突出的叙事,通过这种叙事可以对选定的作品进行排布。如果说展览本身既是一种文本,又是一种媒介,那么在这种全球层面上传播艺术作品的条件和可能性会是什么?

作为西欧和以美国为主的国际主义的一部分,不断扩张的双年展网络有效地包容了来自边缘区域的艺术和艺术家。然而,正如策展人杰西卡·布拉德利（Jessica Bradley）所指出的那样:

这些展览作为一种壮观的分配方法,能够有效满足与当今全球资本和信息流通同步加快的汇率和消费速度……虽然策展人的期望通常是关注不断变化的文化,且避免文化民族主义,但是创办这些事件的动机可能仍然来自一种在全球网络中促进和确立当地文化生产的愿望[100]。

如前文所述,文化与地理位置的相互关系是双年展所依赖的全球旅游业最明显的营销特点。地方性——体现在对旅游景点、地方特产、名胜古迹、文化和产品的推广上——是许多地方城镇经济收入最可靠的来源。同样,正如吉兰·塔瓦德罗斯所说,艺术已经成为"全球化经济的一部分,需要开拓新市场,更需要新兴市场的不断发展来销售作品,也需要新的产品来继续推动和振兴现有的市场;更不用说城市的更新发展和艺术被定位的方式,特别是双年展和艺术节,被作为一种文化资本积累的形式,也作为城市的策略"[101]。在考虑双年展作为旅游经济中的商品时,侯瀚如认为,这种对旅游经济的依赖造成了弗雷德里克·詹明信所说的必要的"批判距离"的缺失[102]。伊沃·梅斯基塔也认为,在这个"文化即景观"的时代,艺术生产作为全球文化的催化剂,吸引着金融投资和受众。

双年展（和艺术博览会）在越来越多的城市举行,这些城市将文化旅游作为在国际经济和文化舞台上获得一席之地的手段。在此,艺术家、策展人、批评家、艺术经纪人、赞助人和赞助商培育了一个明确的生产系统——即一种分工,为参与者分派了不同等级的角色[103]。可以说,每个双年展都是独特的,每个展览的规模、目标展览举办地的诉求以及在国内与国际上的知名度都不同。然而,它们都有一个共同的抱负,即在全球化背景下促进当地

---

① "社会关系简化为交流关系,确切地说是解码操作",本文译者对该段的翻译与皮埃尔·布尔迪厄作品中的法文原文进行翻译的中文翻译略有不同,此处翻译采用了布尔迪厄的法文原文的中译版内容。参见由中国人民大学出版社出版并由高振华、李思宇翻译的《实践理论大纲》一书的第189页。

第 2 章　双年展文化和全球化策展话语的出现：1989 年以来
双年展和大型展览语境下的策展

文化旅游，进而为国际艺术的策展和被接纳的新地理环境的划定做出贡献。

每个大型展览都是在这一持续进行的对话中短暂存在的交流场所，在这一交流场所中双年展语境下产生的展览被相互讨论，包括双年展之前的、与其同时代的展览以及它们所反映的世界[104]。例如，2002 年，恩维佐声称，他经由第十一届文献展认识到了所有大型展览的局限性，即这些展览都试图成为真正的具有国际性、包容性和全球性的展览，但最终往往在公众和学科模式之间保持着分离[105]。第十一届文献展强调了文献展作为享誉全球的机制所具有的局限性，将诸众作为一种对抗帝国力量的反作用力提出来[106]。这是众多的全球性的交叉点和公共领域的关系网，共同进行"解辖域化"①并加剧了恩维佐所说的"现代主义差异化和同质化的策略，将纯粹的艺术对象与艺术经典中的价值和等级关系的关系具体化"[107]。一年后，博纳米提出，第 50 届威尼斯双年展试图为 21 世纪创造一个新的大型展览，在这个展览中，多重性、碎片化和多样性可以在一个展览中共存，同时显示出当代全球状况的复杂性[108]。

从"原始主义"（1984 年）到"大地的魔术师"（1989 年）再到第十一届文献展（2002 年），克里斯蒂安·克拉瓦格纳（Christian Kravagna）通过观察与重要展览有关的策展话语的变化，提出了全球策展的问题及其在国际展览中代表非欧洲艺术的意愿。克拉瓦格纳提出了一个根本性问题："如何策划其他文化的艺术，以及谁拥有合法的权利来策展？"克拉瓦格纳指出，非西方文化的"单向输入"是殖民主义展览悠久传统的一部分。他总结道："虽然近年来非西方的艺术体系发生了很大的变化，但当代艺术'全球化'的障碍依然存在。"[109]

克拉瓦格纳的观点是，非西方艺术在众多展览中的数量呈指数级增长，巧妙地回避了这些展览大多发生在西方的事实。虽然这一点很中肯，但也必须要考虑到越来越多的边缘城市通过举办双年展寻求在艺术界获得认可的影响[110]。像地拉那、达喀尔、哈瓦那、伊斯坦布尔、光州、圣保罗和约翰内斯堡这样具有文化和历史多样性的地方，都试图通过将当地艺术家和那些更具主导地位的文化中心内的艺术家一起展出，以提高或重塑他们的全球形象[111]。正是在这里，当代艺术之路超越了任何经济、文化或国家的边界。正如侯瀚如所言，这些项目在艺术领域产生了新在地性；如果每个地方都是为特定的、新兴语境的"社会生活"生成的产物，"那么当城市举办国际或全球艺术双年展时，它们就有可能成为产生在地性最重要的空间"[112]。双年展是一种有效的手段，通过这种手段，这些地点可以在全球层面内为其规划一个地方，使其成为与其他双年展进行网络交流的一个切入点。

克拉瓦格纳还忽略了奥奎·恩维佐所说的第十一届文献展的"域外效力"[113]，在该展览项目中，通过五个"平台"[114]的组织来制造话语空间，从而使展览项目从卡塞尔常规的语境中转移出来。展览从一系列的话语活动中分离出来，提供了恩维佐所说的展览时刻的

---

① 解辖域化（deterritorialization），汪民安在对该词的阐述中提到"在德勒兹后结构主义哲学美学意义上，辖域化意味着某种等级制度中心主义和静止的时空……'解辖域化'一词是与更为宏阔的后结构主义解构中心构想相联系的，指涉从栖居的或强制性的社会和思想结构内逃逸而出的过程。"参见江苏人民出版社出版并由汪民安编著的《文化研究关键词》一书的第 147～148 页。

"解辖域化",这不仅干预了文献展在卡塞尔的历史定位,而且暴露了当代艺术空间多重断裂的机制[115]。

双年展继续以文化多元化主义为标准,同时通过跨文化、非线性、非历史性的群展来生产碎片化的世界体验。正如玛莎·罗斯勒(Martha Rosler)所指出的,虽然策展主题可能会在一个展览到另一个展览之间发生变化,但其所存在的问题却不会。事实上,它是伴随着任何双年展的不变因素之一。据此,"全球展览在全球化的最新阶段,充当了大收藏者和主体的翻译者的角色"[116]。罗斯勒提出,尽管艺术家的选择可能是根据他们的身份、差异或边缘化的地缘政治地位,但必须有来自第一世界的美学剩余,以维持其所代表的比例的平衡[117]。全球化的文化行业与全球资本主义表现出的行为并无不同;事实上,前者经常模仿后者。在马库斯·韦尔哈根(Marcus Verhagen)看来,这表明其本身是一种失败的期望,即双年展的访问者期望在文化领域内建立一种渐进式的全球化模式,为另一类全球化发声的双年展,一种并非由普遍性的策展设计推行,却由当下的集权与传播机制驱动的双年展[118]。双年展仍然是更大的相互关系网络——这个网络几乎完全被市场渗透,这意味着将双年展与其他展览模式隔离开来,只会在整体上对艺术世界造成扭曲。人们不能期望双年展对全球化做出令人信服的评估,因为它们完全受全球压力所影响,然而,作为这个时代的一种展览模式,双年展仍然是理解艺术世界是如何运作的重要手段[119]。

2.5 作为全球化白立方的艺术世界

2005 年,埃琳娜·菲利波维奇认为,双年展和其他大规模的周期性展览已经配置了一种全新的、被净化的展览空间[120]。菲利波维奇将双年展归类为新的"全球白立方"——讨论和批评它们仿佛是自律实体①,与其参数之外的物理环境隔离开来[121]。尽管每个双年展都有多种创造性的声音,但展览作为一个封闭空间的展现方式仍然存在[122]。双年展策展人的工作继续得到协调和讨论,重点是放在展览所包含的、与策展宗旨相符的内容上。菲利波维奇提出双年展绝大多数都是在主办城市使用现有的博物馆——这些建筑往往是专门建造的现代主义的展陈空间——在这些空间中,艺术作品在特定建造的环境中被展示,这些环境复制了现代主义"白立方",由僵硬的几何形状、白色的墙壁、分隔的区域所组成,但却缺少通往外部世界的窗户[123]。展览作为主要形式,有一种特权,即"艺术作品的选择、语境构造以及主题及其伴生的话语,共同组成一种特殊的形式……是一个展览如何展陈的核心"[124]。这有助于阐明双年展是一个具有自身参数的特定物理空间,"通过这个空间,观众和物体之间,一个物体和其他物体之间、物体与观众及其特定展览语境之间的关系得以发生"[125]。

这种策展活动的核心仍然是将特定的艺术作品置于社会、历史和文化背景中,并对其进行事实性、信息性和批判性的描述。在全球展览中,策展人将其自身的角色从文化仲裁者

---

① 自律实体翻译参见《美学理论》(西奥多·阿多诺著,王柯平译,四川人民出版社,1998 年)"第一章 艺术、社会、美学"之"第 4 节 艺术与社会的关系"。

逐渐过渡到文化调解者,这意味着策展人对传统上在西方艺术话语中处于从属地位、被淹没或缺乏知名度的艺术实践进行了阐释。根据白教堂画廊总监伊沃娜·布拉兹维克(Iwona Blazwick)的说法,多元主义——她将其归结为后现代主义——一直是一个重要的政治现象,因为"它试图拆除的是一个单一的主体地位,这个地位是以白人、男性、异性恋和欧美为中心的"[126]。

齐格蒙·鲍曼(Zygmunt Bauman)认为,正是由于西方宏大叙事的结束,以及当代文化中缺乏单一的、普遍接受的权威,导致策展人成为替罪羊,"因为策展人处在不确定条件下为意义而战的前线"[127]。在这一关键时期,鲍曼认为艺术已经重新聚焦在他所谓的"展览事件"——在这个时刻,"艺术体验"被评估和描述为一次性事件,其成功与否取决于其对观众和参与者的"潜力的总量"[128]。在这里,首先艺术的经验通过短暂的事件获得,它具有体验性和"身临其境"的态度,为该事件提供了主要的文化价值。其次,艺术体验才能通过"艺术作品本身的临场价值"被评判[129]。对鲍曼来说,在这样一个广泛宣传的事件中展出的艺术"符合为适当的消费对象设定的标准,它有机会在避免无聊的风险的同时,最大限度地提高震撼力"[130]。换句话说,艺术作品和艺术活动共同促成了艺术的"娱乐价值"[131]。

很少有双年展的规模能达到像卡塞尔文献展、约翰内斯堡双年展、威尼斯双年展甚至伊斯坦布尔双年展那样。尽管,大部分双年展倾向于以临时性的、本地化的和低调的方式完成其期许的目标,但正是这种双年展条件所产生的特定的同质性才引起了人们的关注,而不是无数地方性文化陈述的异质性。撇开规模、时间性抑或地方性的区别问题,这些展览所表明的策展实践的转变主要由双年展策展人所阐述,这种转变是全球主义的一种公开的政治化、话语化和积极效应的产物。

埃舍和科尔图并不是唯一认为双年展是"艺术在全球分布中的特权代理人"的人,这些代理人可以"确定和界定艺术在公众意识中的地位,并创造使其进一步探索的条件。"[132]汉斯·乌尔里希·奥布里斯特将双年展称为"催化剂"[133],可以激活多重时间性,据此"展览中几个时区共存的必要性使各种不同的区域相互联系成为可能"[134]。双年展对埃舍和科尔图来说是一种工具,对奥布里斯特来说是一种催化剂,而对尤特·梅塔·鲍尔来说,它是艺术世界中留给策展人难得的机会之一,可以发表"更大的声明来表达自己的声音"。她解释说,这不是为了炫耀,而是为了让某些问题最终得到解决[135],其规模远远大于大多数展览所能承受的极限。这使得双年展的模式面临着被景观化的情况,当时鲍尔在描述自己策划双年展的经验时提到了这种可能性,以此来表明一个观点,即"在某种程度上,需要景观化或极具争议性,才能脱颖而出"[136]。显然,新的白立方空间需要具有景观性的艺术,并且需要通过开拓全球艺术市场来填补其空白。

在最有效的情况下,双年展将政治作为一种文化而非体制的实践。正如苏珊·巴克·莫尔斯(Susan Buck Morss)所建议的,"它们应该表现为对自由的一种运用,以及这种自由所引发的东西,从而恢复那些艺术实践的传统,即努力创造一个避免工具化的艺术文化空间"[137]。双年展已经成为一种独立的机制形式,但同时,由于双年展独具的周期性,便在市场上形成了一种由双年展所形成的一种可比性和竞争性的指标。一方面,这些展览活动有助于在全球化的世界中塑造新的社会文化和政治关系。另一方面,关于双年展的共同话语中,尽管每个展览都作为参照点做出其贡献,但它们已经成为全球文化产业中某些形式的艺术和策展实践合法化的两极分化空间。

2.6 流动性是21世纪策展工作的先决条件

双年展使艺术策展人的工作地点不停地变化,这也是策展工作者的常态,对于观众来说,游历于各个展览地之间也已经成为一种普遍现象。作为全球文化产业中的重要行动者,拉尔夫·鲁戈夫(Ralph Rugoff)在1999年将游牧式策展人称为"世界漫游者"①[138],他们似乎不受地域限制,对他们来说,全球主义和"新国际主义"是两个核心问题[139]。在特定的展览语境和国际文化经济的上层建筑中,这些流动的文化主体充当某些表现形式的调解人或中介。特别是,他们在双年展中的作用是通过一个主观的(策展人)调解体系来承担国际艺术的选择和展示责任,将包容性的概念作为其核心原则之一。双年展策展人往往游历异常丰富,他们的展览融入了复杂的全球知识网络。这些策展人及其展览参与了一个共同的、全球化的策展话语。詹姆斯·迈耶将"策展人的专制"归因于一种全球流动文化的出现,在这种文化中,策展人需要拥有充足的旅行预算,并且必须不断行动以跟上国际主流方向的步伐[140]。

艺术博览会和企业画廊数量的增加,以及国际双年展和跨国博物馆数量的增加,表明了双年展越发全球化,观众的流动性也越来越大。迈耶形容这些观众是"艺术爱好者,他们必须不断地从威尼斯到明斯特,从柏林到纽约,以便'跟上潮流'"[141]。

流动的观众和艺术专业人士共同体验大型展览。旅行是艺术生产、流通和体验的先决条件之一。双年展有助于创造一种新的观众类型:作为全球游客,他们总是在移动。像所有游客一样,他们可能会体验其他文化,以此来定义自己的文化。正如迪安·麦克坎奈尔(Dean MacCannell)所言,游客通常认为"本国的文化是统一的、核心的、有掌控力的、普遍的",[142]同时"努力掌握与自己不同的文化和体验并从中获益"[143]。但是,艺术旅游者也容易把他们对全球艺术世界的体验误认为是对世界本身的体验。因此,这种流动文化影响了艺术生产的条件也就不足为奇了。詹姆斯·迈耶认为,艺术界拥有全球文化产业的"小镇氛围",以一种类似于行会的手工生产方式,催生了一种对特殊个性的崇拜。

还有一种假设是,人们把双年展巡回展以及国际艺术博览会上发生的事情等同于全球文化,即人们误以为能够参加所有这些活动的策展人拥有更全面的世界观,这使情况更加复杂。正如迈耶继续表述的那样:"策展人的旅行次数最多,他们看到的作品范围最大,实践意识最广;活动(展览)最接近实践的策展人对实践的影响也最大……至少就目前而言,

---

① 此处"世界漫游者",参见《艺外》2013年4月第43期王圣智翻译的《策展的转变:从实践到论述》一文。

批判性辩论的活力似乎已经从话语转向了策展。"[144] 某些策展人从这种游牧式文化产业中获利,但许多艺术家的做法也适合这种生产条件。这导致了某种程度的可预测性,成为双年展经验的一个特征,或者正如恩维佐所言:"到目前为止,在这个国际艺术领域中,艺术和其他文化是一种共生关系,它们相互影响并共同存在,在这个领域中,艺术与多元文化相互融合,那些不断旅行参加国际艺术展览和活动的人,他们可以展览做出预判,并可以通过展览来勾勒出多元文化形象世界的轮廓。"[145]

随着双年展的组织者越来越需要吸引"世界漫游者"的注意力,同样需要一种新的艺术类别,菲利波维奇称之为"夸张的比例和空洞的场所"。这一类别为自己赢得了"双年展艺术"的名称,其中伴随而来的策展话语显示出一种倾向,即涌现出越来越多的壮观的活动和非凡的承诺,但由于它们未能实现,参观者往往会感到失望[146]。如图2-3所示,延斯·霍夫曼和毛里齐奥·卡特兰(Maurizio Cattelan)在1999年的"被吹走:第六届国际加勒比双年展"中,把"双年展艺术"作为一个利基市场加以模仿,他们邀请了一些艺术家参加,如凡妮莎·比克罗夫特(Vanessa Beecroft)、奥拉维尔·埃利亚松(Olafur Eliasson)、马里科·森(Mariko Mori)、克里斯·奥菲利(Chris Ofili)、伊丽莎白·佩顿(Elizabeth Peyton)、里克力·提拉瓦尼加(Rirkrit Tiravanija)。在他们看来,这些艺术家在国际双年展中是无处不在的。该项目是通过标准的艺术和媒体渠道进行广告、营销和调解的,但在抵达西印度群岛的圣基茨时,艺术家和策展人一起享受了一个假期,实际上没有举行任何展览。之后,他们制作了一份精美的全彩色画册,里面有假日照片、文字和描述这次经历的陈述[147]。因此,"加勒比双年展"也可以被视为对游牧式策展人的自我反思批评,这些策展人越来越需要在遥远的地方寻找新的艺术体验。

图2-3 "被吹走:第六届国际加勒比双年展"(图片由阿明·林克提供)

20世纪90年代,在双年展的数量激增的同时,艺术世界出现了一种新的艺术类型。为了应对文化生产结构组织的变化,双年展的组织者要求艺术家对他们活动的地点做出回应。这导致了诸如"原创性、真实性和独特性"等价值被"从艺术作品中抽离出来,归于现场"[148]。根据权美媛的说法,存在"将地方普遍价值化作为真实体验场所"[149],这创造了一种地方和身份之间存在连贯关系的感觉。因此,在双年展的背景下,艺术的放置由于生产地点和最终展示地点之间的脱节而变得复杂[150]。一种典型的经验是,艺术作品(在别处制作并且被带到展览现场)或艺术家(从别处被带到相关城市来制作与之呼应的作品)被部分移除,要么离开其原始的生产地点,要么离开艺术家主要工作的地方。在其新的语境中,作品通过与策划的主题展览中的其他作品的衔接关系,或其在从国际艺术界和随之而来的全球艺术市场中挑选的其他作品中的位置而被辨识[151]。双年展使得观众群流动,代表了一种碎片化的全球化理念,同时呈现了一种艺术世界与市场自由流动的组织感。

对于艺术家和策展人来说,双年展是属于当代艺术界的行业领袖的认证途径,从而引出一种普遍的艺术界内的排名趋势。与此同时,《艺术论坛》和 *frieze* 等杂志也对上一年的活动进行了年度"最佳"调查[152]。正如埃文·弗内斯维克(Eivind Furnesvik)所指出的那样,奖项的分配进一步证实了这种"等级安排"——这是大多数双年展的常见做法[153]。与《今日艺术》和《世纪之交的艺术》等书籍类似,双年展有助于形成或印证当前的"热门榜单"。 艺术的"当代性"价值和批判性的策展角色被清空,不再带有任何政治色彩,而有沦为商品化和易于消费的趋势。如图2-4所示,艺术家安东尼·格罗斯(Anthony Gross)在伦敦的一个名为"临时当代"的仓库(2005年)独自策划了的展览项目"双年展!",为此他组织了一个一次性展览,邀请了国际策展人和一个专家小组选择他们最喜欢的一个艺术家的单频影像作品。其结果是一系列的迷你展馆,作为双年展模型的低配版,所有的作品都在同等的显示器、基座和耳机上被展示。

图2-4 "双年展!艺术家电影和视频"(图片由临时当代的"双年展"项目提供)

两年后,第九届里昂双年展(2007年)在汉斯·乌尔里希·奥布里斯特(Hans Ulrich Obrist)和圣法尼·莫伊斯顿的策划主持下,采用了类似的形式,但更像是一场艺术博览会,这是一场策展人与策展人之间的荒唐游戏,如图2-5所示。该场双年展邀请了49位策展人选择他们认为对当前10年"至关重要"的一位艺术家,并要求14位策展人在展览中制作一个展览[154]。此次活动旨在对策展时代的全球艺术现状进行自我反思,由艺术家作为选择者的代表,结果是对双年展策展人这一令人厌倦的角色的戏仿。他们的策展策略的非权威主义言论暗示,现在把责任交给别人是一件好事。但它导致了一个缺乏方向和目标的展览产生——也许代表了人们厌倦的策展时代。

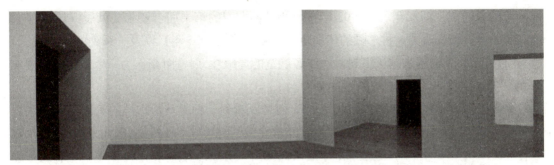

图 2-5　由圣法尼·莫伊斯顿和汉斯·乌尔里希·奥布里斯特策划的第九届里昂双年展
（图片由里昂双年展提供）

这个特殊的里昂双年展与布鲁斯·弗格森所称的"话语性双年展"[155]形成鲜明对比,后者侧重于对话、教学和本土纠葛,而不是策展游戏。2008年的圣保罗双年展和2007年在阿雷格里港举行的第六届南方共同市场双年展就是两个例子。圣保罗双年展大幅减少了艺术品数量,为理论讨论提供了空间。它致力于围绕重新考虑展览最初使命的必要性进行辩论和讨论,以及研究与博物馆巡回展相关的双年展系统。在阿雷格里港,双年展在开始之前会组织一系列的教育和讨论活动,积极地与当地观众互动,并承诺在展览结束后继续与观众保持联系。

2009年的卑尔根双年展则更进了一步,展览以"双年展的生存或毁灭?"为题且没有展出任何艺术作品。取而代之的是,组织者型策展人召开了一个为期3天的会议,考虑到当时为止双年展现象的影响,并识别和探索来自世界不同地区的现有"双年展知识",进而反思双年展的历史、社会政治和经济背景,以及对艺术和策展实践的影响[156]。

但是,卑尔根双年展代表了从过去20年的过度生产中获得喘息的难得时刻,并通过专注于实践,卑尔根双年展强调了近期国际"大型展览"的异质性。正因为如此,在数量不断增长的全球展览市场中,也表现出了双年展是如何为20世纪90年代的少数几位策展人提供了更多崭露头角的机会。诸如卡洛斯·巴苏尔多、尤特·梅塔·鲍尔、弗朗切斯科·博纳米、卡罗琳·克里斯托夫·巴卡尔吉耶夫、奥奎·恩维佐、查尔斯·埃舍、长谷川祐子（Yuko Hasegawa）、侯瀚如、瓦西夫·库尔图、罗莎·马丁内斯（Rosa Martinez）、伊沃·梅斯基塔、汉斯·乌尔里希·奥布里斯特（Hans Ulrich Obrist）、阿德里亚诺·佩德罗萨（Adriano Pedrosa）、阿皮南·波斯亚南达（Apinan Poshyananda）、芭芭拉·范德林登（Barbara Vanderlinden）等人物都曾策划过大量国际双年展,他们代表了托马斯·布图所说的"艺术界的新全球主义"[157]。

2.7　20世纪90年代末集体策展转向的三种途径

正如人们所看到的，自20世纪90年代末以来，大多数大型展览都在一个层面上承认了选择者与被选择者之间的等级权力关系。这包括奥奎·恩维佐的第二届约翰内斯堡双年展"贸易路线、历史和地理"（1997年）和他的第十一届卡塞尔文献展（2002年），弗朗切斯科·博纳米的威尼斯双年展（2003年），卡特琳·大卫的第十届卡塞尔文献展（1997年），查尔斯·埃舍和瓦西夫·科尔顿的伊斯坦布尔双年展（2005年），以及一系列的宣言展[①]。这些项目表明，人们越来越认识到单一作者展览的局限性，展览时刻作为一个封闭的策展实体，以及展览作为一个固定的、持续的事件。

纵观国际大型展览最新发展的概况，人们可以看到一种更具协作性的策展方法。联合策展或团体策展已经继续发展成为大多数经常性展览的主导工作模式，例如，伊斯坦布尔双年展（2005年和2009年）、地拉那双年展（2006年）、圣保罗双年展（2006年）、柏林双年展（2006年），以及第八届宣言展（2010年）的多个组成部分。这样的团体策展并不是没有问题的，但这种方法显示了知识、资源、网络和意见共享的优势，以及在展览序幕中对个体策展人的形象进行隐性批评。从实用主义和意识形态上看，造成这种转变的原因有多少，不同模式就有多少，但在这里，至少有三种不同集体策展途径值得更详细地考虑：由执行力突出的策展团队引导，像第十一届卡塞尔文献展；协同策展模式，如宣言展；策展人的策展，如博纳米的第50届威尼斯双年展。

作为第十一届卡塞尔文献展的艺术总监，恩维佐选择与一个由策展人组成的团队合作[158]——这种模式由他在1997年的第二届约翰内斯堡双年展引入，以此来避免这类大型展览有史以来"展览—作者"型的单一模式[159]。恩维佐既反对大型展览的"巨大性"，也反对同质性破坏了个体实践本身的差异性的说法[160]。为避免掉进这两个陷阱，他认为策展人对艺术家的关键责任在于通过展览呈现一个清晰的陈述。然而，为反对"巨大性"的固有含义，他选择植入一个集体性的策展模式，为远离单一作者的范式有意识地做出了一种转变[161]。他说："显然，作为艺术总监，你很难避免处在一个总导演的位置。你可以调动所有你想调动的人，但你仍然会有巨大的疑问。但是，我想在第十一届文献展的语境下强调的是，那里没有单一的作者，而是一组协调彼此长处和短处的合作者。"[162]恩维佐的方法是邀请一群策展人组成一个智囊团，在他的带领下制定展览的概念和内容，并提供相关语境下的文本。

相比之下，宣言展基金会的目的是将一群高资历的策展人（通常来自不同地点，有着不同视角，往往彼此不认识）聚集在一起，要求他们在选定的欧洲城市/地区合作举办一个展览，带有总体的地缘政治方针[163]。尽管宣言展模式似乎采取了一种后泽曼式的、多作者的、透明的策展态度，但对于一些策展人而言出现了作者身份的问题，他们自己也被"策展"，成

[①] 宣言展又称欧洲当代艺术双年展。参考《江苏画刊》于2002年第9期第10～11页的文章。

为以欧洲为中心的宣言展架构的一部分。正如第四届宣言展的共同策展人圣法尼·莫伊斯顿所描述的经历："一切都是按照地缘政治策略来组织的,我认为这种彻底的透明根本不存在。"[164] 作为宣言展的雇员,她补充道:"这非常棘手,因为你本该以策展人的身份自由工作,因为那里有点像策展人的国度,但事实绝非如此……这不是一种集体实践。这是一场游戏,一种权力,一种力量。"[165] 她继续说道:"当你和你无法选择的人在一起做这种工作时,你的辖域意识更强……考虑到责任问题,你不能承担任何风险。如果你冒了风险,你并不是一个人;那么你就不能为自己辩解,因为不只有一个人的声音,而是三个人的声音,后面还有整个组织。"[166] 因此,群体工作模式似乎并不适合所有人。

安德鲁·伦顿是第一届宣言展的共同策展人,他也有过一段艰难的经历,但他认为所有双年展都有一个其内在的协商过程,在某种程度上,很多版块需要妥协才能实现。正如伦顿所说,"作为一个策展人,在协作模式下工作要困难得多,特别是当你在一个大型项目中承担着高于你自身应尽的义务时。我认为,就双年展的规模而言,它们包含了太多妥协和实用主义的内容"[167]。

由达哈布·阿布·马伊(Mai Abu ElDahab)、安东·维多克尔(Anton Vidokle)和弗洛里安·瓦尔德沃格尔(Florian Waldvogel)策展,计划在塞浦路斯尼科西亚举行的第六届宣言展被取消,这是妥协达到极点的一个案例。其问题在于对策展团队在资金和组织上的支持不明确,以及忽视了该地区政治状况下各方参与的复杂性。这意味着基金会及其受邀策展团队,不得不放弃在尼科西亚的希腊族地区和土耳其族地区都开办多民族共通的艺术学校来培养艺术展的种子选手。展览的取消表明了游牧式宣言双年展的举办模式在落地实施上存在巨大的困难。要完成这些雄心勃勃的项目,需要付出更多的时间,还要致力于调动当地的关系网络和机构所发挥的作用。由于其流动性,宣言展能够调整其机制的设置,以适应任何不同的举办地。然而,这种短期主义的做法很少表现出对当地基础设施建设的真正兴趣,再加上基金会对各地区和国家的文化资金、行政支持和提供服务的依赖,这使得当选的策展人团队不得不为这些遗留混乱问题进行协调,以换取在该领域内的少量资源。

对博纳米来说,泽曼在第 49 届威尼斯双年展"人类的高原"(2001 年)中,选择了约瑟夫·博伊斯的《21 世纪的终结》作为关键展品的这一举措被视为"大策展人黄金时代"结束的标志[168]。而博纳米在 2003 年的威尼斯双年展中,邀请策展人们在其总体的"展览活动"框架内分别策划他们自己的展览,则代表了策展人。11 位策展人共同负责了第 50 届威尼斯双年展(2003 年)中独立但相互关联的部分。总而言之,共有 11 个正式展览及其"链接"和"插曲"一同举行。博纳米认为,在一定规模下进行的展览不再是单一叙事线索背景下的展览,而是多种策展愿景共同作用的结果[169]。他声称,军械库每个展区入口处的策展人署名并不是为了"推广策展实践,而是一种定义'领土'的方式",他断言"确保每个展览保持自身的可读性"才是他的主要责任[170]。不论是否有意为之,博纳米象征性地背离了"泽曼时代"和单体式的策展范式,最明显的体现是他决定用"乌托邦车站"(*Utopia Station*)来标志第 50 届双年展"梦想与冲突"的结束,此展览由汉斯·乌尔里希·奥布里斯特、莫莉·内斯比特（Molly Nesbit）和里克力·提拉瓦尼策划。这个"展中展"将在第三章中详细讨论，它呈现了一个集过渡性、碎片化和多重性的巴别塔式领域，其中艺术家的数量极多，但缺乏任何清晰可辨的、自律的艺术作品，导致了一种在集体主义之下的混乱感[171]。

2.8 展览框架之外的策展

卡特琳·大卫已经扩展了展览形式的时空性质，她组织了"100 days—100 guests"项目，在 1997 年的第十届卡塞尔文献展期间，每天邀请一位嘉宾，参加讨论、辩论等活动。此外，文献展的画册被用作一个话语空间，打破了传统文献展只收录特邀作者文本的惯例。在千禧年来临之际，该画册重新审视了当代历史中四个具有标志性年代的展览：1945 年、1967 年、1978 年和 1989 年[172]。同样，伊斯坦布尔活动的策展人瓦西夫·科尔顿与查尔斯·埃舍的合作，将第九届伊斯坦布尔双年展（2005 年）的地址迁移到该市的现代化城区，远离历史旅游景点。另外，此次展览出版了一本收录批评性的书籍《广阔世界中的艺术、城市和政治》，这并不是当下标准的展览画册[173]。随着博纳米、大卫、恩维佐、科尔顿和埃舍拓展了所谓的策展项目的范围，超越了展览作为单一叙事的惯例，激发了一个超越个人策展立场的公众探询的场域①。同时，讨论、讲座、出版物、活动、表演和场外项目被给予更多的重视和关注。

这种相对较新的趋势，即策展空间的"域外化"，已经成为这类展览中的一个先决条件，因为它们试图反思产生这些展览的全球及地方状况，从而使来自艺术世界的不同文化从业者在同一展览状况下相互依存与融合。会议、跨学科活动、研讨会、教育活动和公共讨论已经成为这些项目中越来越重要的元素。这种超越展览现场的扩展体现了当下双年展策展人的方法，在囊括单纯的艺术作品的同时展示更多的内容。例如，克罗地亚策展小组 WHW（what，how & for whom）组织了第十一届伊斯坦布尔国际双年展（2009 年）"是什么让人类活着？"其展览读物《文本》不仅考查了策展人在研究过程中捕捉生产资料的方式，而且采用文本作为手段，探索布莱希特式的马克思主义对其思想和内容的影响[174]。

第十二届卡塞尔文献展的平行艺术教育项目，以及它的杂志项目——邀请了来自世界各地的 90 个拥有不同关注点的出版物共同思考此届文献展[175]的主题和题目——旨在为读者和来访者提供引导。这几个案例印证了一种新兴的观点，即双年展"现在被理解为知识生产和辩论的载体"。这样的双年展往往以"全球化"为主题，同时质疑作为全球化产物的活动本身的意识形态基础，而全球化仅限于大型展览作为其主要产出[176]。

回顾已成为范例的第十一届卡塞尔文献展，其表现的重点内容是当代的纪录片，并在展览内部形成了一定的话语空间。这些策略相结合，将重心从对异国他乡收藏品潜在的物质崇拜，转移到艺术与全球政治、文化、经济的话语之间相互依存的关系之中[177]。在伊尔·罗

---

① 公众探询的场域可参考由李娜编著并由北京大学出版社出版的《公众史学研究入门》一书。

第 2 章 双年展文化和全球化策展话语的出现:1989 年以来双年展和大型展览语境下的策展

格夫看来,从平台和讨论开始围绕全球化趋势建立批判性话语,意味着恩维佐的项目成功地将"身份——可见性的视觉制度",从那些用刻板特征形容别处的人们手中,从西方阅读自身之外的任何地方的粗略翻译中,以及从艺术界不断将自身再现为一个有限领域的方式中摆脱出来。对罗格夫来说,此届文献展"侵蚀了其中的一些边界,摒弃了'来自别处的报道',并在光怪陆离的视觉喧嚣中清楚地表明,它总是'在此处'"[178]。

在罗格夫的观点中,"此处"和"别处"的经典二元对立在"已经在此处"的概念中崩溃,很明显可以看到,在后殖民的地缘政治话语中,西方和非西方之间有一个共同的参照框架。她似乎将第十一届卡塞尔文献展看作这种话语的一次成功的去辖域化,在卡塞尔的展览空间中,时间和地点都没有作为这些讨论的地域化的节点来运作。通过提供 5 个分散的话语平台,并使用这些领域作为第十一届文献展的基础,恩维佐很显然有野心超越任何关于"位置"的固定概念。他后来表示,他对运用"第十一届文献展的后殖民特点十分感兴趣,并且是以人们可以理解的最广泛的方式。后殖民主义不仅仅是考虑在别处、在那里或在此处意味着什么,而且是把全球千丝万缕的联系看作是后殖民主义的形态"[179]。

第十一届文献展将实践和话语两者辩证地缠绕在一起,同时伴随着正题、反题和合题的相互重叠。正题被表现为一个全球艺术世界,体现在不断变化的边界与抽象化的语言、空间和时间中;在社会、政治和文化生活中如何实际地体验这些抽象概念是反题;而合题则是艺术家们通过艺术生产表现正题和反题的方式。对于恩维佐和他邀请的 6 位策展人来说,卡塞尔文献展作为一个独具历史性的艺术机制和一个人造的后殖民主义空间,已成为一个超越了地域化、交织着批评话语的乌托邦——一个本身就没有规定封闭形式的集会场所。它成为一个特定的(兼具象征性的和实际性)关于位移、错位和碎片化的空间。恩维佐领导下的文献展策展人之一尤特·米塔·鲍尔称这是一个临时的"收留国",供来自不同地方和学科的知识分子散居,艺术在这里发挥着"避难空间——一个过渡和散居的中间通道"的作用[180]。鲍尔称这是一个"第三空间"①,这与爱德华·索雅(Edward Soja)的第三空间概念相关,后者将其定义为一个集会场所,一个混合、多元和矛盾的领地。

对鲍尔来说,第三空间开辟了一个多层次的概念,即展览是一个抵抗、斗争和解放的场所,在这里,"随之而来不可避免的差异和刺激,不仅作为一种结构被保留下来,而且作为可以发展的新的理解形式的催化剂——也许是作为积极正面的误读,也许是在与不同的方法、思维方式和语言有效对抗"[181]。

但是,是否所有的路径都可通向卡塞尔?尽管平台的讨论后来以活动结束后出版的文本的形式传播,但最终的平台(展览)仍然在卡塞尔举行,艺术家们被引入一个物理性和话语性共存的空间。它仍然是文献展,它在西方艺术史准则和当代全球艺术市场中具有文化相关性。正如埃舍所建议的那样,在被成熟的西方体制(如文献展)认证的过程中,是否边缘已被中心吸收?

---

① 第三空间参见由上海教育出版社出版并由陆扬翻译的《第三空间:去往洛杉矶和其他真实和想象地方的旅程》一书。

在第一个层面上,罗格夫的观点和恩维佐的意图都被文献展自身属性所破坏,而且在这些条件下,展览的媒介作为一种先验的合法文化形式凌驾于其他一切之上[182]。在第二个层面上,罗格夫和恩维佐确实也采用了不同的论据。域外效力化平台的话语性和不太正式的性质强化了这样一种想法,即谈话可以发生在其他地方,而更具体、更真实和更形式化的艺术体验将发生在这里——用罗格夫的话说——在卡塞尔这一艺术历史性的展览地点。在第三个也是最后一个层面上,恩维佐的贡献也许是通过观念的提升将范围扩展到展览框架之外,也在事实的层面上象征性地暂时转移了对展览本身的强调。这一特征也是第十二届卡塞尔文献展以及后来许多双年展项目之后的特点[183],通过努力在卡塞尔文献展的框架下来组织一些标志性的集会,提出了一种替代模式和一个明确的策展立场,这种模式超越了以展览形式为主要艺术地点及其相关话语的固定性。第十一届文献展及其不断变化的话语领域背后隐含的问题仍然存在:卡塞尔仍然是举办文献展合适的地点吗?文献展作为一个机制,是围绕全球化艺术和文化展开新的地缘政治话语的恰当场所吗?在当代艺术和策展实践中,文献展是这种话语合法化的恰当场所吗?这样的问题同样可以向所有其他成熟的和新兴的双年展发问。

对鲍尔来说,这些问题是需要通过考虑艺术史经典的相关性来解决的,以文献展作为一种机制联合艺术史[184]。这一点在恩维佐对平台的重视以及长期的时基艺术作品的流行上体现得淋漓尽致,这使得人们不可能通过仅一次的参观就能够看完整个展览。卡塞尔这座承办文献展的历史地点,以及文献展在艺术史上的重要性,给卡塞尔这座城市带来了一种以非西方化为主的地缘政治话语体系,第十一届文献展通过所选择的各种话语实践以实现重新配置经典。正如恩维佐说,第十一届文献展是"关于从哪里阅读经典……对我们来说所面临的问题是:我们如何从卡塞尔那里读懂当代艺术的地图?这意味着卡塞尔必须连接到这些向量,这就是平台产生的原因。我们想审视经典的概念,我们想看看不同的工作方式"[185]。自1989年以来,这种阅读历史和对艺术解读点的重新调整仍然是双年展项目悬而未决的问题之一。正如策展人卡洛斯·巴苏尔多所说,"这些类型的展览策略的意识形态影响力是众所周知的:以联合艺术经典而筹划一系列包容和排斥的机制,以确保其永久性"[186]。鉴于全球范围内从未参加过双年展的艺术家、策展人和文化生产者的数量巨大,而能够参与和负责如此多的双年展的从业人员又相对较少,因此,假定双年展模式在扩大我们对艺术世界的概念上有普遍性影响是错误的,更不用说影响我们对整个世界的概念。艺术世界既是一个多元文化的世界,也是一个多中心的地方,它的全球传播使得其展览的无数迭代之间的区分变得越来越困难。鉴于过去20年我们已经积累了许多不同的展览模型,这种不再那么新的展览类型,显示了将如此多矛盾的表现形式都聚集在一个地点的潜力和难度。双年展数量的激增正值这样一个时刻,即策展人的工作开放成为一个扩大的领域,该领域超越了单纯的展示和物质生产,需要考虑话语的分配和交流的模式,同时作为挑战我们的认知以及被了解的方式的催化剂。尽管双年展模式的扩张既是全球网络化时代的征兆,也是这个时代的一种状况,但也以各种形式提供了与艺术史、消费文化、大众娱乐和全球资本主义市场驱动的宏大叙事的方式,也提供了抵抗、歧见、对抗和反景观的碎片时刻。

2.9 双年展概述

总体而言,双年展对艺术世界进行了重新调整,使人们对世界的看法更具跨文化色彩。策展人在艺术和观众、地方和全球、国家和国际之间建立了更广泛的联系。包容性已经成为他们的主要行动方式。

不断激增与联合的双年展在全球市场上的地位根深蒂固。从"大地魔术师"开始,人们试图从策展人的角度创造一种不那么西方化的全球艺术世界观;双年展继续变异并改变我们体验当代艺术的方式,超越了既定的艺术生产中心。20世纪90年代出现的双年展有助于将策展人的角色重新定位为一个涉及构建复杂全球交流网络的组织者。许多策展人将文化多元主义作为一种新的表现标准,这反过来为新一代艺术家和策展人在双年展的巡回展中提供了更高的知名度。策展人利用双年展的模式作为验证和质疑国际艺术界构成的工具,来阐明传统上处于从属地位的、被淹没的或缺乏知名度的艺术实践。双年展的策展人已经开始认识到展览制作的单一作者模式的失败,特别是当这种展览需要更多机会、更广泛的艺术和文化实践网络的情况下。为了维持一种具有包容性的展览模式,小组工作以及汇集知识和资源的优点已经体现在更多的集体策展模式中。

起初是对西方现代主义和殖民主义以及对其他当代文化的批判,导致了在国际展览的背景下,令人重新思考如何看待,在哪里看待,以及看待哪些艺术。双年展和大型的、临时的、经常性的展览通过引入批判性反思的新空间,监督更多的异质性和跨文化的受众数量的增加,以及在全球知识的复杂网络的参与[187],成功地提供了抵抗西方艺术史、博物馆和老牌艺术机构霸权的模式。在该过程中,它们使艺术阵地有了更大的多样性,因此,艺术家和策展人不再需要依赖老牌的博物馆和艺术机构。双年展支持了一个由流动性增强、人脉广泛的专业人士组成的精英网络,同时也促进了日益密集的全球展览市场的兴起。双年展作为大型展览已经接受了全球主义,将其作为重构艺术世界的一种容易采用的模式,同时扩大了策展人的作用,并将诸众的形象调整为一种"善"的力量[188]。策展人和评论家都认为大型展览本身就是创造历史的机制。通过超越单一展览活动和独立作者的展览模式的界限的转变中看出,他们逐渐开始认识到双年展结构的局限性。最后,双年展有助于"策展转向"的扩大,策展活动从展览制作的实践延伸到话语生产。

第 3 章 策展作为艺术实践的媒介：20 世纪 90 年代以来艺术与策展实践的转变

在第 1 章中，我们看到了在 20 世纪 60 年代后期，策展行为从一种具有关怀性的、沉思性的管理活动转为一种类似于艺术实践的调解和表演活动。在这一转变时期，许多隐喻被短暂地应用于描述策展人的角色，其中"策展人作为艺术家"这一概念最为持久。这表明，策展行为被视为一种艺术实践，"展览作为媒介"和"展览作为形式"之间的区别是这些辩论的核心。

我们在前两章已经了解到，许多艺术家已经采取了策展实践，将其作为一种自身生产的媒介，这反而导致了自 20 世纪 90 年代以来艺术和策展实践的趋同，意味着"类别的解体，而不是角色的交换"[1]。这种趋同需要考察策展批评是如何促成了某些代理、生产和作者的概念产生，尤其是如何讨论策展和艺术实践之间的界限。策展行为牵涉到皮埃尔·布尔迪厄所说的"艺术家和艺术价值的文化生产"，因为展览不仅仅是主观观念的公开表现[2]。策展与艺术的产生、构建和机制化的过程相关。然而一直以来，无论是从金钱、美学、伦理还是社会角度，艺术的价值在传统上被认为高于策展的价值。在艺术领域里，艺术是文化资本流通的基本要求，无论是以物质形式、概念形式、话语形式抑或是其他形式。归根结底，展览制作是一种尝试，试图通过艺术这一主要材料的安排，将策展人的主观价值和个人选择转化为社会和文化资本。在这个过程中，与某些概念或者价值相关的人将可能被予以认可。

在艺术及其交换经济等运作领域中，个人的声誉是由其价值体系受到的关注度、引发的讨论度和公众接受度所决定的。为此，本章的大部分内容都考虑了艺术家和策展人作为自主生产者所产生的价值，以及某些评论者在某种程度上主张将艺术和策展合并，而其他人则反对。在这两个阵营中，仍然存在一种艺术自律和策展干预之间的矛盾张力。许多策展人在其作品的结构和接受情况中都反映了这种争论。本章展示了这种矛盾是如何围绕着对艺术媒介和策展媒介概念的对比、欣赏和理解而展开的。本章还将阐述展览如何被视为一种特定的艺术形式，具有其独特的空间品质、属性和形式。

3.1 策展作为文化产业

如今，策展人、艺术家和评论家都参与到了文化经验的生产中。展览构成了 20 世纪 40 年代西奥多·阿多诺（Theodor Adorno）和马克斯·霍克海默（Max Horkheimer）所称的"文化产业"的内在和重要组成部分。这涉及与娱乐、大众媒体以及流行文化相关的政府机关和经济行业的[3]。阿多诺和霍克海默断言,流行的大众娱乐中正在实施一个标准化的过程,这一过程同时牺牲了艺术性与个体性[4]。

阿多诺将20世纪40年代以来,这一时期定义为"整合组织的时代"①[5],这一时期确实存在着文化逐渐同质化的问题。作为对此的回应,阿多诺在文化(艺术家、作者、制作者)和行政(管理者、组织者、策展人)体系之间建立了一种可以称之为辩证法的关系,后者意味着一种制度化的从属角色。这一理论表明,也有被"组织型行政管理的技术优势"压倒的风险[6]。因此,组织型行政管理被认为是文化中的一种中立的、官僚主义的力量,其限制了艺术作为一种进步的自主形式的文化生产的潜力。

阿多诺的批评指出,文化作为个人创造力与组织作为反对这种独立性的反作用力之间存在分歧。在这一点上,他并没有明确地表现对展览的组织者、调解者或策展人的支持或反对。然而,从阿多诺式的角度来看,那些对文化及其组织负有最大责任的人——艺术家和策展人——可以被视作对立的代理人。在这个模式中,不同的技术概念将被应用于每个部分。艺术作品的内部组织在传统上是由艺术家来制定的,而文化产业的技术则是由外部组织通过不同的分配方式、复制方式、调解方式和管理方式来制定的[7]。因此,阿多诺的论点可以被看作一方面强化了艺术家、生产者和作者之间的区分,另一方面强化了组织者和调解者之间的区分[8]。

然而,最近已经有证据表明,有人开始反对于偏重技术方面的创造性和自主性,而忽视了组织者倾向于外部化和控制的趋势,来优先考虑技术等式中富有创造性和自主性的一面。如今,策展可以被认为是一个影响深远的领域,它包含了当代文化实践中的各种组织形式、合作模式和协作结构,以适应传统上归因于艺术生产的生成属性。这就将策展定义为一种持续性的、变革性的、思辨性的活动,一种使事物保持流动性以便能够服务于无数消费场所,鼓励某些想法在一个新兴的交流过程中脱颖而出,这比阿多诺的组织概念有更多的自由度。尽管这种运作模式的转变得到了某些评论家的认可[9],但它仍然是一种孤立的理解,许多关于策展的讨论仍然在阿多诺的影响下运作,这种影响将艺术与管理者、艺术与策展实践区分并分离开来。

正如阿多诺和霍克海默所概述的那样,大众文化往往由参与其生产的人使用技术术语进行解释。这些"利益相关方"[10]经常声称,因为"数百万人参与其中,而且某些再生产过程是必要的",所以必须保持高水平的调解,以便能够服务于无数消费场所[11]。"媒介"作为一个经常与大众传播联系在一起的技术术语,既指代用于向更广泛的受众传递信息的技术手段,如报纸、广播和电视,也指代与权力和统治理论相联系的强制性意识形态机器[12]。以阿多诺式的术语去理解媒介不同,展览可以被理解为一种媒介,意味着一种形成物质实践的特定方法。这承认了雷蒙德·威廉斯将"媒介"一词用作"具有自己特

---

① "整合组织的时代",参见张峰翻译的《否定的辩证法》,第297页。

定性和决定性的某种东西",其理解的先验版本优先于任何实际说过、写过或展示过的东西[13]。也就是说这种媒介既稳定又具有变革性;它具有随着时间的推移而承袭的特定品质,同时它不断地通过确定自身的独特性而强化(或突显)与其他媒介的差异。"媒介"这一术语作为一种传播行为,也与媒体的社会意识相一致,在这种意识中,一系列实践及其制度被视为自身的调解机制。从这个意义上说,作为媒介的展览被理解为一个重要的能动主体,既是为了重新整合现存的社会、空间和艺术历史的实践,也是为了产生新制度下的实践,使人们能够重新思考这些现实。因此,展览是一种主观向量。正如哈罗德·泽曼所承认的:"我的生活一直处于一种媒介的服务之中,而这种媒介不是图像,它就是现实本身,但是展览呈现了这种现实。"[14]

3.2 作为媒介的展览

根据布鲁斯·弗格森的观点,无论其具体形式如何,展览总是修辞性的、意识形态的媒介[15]。根据这一理论,展览是"意识产业"的一部分,是一套复杂的说服工具,对观众价值观和社会关系产生影响[16]。因此,作为一种战略性的表征系统,展览的组织策划是为了更好地发挥其内在属性:

从始终带有政治色彩的建筑,到始终具有心理学意义的墙壁色彩,到始终具有说教意义的标签……到在有限的准入范围内始终具有强大的意识形态和结构性的艺术排斥,到始终具有戏剧化的灯光……到始终作为社会附属品的安全体系……到始终具有专业教义性的策展预设,到始终具有文学特色和教育学方向的小册子、画册和视频,再到其始终具有历史特色的美学[17]。

因此,对弗格森来说,展览产生了一般的和特定的传播形式[18]。在这里,传播是展览的核心,据此,传播媒介不是中立的信息的传递,而是有助于在展示空间中对观众进行定位和控制的东西。因此,展览作为将策展人的私人意图公之于众的"文本",构成了文化生产的政治经济的一部分。特别是,临时艺术展览已经成为艺术传播和接受的最终媒介,因此,它是"围绕视觉艺术的任何方面进行辩论和批评的主要机构"[19]。

弗格森、格林伯格和奈恩在他们的议题设定的文集导言中指出,"展览已成为大多数艺术为人所知的媒介。"[20]通过强调权威性文章,他们强调展览作为一种特定的文化形式,是现在生产和传播有关艺术的思想和知识的最重要的媒介。弗格森在为该出版物撰写的个人文章中,将重点从定冠词转向了名词(从特指转向了概述),他写道:"展览可以被理解为当代艺术的媒介,在这个意义上,展览是当代艺术的主要的传播媒介,从其空间和话语中产生出一种权威性的角色。在机构和策展人经常讲述的关于艺术的标准故事中,展览是言说的核心主体。"[21]

弗格森强调展览是传播当代艺术的主要媒介,这依赖于艺术话语产生和转化的事件的想法。正如弗洛伦斯·德里厄(Florence Derieux)所说,临时展览的兴起加强了展览在当代艺术话语中的主导地位,使得20世纪后半叶"不再是艺术品的历史,而是展览的历史"[22]。如前文所述,最近的策展话语主要集中在展览富有仪式性的体验空间上。这类空间作为一个场景或脚本,让观众在与外部世界分离的半意识状态下进行他们(指策展人)规定的公众活动。展览力求以美丽、自然、真实、合法的方式呈现,而忽略了其背后的意识形态力量[23]。它们是维持现状的政治工具——现代仪式强化了身份认同的设置,诸如艺术的、前卫的、性别的、种族的、亚文化的、地区的、国家的、国际的、全球的,等等。因此,展览总是需要被理解为一种更大的文化产业中的制度性话语[24]。对一些人来说,文化产业及其在艺术和策展实践之间的隐含的区分被视为策展人不可避免的工作。这可能会导致一种倾向,即把文化产业视为一种单一的条件,最好的情况下,这种条件将限制策展行为;而在最坏的情况下将谴责文化产业与主导秩序的同谋,但这绝不意味着文化产业总是以这种悲观主义的态度来处理。

3.3 作为形式的展览

群展使不同的艺术实践能够在一个统一的标题下一起展出[25]。而专题展览以一个艺术家为主题中心,可以看出,群展是策展人作为作品意义的最明显的生产者。策展的重要理念是将展览作为一种讲故事的形式,其中,展览根据策展理念、主题或总体叙事的形式来表达。正如鲍里斯·格罗伊斯(Boris Groys)所阐释的:"每个展览都讲述了一个故事,通过以特定顺序引导观众参观展览;展览空间始终是一个叙事空间。"[26]这意味着展览空间的审美形式及其独特的属性常常被忽略。

除了语言学或符号学之外,展览也是空间性的。其诱发了形式在触觉、视觉和听觉关系领域之间的迁移。群展是一个戏剧性的场景,用于展示作品和观众之间的空间关系,策展作为一种活动,为观众和作品构建这种体验。这一点在让·弗朗索瓦·利奥塔于1985年的展览"非物质"中得到了体现,这通常被认为是巩固群展作为思想和实验的空间媒介的关键时刻。这个展览关注迷宫般的品质,利奥塔宣称它是一种现象学和空间形式。在此,他将展览视作一种哲学表现形式,并将展览的概念作为一种感官体验来检验,这种感官体验具有其自身的特质和属性,基于此,产生了独特的艺术流派,在这种艺术流派中,思想、艺术品、对象和解释区域在感官上、哲学上和空间上相互交叉[27]。

利奥塔的创意的一个近期例证是在安特卫普当代艺术博物馆举办的展览"桑塔尔家庭:印度雕塑周围的位置"(2008年),由格兰特·沃森(Grant Watson)、苏曼·戈皮纳特(Suman Gopinath)和安舒曼·达斯古普塔(Anshuman Dasgupta)联合策展。大量的当代艺术家被邀请对拉姆金卡尔·拜伊(Ramkinkar Baij)的雕塑作品《桑塔尔家族》(1938年)做出回应。这件作品被公认为印度第一件公共现代主义雕塑。艺术家戈什卡·马库加(Goshka Macuga)负责本次展览的展陈设计,并提供了多条路线供观众参观。与此同时,其他艺术品以不同的方式被安装在《桑塔尔家族》的雕塑周围。不同的艺术作品的位置在最终的展览形式中结合在一起,提供了无数的空间、形式和概念上的相互关系,这些相互关系是由它们与单个艺术品的联系带来的。

在试图理解展览的空间性时,将景观理解为人与自然和建筑环境的互动关系体验是有用的,因为它提出了一个隐喻,以掌握可能构成展览形式的属性。在苏珊·斯图尔特(Susan Stewart)看来,"我们与巨大事物最根本的关系体现在我们与景观的关系上,体现在我们与'围绕'我们的自然的直接而生动的关系上"[28]。作为一个规模问题,景观在视觉和空间上包围我们,"通常通过身体在世界上的抽象投影来表达"[29]。因为我们只能与世界局部互动,由于世界不会主动与社会中的我们产生链接,因此,我们必须成为主动的一方。展览作为景观的隐喻是一种建立正式的结构装置的手段,回应我所说的三个互动层面:背景、中间地带和前景。它也承认空间世界是一个展示空间。把斯图尔特对景观(以及巨大的景观)的理解,作为物体和可移动的观看主体[30]的"容器",应用到我们对展览的体验中——作为围绕着我们的事物,我们只能部分了解的事物——我们可以推断出一种否定的观点,即自主的艺术客体是艺术仪式化和仪式化体验发生的主要媒介。然后,这种感知被一种在展览空间层面上理解这些仪式的愿望所取代。

鉴于展览是一种时空现象,每一种展览都有其独特的审美形态,其本质是视觉的、触觉的、实体的。展览是一种临时性的建筑结构,对观众来说,它具有潜在的互动层面。我将其描述为:①围绕着参展观众;②只与观众部分互动;③将观众包含在其展示空间中。

我使用"背景""中景"和"前景"这三个术语作为构建展览规范的参考。这些空间坐标既代表了组织策略,也代表了相互作用的平面,同时也是展览通过这些平面聚集和体验的互动层面。

背景是展览空间的建筑,也是展览的主要层次。将每个展厅的白墙保持原样,或者将部分粉刷、覆盖或粘贴,使其从一个空白空间转化为一种主导的审美体验。通过这种方式,"白色立方体"的中性效果要么被强调,要么被减少到最低限度,并被视觉背景所取代。

中景是观众在某种程度上有意与之互动的区域。它是由展陈设计和展览空间布局的方式(在艺术家和他们的作品被放置之前)以及这些元素在群展的整体组织框架中的作用方式所决定的。展陈结构、照明、展厅设备、座位和整体展览设计都是在展览布展之前考虑的,中间地带被用作一种以规定方式调解和调动观众的手段。这些元素通常是为展览而设计或从展览的艺术作品中取材的,也可能是委托艺术家或设计师合作设计的新颖的展示系统。

前景代表了一个封闭空间,在这个空间里,观者与那些可以被归类为研究的自律客体的工艺品、图像和艺术作品建立了一种从主体导向客体的关系。这些作品(如影像作品、雕塑和绘画,每一件作品都需要一定的展示条件)以完整的形式出现,并在展览结束后保持完整,不受策展人的干预。

这三种组织形式不仅有利于展览作品的选择,而且在最终的展览形式中也可以看出其连贯性。这三个维度的重叠提供了一种手段来代表使生产成为可能的各种争论、冲突和共识。 我自己的一个策展构想(联合 coalesce)[31]也许最好地说明了这一点,它不仅产生了一个共同生产的展览,而且试图将展览的暂时性延长为持续性事件[32]。

"联合"策展一开始只有 3 位艺术家,但到 2010 年在阿姆斯特丹的 smart 项目空间举行的第五次展览时,逐步发展到有80多位艺术家参加[33]。该项目有力而自觉地将上述背景、中景和前景的空间类别作为其中心组织原则,每一层都为另一层提供基础或平台。每次连续的展览都会聚集新的艺术家和策展人,带有"联合"的多重成果,跨越了地点和时间,形成一个连续体的一部分,这个项目被认为是一个永无止境的展览。每个公共展览都采取了一种不断变化的重构艺术作品环境的形式,在这种环境中,艺术作品和个别项目在每个展览空间中"联合"并共存,同时成为累积策展项目的一部分。对于每一个展览,艺术家们在布展时合作工作,他们的作品实际上相互融合在一起,形成了一个整体的群展形式,而不是一个离散的、半自主的艺术作品的积累。作为一个不断发展的系列展览,"联合"旨在在一个单一的、长期统一的策展项目中,容纳不同艺术和策展立场,并使之相互融合。每个展览展示都是作为这些参与者之间的临时对话空间提出的,并被提议作为与展览形式合作的一个浓缩的时刻,在一个漫长的时期内,以不同的速度和有所改变的展示方式呈现出来。如图3-1所示。

图 3-1　展览"联合:偶发"(图片由本书作者提供)

作为一个以不同速度和不同展示方式进行的展览,"联合"可以被解读为一系列的试验场,通过不同程度的协同生产、半自主参与和自我决定的抵抗模式而发展。通过"关系技术",空间、事物和观众之间的联系和运动得到显现、引导和转化[34]。"联合"通过强调展览设计、结构和布局来突出调解策略,所有这些都意在像单个艺术作品一样占据主导地位,但也将展览视为一个在理念轨迹上不完整的点。正如策展人加文·韦德的建议,展览设计作为一种策展工具,可以对作品进行排序并设定其参数:

展览设计是一种策展实践的工具,可以作为供你使用的独立的事物存在。但只有当展览设计从一开始就被想象出来的时候,也就是展览设计是策展策略的一部分的时候,它才会成为某种冲动的一部分。为了以某种方式影响艺术家、参观者或其他任何人,你希望"展览设计"以某种方式控制局面[35]。

　　这种合作性的方法扰乱了每一个单独的策展努力，导致最终的展览形式中各种立场的混杂。当展览在各种迭代之间移动时，它在一个社会、话语和审美的行动空间中运作，这种空间不断地破坏和重新制定运动之间、空间和时间之间、个人和群体之间以及客体和主体之间的多重条件和关系网络[36]。层级结构只是暂时的，总是被重新协商、组装和拆卸，就像它们在被执行时的情形一样。策展并不局限于或受制于策展人的个人立场。相反，正如比阿特丽斯·冯·俾斯麦所言，它的政治潜力被认为与"形成"的其他概念有着根本的联系。对她而言，策展代表了一个"持续协商的过程，在这个过程中，策展人所采取的立场与参与展览的其他主体或客体不同，呈现出新的方向，并出现在各种星丛中"[37]。

　　策展行为总是对话性的，最终的展览形式是一个浓缩的展示时刻，在不同程度上暴露了合作、交流和对抗性的共同生产的过程，这些过程使展览成为可能。这一项目的核心是呼吁我们重新思考近年来在艺术实践中表现出来的审美自主的观念，这种观念从自主的物质生产作为分离抑或主观例外的概念，转向将自主性理解为对持续生产的交流、共性和集体转变的敏感性，超越任何前缀的职业、专业领域或技能设置的观念[38]。在"联合"的特殊情况下，策展人的工作职责被理解为促进不同实践在空间中的重合。展览被转化为一种媒介，以此显示策展人作为总策划者、个人生产者或作者的突出位置。取而代之的是，艺术家和策展人通过半自主的参与模式，使利益的融合成为可能。在其最终的公开成果中，它强调了内在的权力关系是如何不可避免的，而由其相互重叠的作品混合而成的展览形式仍然可以证明其编排、管理和合作过程的混乱[39]。如图3-2所示，"联合：与所有应有的意图"这个展览于2005年在尼尔兰德藏品馆举办。

图3-2　由保罗·奥尼尔策划的展览"联合：与所有应有的意图"（图片由本书作者提供）

3.4 策展身份与艺术自律性

理论家汉斯·迪特尔·胡贝尔（Hans-Dieter Huber）曾表示，策展身份已经转化为"类似于一种签名、一种特定的风格、一种特定的形象、一个可以与特定策展人及其各自工作相关联的名字。曾经描述艺术家作品的特点，即他的风格、他的签名和他的名字，现在也适用于策展人的工作。"[40] 同样，尼古拉斯·伯瑞奥德认为，思考个人策展实践价值的核心问题是风格，而不再是"作为策展人，你是不是作者，是哪种类型作者"的问题[41]。策展人延斯·霍夫曼进一步阐述了这一观点，认为作者型策展人的作品构成了一种个人实践，因为其"生产的主题一致性"、在阐释方面的"强烈的创造敏感性"以及随着时间的推移而产生的"明显的艺术发展"[42]。这与霍夫曼描述他的标志性风格的方式一致，因为他受到了戏剧背景的影响。他说："世界是一个舞台，是流动的、暂时的、不断发展变化的、不可预测的和不断进步的角色。"他运用策展即导演的理念，"展览即戏剧，戏剧即展览"。策展人在展览布展中扮演的角色类似于导演在戏剧布景中所扮演的角色[43]。

在这里，我们可以看到策展人以牺牲艺术自律性为代价，被塑造成展览背后的一股普遍力量。但这种对策展的看法是如何演变的呢？对于约翰·米勒来说，以艺术自主权为代价的"艺术家型策展人"在1992年杨·荷特的"第九届卡塞尔文献展"中成为大型展览的讨论焦点。荷特把自己定位为一个"策展艺术家"，用各种各样的艺术作品作为展览的原材料，或者说是"能量"[44]，而展览本身就是这些能量的"驱动带"[45]。荷特主张策展人在展览制作中发挥主导作用，他描述了一个将不同的艺术汇集在一起的能动过程，以"特定的目标来制作一个统一的展览，展览是由一个主导性推动的"[46]。在形式和内容上，展览旨在展示"选择过程必须从哪里开始，以及连续的决定如何相互影响，并有能力创建一个内部结构"[47]。在画册介绍的最后一段，荷特写道："这个展览是我的文本；每一项贡献都是一个假设；当人在空间中行走时，话语就展开了。它展示了一个人如何在现实中思考，如何与现实一起思考，也展示了一个人不需要一张白纸来思考。它显示了艺术"[48]。因此，荷特提出展览是一个文本，策展人是一个作者，而艺术是一个整体结构中选定的组成部分，而不是被描述的对象，只能在展览本身的"直接面对真实体验"的过程中被观众所感知[49]。

正如第1章中提到的，米勒在荷特的实践中所指出的，策展立场和艺术立场之间的关键对抗时刻可以在群展的背景下被进一步追溯。20世纪70年代初期，艺术家丹尼尔·布伦与策展人凯纳斯顿·麦克西恩各自发表了两份声明，从其对比中可以看出这种对抗。1972年时布伦宣称，"越来越多展览主题不再是艺术作品的展示，而是将展览本身当作为艺术作品展出"[50]，布伦特别提到了哈罗德·泽曼的作品以及他所策划的饱受争议的第五届卡塞尔文献展。布伦暗示，艺术作品仅仅作为碎片，以策展人的名义被编织为一个复合的展览，这也意味着展览组织者作为一个艺术场景作者这一概念的出现，这些作者在"艺术展览的限制"内演绎，或者说这种限制是因艺术与策展人的共谋关系而自我设置的[51]。这种策展人作为作者的立场，在1970年麦克辛在纽约现代艺术博物馆策划的展览"信息"的画册文章中已经得到了准确描述:"我特意把这篇文章写得很简短且概括。'信息'将允许对作品的所有美学和社会意义进行更仔细和更彻底的分析。我的观念确实弥散在展厅与这整本书之中"[52]。

虽然他在诸多方面仍未改变此立场,但在 2004 年的文章中,布伦以微小的变动阐述了他先前的论断:

艺术作品是服务于所涉及的展览工作的特定细节,即我们在其中扮演组织者兼作者的展览。与此同时使问题变得突出,并足以显现我们所面临的危机——在定义上与多数例子中,被展出的"碎片"和其他"细节",与它们所参与的主要工作(即有关展览)是全然陌生的[53]。

布伦过去对群展获得准艺术作品地位的厌恶,仍然显而易见。他看到了"策展人之手"残余概念在起作用,因为策展人将艺术家的作品转化为有用碎片,以用于他们自己生产"艺术作品式展览"[54]。

布伦的这个陈述是对策展人霍夫曼所提出的问题的公开回应,亦即"下一届卡塞尔文献展是否应由艺术家进行策展"。霍夫曼通过邀请布伦和其他 30 位艺术家对其策展项目、展览、出版物做出回应,意图是围绕艺术家主导的策展模式的有效性展开讨论,以此作为分析艺术和策展实践之间的区别的一种方式。马克·彼得森(Mark Peterson)对霍夫曼的倡议所做的批评性回应之一是,"霍夫曼最终使用了一种近似他所批判的策展策略,即邀请艺术家来说明他的议题……这个项目实际上已然是另一个展览"[55]。彼得森继续辩称,霍夫曼试图让艺术家参与——不仅在质疑他自己的策展实践,还质疑他的专业与媒介所具有的机制与活力,以及展览如何获得其形式——但最后注意力却从他自己的策展陷阱中偏移,即在一个单一的策展框架内选择和整理若干艺术立场。

在阿多诺的理论基础之上,彼得森将策展人和艺术家置于对立面,是目前策展辩论中一个熟悉的、持久的立场。焦点在于,彼得森如何对策展赋予某些价值,将其视为一种杰出的实践,而非次于艺术家所谓的自律活动。时至今日,该学科的任何概念都必须考虑什么构成了策展的媒介,以及策展行为在多大程度上是其自己的主观作者模式,以及其自身的主观展示的媒介。

3.5 策展作为自我展示的媒介

展览目前是自画像的一种形式,一种策展人的凝视。展览的意义来自策展人所呈现的艺术立场之间的关系。今天,策展主要被理解为一种有别于其有限的工作描述的活动,其工作包括管理、运营和促进方面。正如阿特丽斯·冯·俾斯麦所声称的:

在最初与固定机构职位相关的工作中,策展只承担了展示的任务。展览的目的是为艺术、文化材料和技术创造观众,使其可见,展览因而成为重要的展示媒介。与策展人的其他职责不同,策展本身将策展人从工作的不可见性中解放出来,使其在博物馆机构中获得了不同寻常的自由度,以及与艺术家享有的不同的声望[56]。

因此，在阿特丽斯·冯·俾斯麦看来，在不断扩大的文化娱乐产业中，策展人无处不在，其副作用之一就是"艺术界的职业化和差异化已经将'策展'变成了一个涵盖广泛活动的具有层级结构特征的工作描述"[57]。她接着声称，所谓的独立策展的出现，是一个不断扩大的艺术市场的结构性后果，在这种市场中，"国际化的网络服务提供者"向多样化的展览市场提供他们的技能，通常将他们的策展概念作为艺术产品呈现[58]。

正如艺术社会学家娜塔莉·海恩里希（Nathalie Heinich）和迈克尔·波拉克（Michael Pollak）所言，当代艺术博物馆现在倾向于将重点放在临时展览的研究和调解上，而不是专注于收藏。博物馆内的一次性短期展览的特权化，预示着专业化的升级，既策展人通过调研性的、历史性的、概述性的、地域性的、全国性的、主题性的展览表达其观点[59]。在这样一个以主题为中心的展览项目中，"策展人的职能被授予一定程度的声望，这是让其他同行望尘莫及的，以至展览伪装成了一种文化活动，其立场和价值被有文化素养的观众公开讨论"[60]。策展人不仅参与艺术品的选择、托运和布展，还扩大其行政管理职责，负责确定概念框架，并与其他专业领域的合作者工作。因此，策展人在展览呈现方面承担了正式的作者身份。策展人被认为是负责将展览作为研究和体验对象的能动者，不再仅仅被视为公共机构内行政合作链的一部分；相反，策展人被视为负责将艺术从其位置或流通中提取出来的角色，并能够开辟出一个新的空间，在这个空间中，单个艺术作品通过重新组合以供公众消费，从而聚集新的意义和价值[61]。

3.6 文化生产领域内的策展

巴纳比·德拉布尔（Barnaby Drabble）和多萝西·里希特（Dorothee Richter）于1998年开始的持续项目"策展零度文献库"（CDZA）[62]，详细记录了自20世纪90年代以来出现的多种策展风格和策展实践。如图3-3所示，"策展零度文献库"中一部分是资源，一部分是包含一系列展览结构或设计的档案，它是一个不断扩展的策展实践研究项目。档案材料包括展览画册、采访、剪报和其他文章，以及视频、CD、图像、网站和文本材料，其涉及由策展人德拉布尔和里希特挑选和邀请的一百多名参与者。这里展示了广泛的策展实践，但大多数是批判性地参与策展，将其作为超越制度化的展览结构参数的一种探索空间的潜力，同时从不拒绝将展览本身作为这种探索的另一个可能性空间。德拉布尔描述了该项目如何试图在策展领域内"审视更多阈限①的立场"，尤其是那些"开始时，一些作为艺术家的人正在朝着策展的方向发展其艺术实践，以及其他制作材料涉及对特定历史立场进行选择或重述，但以这种或那种方式呈现其艺术生产的形式"，还有那些"定期与机构合作，但以自由职业者的逻辑来处理这一问题的策展人，进入机构并试图实施相当重要的项目，随

---

① "阈限"在拉丁语中意为"门槛"，此处指一种结构之间的间隙，参见社会科学文献出版社出版，由金泽、李伟华主编的《宗教社会学（第3辑）》一书的第三卷第197页。

后便离开该机构"[63]。自20世纪90年代以来，档案中的大量材料表明，定义策展实践的参数有无数种方式，以及艺术家和策展人的传统类别中是如何混入许多不同形式的创造性实践的。

图3-3　由巴纳比·德拉布尔和多萝西·里希特策划的展览"策展零度文献库"
　　　　（图片由"策展零度文献库"授权）

这些见解表明当代策展是如何成为文化生产不可分割的一部分，这一概念与皮埃尔·布尔迪厄对这一领域中许多不同行动者的描述是相吻合的：

艺术作品生产的"主体"——其价值和意义——并不是在物质上实际创造客体的生产者，而是从事这一场域的一整套行动者。在这些人中，有作品的生产者，他们被归类为艺术家（包括重要的或次要的，著名的或不知名的），有各种观点的批评家（系该领域的奠基者）；有收藏家；有中间人，策展人；等等。简而言之，与艺术有联系的人，在不同程度上为艺术而活的人，在斗争中相互对抗的人，其世界观与在艺术世界的视野都处于危险之中，经历了这些斗争，他们实则都参与了艺术家和艺术价值的生产[64]。

布尔迪厄断言，对艺术世界的任何感知都必须超越仅仅从审美的角度理解艺术，而需将价值、分类和表征等概念纳入社会文化的范畴[65]。他将文化生产领域表达为参与这一领域的人们之间的一种"共同语言"。从这个角度来看，传播形式是由所有投资艺术的人，在社会和文化领域内部积极创造和维护的[66]。此外，艺术家和策展人都是文化的合作生产者，无论他们的行动模式有何不同；所有的文化生产者都通过共同的参考域和共享词汇相互联系，两者都是被用来明晰和"构造艺术作品的表达和体验"[67]。因此，艺术家和策展人都平等地参与贯穿整个文化生产领域的阻力、冲突和分裂，同样参与了为扩展艺术世界和艺术的概念及其运作而进行的斗争。

3.7 展览作为艺术家和策展人的媒介

1987年,伯明翰艾康画廊的馆长乔纳森·沃特金斯(Jonathan Watkins)在他的文章《作为艺术家的批评家》[68]中强调了群展是策展人表达自我的主要媒介。与巴特(Barthes)对作者身份的后结构主义分析不同,沃特金斯借鉴了奥斯卡·王尔德(Oscar Wilde)的观点,即物体通过批评家的描述而转化为艺术,该观点认为,艺术作品的生成源自旁观者的眼睛[69]。沃特金斯认为策展是一种艺术实践,类似于马塞尔·杜尚的现成品(日常发现的物品作为艺术品),之类的个人艺术作品。策展人"对环境、灯光、标签和其他艺术品位置的操控"有助于他们的展示[70]。

沃特金斯对策展人、艺术家和批评家在展览语境下所扮演角色的开放描述,可能与策展实践脱离了画廊和博物馆进行展览展示的范畴并不完全一致。然而,其观点——"策展人之手"的不可见性可以增强"艺术自己发声的信念",以及策展是"一种虽不充分但必要的媒介,通过这种媒介,艺术与观众之间的交流得以产生"——仍然与我们文化经济中个体地位的交叉融合保持一致。这一观点拓展了艺术实践的概念,使其将策展视为一种潜在的媒介[71]。在围绕艺术的讨论中有一个明显的转变,即从以艺术家为中心的文化等级制度转向后生产性话语。其中,策展的功能已被公认为扩张后的艺术制作领域的一部分。

这种转变已被一些相关观点所证实,即策展人和艺术家正在密切模仿对方的立场,这不仅表明策展是如何改变的,而且表明了艺术实践(特别是从20世纪80年代末至20世纪90年代初)是如何开始将策展策略、方法论和展览设计结合起来的[72]。为了比较艺术家和策展人各自领导的项目如何在形式上和概念上相互模仿,我们可以参考利亚姆·吉利克于1992年在米兰的乔·马可尼画廊的展览"指示"[73]与汉斯·乌尔里希·奥布里斯特自1993年以来所进行的项目"做"之间的相似之处。前者采用了一种观念艺术的常用方法,邀请在其他艺术家不在场的情况下为他提供指示,并由其执行;后者则邀请艺术家们提供书面指示,可由策展人、画廊参观者或读者执行,而不是艺术家们自己[74]。

吉利克早已强调了这种以往的策展模式在之后的展览建构中被有意识地复现。据他所说,他的项目更多的是检验以前的策略:

当然,现在这种模式,即采用已经做过的和众所周知的东西,是有点黔驴技穷了……但事实上,这绝对是一种非常自觉的检验过程的一部分,在(近20年)重新测试你已知的东西……看看它会产生什么新的状况,它会提供什么新的情境。做这件事最重要的是发现艺术家们的缺席——这是关键的因素,他们的作品往往没有真正沿用我们所理解的概念性术语,因此,许多指示涉及做一些事情,例如为某人打印照片或代表他们建造一些东西。这些方式成了纯粹为执行任务而制作的艺术作品的练习,并没有深刻的意义,缺少了艺术家的微妙感与在场感的创作初心[75]。

回顾吉利克的例子,其与奥布里斯特后来的项目"做(do it)"的相似性显而易见。在这两个项目中,艺术实践与策展实践已融为一体。两者的鲜明对比既在于项目如何被主要参与者们调解;也在于或是被纳入近年的策展历史中,抑或是缺席。吉利克的项目可被理解为"只是一位艺术家与其他艺术家们的项目",是对20世纪60年代末的致敬;奥布里斯特的项目可被看作"一个典型的策展人的项目"。正如里希特所指出的:"似乎发生了一种有利于策展人的权利转移,特别是当策展人的角色为越来越多的创造性活动提供了机会。因此,策展人似乎在一定程度上将展出的艺术作品作为一个文本中的符号,即他或她的文本"[76]。与之类似的还有德国艺术史学家西格里德·沙德的观点,她指出策展人正在将他们的策展概念作为艺术产品出售,"把他们自己作为艺术家进行推销,可以说策展人'吞噬'了艺术家的作品。在这种情况下,策展人们试图声称自己拥有与传统艺术史上的天才一般的地位"[77]。

为了进一步缩小策展人和艺术家之间在认知上和观念上的差距,贾斯汀·霍夫曼建议我们用"文化生产者"这一术语指代那些曾被称为艺术家或策展人的人,作为一种可能的办法来消解"各种艺术流派的界限"[78]。他恰当地指出现在有大量不同的策展模式,它们超越了以艺术作品为其实践的主要终极形式的群展。这些模式包括:策展人在没有任何艺术家或艺术品的情况下实现展览项目;策展人仅发起项目并召集参与者,但不进行策展;以及策展人发起与艺术家们的对话性项目,其主要目的是设定一个时间过程,而不是将关注点置于任何最终的展览成果上。此外,还有在线的和基于文本的策展,它们将编辑框架作为其最优先的实践模式。这种围绕着策展不断拓展的理解让主体们得以在不同的活动领域之间转换,从而增加了该领域内异质性表达的可能性[79]。

让我们回顾于贝尔的观点,他进一步指出,在最近的一些艺术实践中,有证据表明策展方法论已被完全征用。于贝尔声称,从哈罗德·泽曼开始,从事策展工作的艺术家们已经尝试"向策展人的元层次跃进,利用策展的筛选机制和画廊的运作,在这一层次上创造出自己明确无误的、艺术的和与社会相关的风格"[80]。对于贝尔而言,许多艺术家——比如法里德·阿尔马利(Fareed Armaly)、提洛·舒尔茨(Tilo Schulz)、玛丽娜·格日尼奇(Marina Gržinić)、亚历山大·科赫(Alexander Koch)、克里斯托夫·凯勒(Christoph Keller)、尤塔·克特尔(Jutta Koether)和阿波隆尼娅·苏斯特里希(Apolonija Šušteršič)——已经运用策展语言为他们的项目创造了清晰可辨的标志性设计风格。[81]于贝尔认为,艺术家们想要采用某些策展机制,不仅是因为(策展)被视为最高和最新的艺术形式,还因为策展通过对历史上"策展人"权力地位的征用或挪用,提供了一种分析和质疑艺术生产建构的方法[82]。这些艺术家以展览现场为媒介,以创作自己风格独特的空间展陈为方式,为研讨会、活动和观众参与提供了环境及舞台。

可以佐证这一点的例子之一是尤特·米塔·鲍尔与艺术家法里德·阿尔马利(Fareed Armaly)合作的展览"此时此地"。1996年,鲍尔在丹麦路易斯安那现代美术馆策划了这场展览[83]。艺术家和策展人共同发起了这个项目的概念框架,并努力达到双方之间的"平衡性对抗"[84]。但很显然,阿尔马利主要负责此展览外观,他将许多标志性的设计元素应用在展览呈现以及与之相关的出版物中,比如直接将文字贴在被部分着色的墙壁上,且整个项目拥有与他的许多其他作品相似的概念框架。

3.8 艺术家型策展人

加文·韦德的文章《艺术家+策展人=》（2000年）进一步阐述了艺术家和策展人角色相融合的概况。韦德指出，很多艺术家致力于将他们的实践拓展到策展人的领域，与策展人作为艺术家的趋势并行[85]。"艺术家型策展人"一词，曾只是指艺术家进行策展而已，现在被韦德用于形容那些将展览设计、建筑结构和策展策略，作为一种展示自我的方式的艺术从业者，他们连同其他艺术家一起，创造出复合型的公共成果。如此一来，艺术家型策展人的工作内容将包括展示自律性的作品，进行展览设计，或提供整体策展结构作为他/她的艺术实践的拓展部分。艺术家型策展人的展览现在是一种独特的策展模式，正如群展曾被作为艺术生产的主要模式。

诸如艺术家型策展人这一新兴现象在历史上有许多先例，包括一些更公开的、被政治化的艺术家们的策展组织，如20世纪80年代的"材料小组（Group Material）"和"普遍概念（General Idea）"小组。这通常是艺术家们为揭示是什么构成了展览，出于一种概略式设想而做出的介入。例如，朱莉·奥尔特（Julie Ault）以如下方式描述了她在1979—1996年参与"材料小组"的情况："临时展览是一种媒介。通过这种媒介，社会性和表征性结构的模型被设定；通过这种媒介，规则、情境和场所常常被颠覆。具体的展览项目是从话语参与的合作过程中衍生且拓展而来的，这是小组的实践准则"[86]。

于约翰·米勒而言，艺术家作为策展人，策展人作为艺术家，这种实践趋同的势头自20世纪80年代以来就逐渐增强。这种趋同是由朱莉·奥尔特、朱迪思·巴里（Judith Barry）、路易丝·劳勒（Louise Lawler）、"材料小组"和弗雷德·威尔逊（Fred Wilson）等艺术家精心策划的，与随后美国的体制批判形式有关[87]。这一观点得到了批评家吉姆·德罗布尼克（Jim Drobnick）的回应，他指出，任何潜在的非传统（对抗博物馆常规和历史展览范式）的策展策略，其谱系都可以追溯到20世纪60年代的观念艺术。但人们经常忽略了20世纪60年代末到20世纪90年代之间的策展实践，特别是20世纪80年代以策展作为媒介的艺术实践的发展[88]。

作为20世纪80年代实践的一个例证，"材料小组"呼吁一种对"不受市场或专业类别限制的创造力"的理解，将策展人的特权和其他艺术家的作品作为他们自己实践的一部分。作为一种对艺术家、策展人和批评家自治的替代性表达方式，他们从做展览的一群艺术家的立场出发，开始重新定义策展所扮演的角色[89]。

如"材料小组"和"普遍概念小组"这样的艺术组合在确立以下理念中发挥着重要作用，即展览既关乎艺术如何被观看，也关乎什么样的艺术被观看。而那些将展示作品的空间纳入策略职权的艺术家们，他们已经在自己的实践中进行策展。"普遍概念"小组已开始利用策展机制，挑战展览的形式惯例，提出将群展作为一种自我组织的手段，以及一种混合艺术实践形式的主要媒介。如图3-4所示，"世纪末"展览于1994年由"普遍概念"小组所策划。该小组这样表述其集体身份："作为寄生者，'他们'在'他们'的艺术创作中建立了自己的艺术世界。"[90]正如他们的成员之一布朗森所说，"我们同时是理论家、批评家、艺术家、策展人以及策展人的变形者。我们艺术创作的元结构不仅包括工作室、艺术家和艺术品，还包括博物馆、档案、画廊，甚至大众媒体……作为我们入侵艺术世界时所穿的盔甲或外壳"[91]。

"普遍概念"小组在调解、传播和合作方面采用了多种方式，包括在他们出版的杂志《文件》（1972—1989年）中也发布其他艺术家的项目。他们通过艺术家的出版物和其他出版物建立一个流通中心和展示空间。这些方式将策展工作的范围从画廊空间扩展到了多种传播渠道。1974年，他们在多伦多成立了展览空间"艺术大都会"，目的是展示和发行艺术家的出版物，但他们也认为这个项目本身就是一个不断发展的艺术作品。

1979年至1996年，随着成员的更替，"材料小组"还将群展的制作过程作为政治和社会形态的空间，展览作为个体们共同参与的场所运作，而展览衍生的活动被设想为公共论坛。例如，

图3-4　展览"世纪末"（图片由"普遍概念"小组授权）

1981年在纽约市东13街举办的展览"人民的选择"，颠覆了艺术品陈列的标准方式，以及这种形式的建立方式。在打破传统的博物馆馆藏模式的同时，"人民的选择"展示了非专业人士选择的"材料"：当地人被邀请提供其家中的物品参加展览。如图3-5所示，在1986年惠特尼双年展，也是"材料小组"的首展中，"美国制造"展示了一个由关注社会政治的边缘化艺术家组成的"落选者沙龙"①，以及展示了来自超市和百货公司的产品，通过质疑文化表征的功能和文化生产的等级制度，打破了文化高雅与通俗之间的界限。

1987年至1989年，DIA基金会举办的"民主"展览囊括了研讨为主的系列活动与群体展览，此展分为4个部分："教育与民主""政治与选举""文化参与和AIDS"以及"民主：个案研究"。这些项目都审视了分类与传统展览陈列的复杂性，同时强调了在展览制作中需要一种跨学科和话语性的方法。无论采取了什么形式，所有的群展，都是策展人、艺术家和所有在这个过程中作为行动者的协同制作人之间的关系所产生的结果。这种关系是具有分歧性的，是复杂的、辩证的。通过从一开始就明确这些相互关系，并阐明生产方式，"合作结构和作者结构之间的差异"[92]在共同生产的过程中趋于一致。

---

① 此处的落选者沙龙是19世纪60年代非学院派画家在巴黎为抗议学院沙龙组织的展览致敬，参见北京大学出版社出版并由费冬梅编著的《沙龙：一种新都市文化与文学生产（1917—1937）》一书的第377页。

图 3-5　展览"美国制造"（图片由"材料小组"提供）

"材料小组"和"普遍概念小组"作为当时集体创作风潮的先驱，其重要性在 2005 年入选卡塞尔弗里德利希阿鲁门博物馆的展览"集体创造力"时得以彰显。这个大型展览及其出版物提出了一个观点，即所有的创造性工作都已经是合作性的，同时将小组创作作为某种形式的抵抗，以对抗由我们的社会文化机构支持的主流的、由市场驱动的个人主义生产模式。此展览的策展人，是来自萨格勒布的策展小组 WHW，其呼吁提高团体实践的可见性，将集体创作作为另一种形式下的社会性和自我管理的结果。"集体创造力"以文献的形式展示了历史先锋派模式一个集体性的艺术流派，如达达主义、超现实主义和激浪派，以及近期一系列来自欧洲、拉丁美洲和美国的当代团体活动。因此，该项目反映了跨越社会、文化和历史分野的多重作者的异质性方法。策展小组 WHW 将该项目视为一种出于亲切感的行为，是对许多参展者所共有的集体主义精神的声援，对他们来说，联合创作提供了一个潜在的乌托邦式的话语空间。

"集体创造力"是一次重要的调研。策展小组 WHW 在其为画册撰写的引文中表明，展览号召一种公共形式的创作和协作生产的解放潜力以造福整体。其中，个体的能量被集中，使共同利益占上风，实现共同的结果[93]。然而，尽管这些意图很高尚，展览本身却有缺陷：将不同的小组包装成一般意义上的"集体"，可以解读为是对每个群体具体差异的扁平化处理。"材料小组"与"普遍概念小组"可以相互替换，"吉尔伯特和乔治"双人组与"欧文"小组也可以互换，等等。这次展览很难不被视为一项对集体的创作。

当然，每个小组的共同之处在于其中的个体更喜欢与特定的成员合作。正如这些小组所阐明的，所有创作都具有协作性，每一个项目也都有不同的文化形态和行动能力，这取决于它们获取生产资料的途径。那么，为什么有必要将"集体"设想为一个单一的、统一的、

"创造性的"主体呢？策展小组 WHW 后来也提出了类似的自我批评，他们说："我们的主要兴趣并不在于探索组织的形式结构（如网络、社群、团体、平台等），而在于他们所试图重新定义的公共空间中场所、身份和艺术功能的范畴。虽然有许多共同的出发点，但有组织的网络和自我组织的实践并不是一种统一的运动。"[94]然而，在组织这一项目的过程中，他们证明了联合性的群体调研是任何策展过程的一部分，就像艺术生产一样，是一种合作性的努力，且往往被获取生产资料的方式所限制[95]。

有时，策展实践与艺术实践的趋同既不会被理论化为对艺术的威胁（即策展人对艺术自律性的掌控），也不会被理论化为一种对策展人个体性的赞颂（当策展仅仅是另一种艺术媒介）。就文化生产而言，艺术实践与策展实践的趋同可以被看作在整个文化生产领域内一次批判的机遇。在这个过程中，艺术家型策展人形象的出现，可以被视为在艺术世界的常规分工中超越主导角色的尝试——这种尝试也促成了集体能动性的新兴形式。

3.9 新的策展修辞与争议

明显的是，策展的实践与话语已成为当代文化生产领域的既定组成部分。在前文中，我已阐明了当代策展人角色的演变，以及策展话语中不断增长的信心。后者已经到达一种阶段——一种新的策展修辞已然确立的阶段，且在许多方面被理所当然地认为是一种思考当代艺术的出发点。

20 世纪 90 年代见证了一种新的策展修辞。这种策展修辞有着灵活性、连接性、转换性、主体间性、语境性、合作性以及混杂性。这种修辞在艺术家型策展人关系网络中可见，这类策展人关注作品如何通过展览概念被改变。在英国、欧洲和美国出现的艺术家型策展人项目的长名单证明了这一点，其中囊括了诸多重要的展览、活动和艺术家的合作项目，例如：夏洛特·库里南和珍妮·理查德的艺术实验室（Artlab），朱莉·奥特（Julie Ault），艺术小组"银行"（Bank），戴夫·比奇，乌苏拉·毕曼（Ursula Biemann），比克·凡德柏（Bik Van Der Pol），约翰·博克（John Bock），肯明斯和柳思雅（Cummings and Lewandowska），莫里齐奥·卡特兰（Maurizio Cattelan），杰里米·戴勒和艾伦·凯恩（Jeremy Deller and Alan Kane），艾默格林和德拉塞特（Elmgreen and Dragset），"扁平"电影节（Flatpack），卢卡·弗雷（Luca Frei），利亚姆·吉利克，马修·希格斯（Matthew Higgs），佩·胡特纳（Per Hüttner），皮埃尔·于热（Pierre Huyghe），"欧文"小组（Irwin），戈什卡·马库加（Goshka Macuga），杰里米·米勒（Jeremy Millar），戴夫·穆勒（Dave Muller），NDP 出版社（North Drive Press），伊丽莎白·普赖斯（Elizabeth Price），莎拉·皮尔斯（Sarah Pierce），Raqs 媒体小组（Raqs Media Collective），丹麦艺术团体 Superflex，"临时当代"小组（temporarycontemporary），"临时服务"组合（temporary services），菲利普·托马斯（Philippe Thomas），珍妮·凡·赫斯维克（Jeanne van Heeswijk），玛丽昂·冯·奥斯滕（Marion von Osten），理查德·文莱特（Richard Venlet），安东·维多克列，加文·韦德，以及阿图尔·兹米耶夫斯基（Artur Żmijewski）等。尽管有些人把群展作为一种语境化的手法来表达对于其实践的想法，其他人则把展览形式看作是他们的艺术作品。

更多情况下，艺术家型策展人的努力往往化为一种综合的展览呈现，由该展览相关的其他艺术作品构成，其背后通常有一种在观念、实体和结构上相统一的展示框架。

其成果往往是异质性的，但通常导致一种同时进行角色扮演的圆滑游戏，其中构思者与生产者是同一人。如图3-6所示，"伟大的意义"展览由莎拉·皮尔斯策划，作为展览"如果我不能跳舞，我不想成为你革命的一分子，第二版第四集：当代艺术实践中的女权主义遗产和潜力"的一部分在此展出。其中，策展被解读为一种对文化遗产的复杂质询，作者身份的多样性和历史物件被卷入了一个纠缠不清的网络，它交织着混杂的时代、教育方式以及对传承的评估。皮尔斯的装置被一块黑色的X形帷幕分成了4个不同的空间。这个分割空间的装置仿造了艺术家理查德·塞拉（Richard Serra）的雕塑。尽管帷幕的质地柔软，其规模和形态却是令人压抑的。这4个部分的其中之一，艺术家重新创作了伊娃·黑塞的作品《无题（绳索）》（1970年）。将这两个雕塑并放在一起，有形和无形在同一个时空中相遇。这个装置还包括皮尔斯的母亲在20世纪50年代学生时期的画作，20世纪70年代贝尔格莱德一个学生文化中心的照片，2006年美术系的学生的考试作品，以及作为文本汇编可供观众带走的小型杂志。每个元素都加强了当前展品之间的纠缠。在此处，艺术与手工艺品、文献与纪录片、作者与编者被整合为一个单独的作品。挖掘过去只是揭示潜在线索的一种方式，即遗产、经典和伟大思想是如何被传授或学习的。

图3-6　由莎拉·皮尔斯策划的展览"伟大的意义"（图片由莎拉·皮尔斯提供）

另一个艺术家型策展人的例子，如图3-7所示，是戈什卡·马库加在伦敦彭博空间的展览"抽象陈列室"（2003年），由她选出一些艺术作品布置在其创造的雕塑环境中，如图3-7所示。马库加对这个项目的贡献包括整体概念的提出，对其他艺术家作品的筛选，以及使这些作品被观看的展陈设计[96]。她还设计了一个图书馆，里面有私人借来的图书与艺术作品。

另外还有两个图腾柱式的雕塑，它们受到卡济米尔·马列维奇（Kazimir Malevich）的影响，被用来展示本·帕森斯（Ben Parsons）和雅基·查纳林（Jacqui Chanarin）的泥塑与小型雕塑。她的项目让人回想起早期的一个乌托邦时刻，在那时设计被当作展览体系中生产新体验的方法。她此前的展览也采取了相同的策略：例如在煤气厂的展览"绘画厅"（2003年），这是对约翰·索恩爵士博物馆中视野灵活且宽广的绘画厅一种雄心勃勃的复现；还有在萨利基亚画廊的展览"洞穴"（1999年），它有一个用包装纸和牛皮纸做材料的空洞的展示环境，令人想起1959年巴黎科迪埃画廊的超现实主义EROS展览①的陈设；以及20世纪60年代初期的艺术家艾伦·卡普罗（Allan Kaprow）和克拉斯·欧登伯格的展览环境。对于彭博空间来说，马库加展示了由4个独立的橱柜构成的展厅，这些柜子由一名画廊工作人员向观众开放。橱柜里有借来的安迪·沃霍尔（Andy Warhol）和彼得·利弗西奇（Peter Liversidge）的艺术品，还有一件来自1959年10月5日苏联实验的"太空狗宇航服"。马库加的展览在向过去和现在的艺术家致敬的同时，通过生产新的方式来展示和消费他们的作品。其展览的标志性特征是以上所有被作为一个艺术家的综合作品被清晰地划定界限以及进行调解[97]。

图3-7　由戈什卡·马库加策划的展览"抽象陈列室"（图片由诺丁汉当代艺术博物馆和伦敦凯特·麦克加里画廊同时提供）

这种新的策展修辞方式可以被视为2003年另一个展览——伦敦奇森豪尔美术馆举办的皮尔·胡特纳的展览"我是一名策展人"的基础。胡特纳采用了一种比马库加更复杂的方式，他在新闻稿中邀请公众提出一系列为期一日的艺术展览的策展方案，并含糊其辞地将

---

① EROS展又称超现实主义国际展览。参见由北京大学出版社出版并由李亦男翻译的《后戏剧剧场》一书的第73页。

其描述为"策展过程民主化的实验"[98]。包括胡特纳在内的6位受邀国际策展人提供了一系列艺术品供观者进行选择。艺术家型策展人加文·韦德和建筑师席琳·孔多雷利（Céline Condorelli）为展厅专门设计了一个灵活的展示结构，同时也将其作为可供选择的艺术品的仓储单元（以Scott Rigby设计的索引卡形式）。随着每天的结果都被记录下来并上传到美术馆的网站上，在新晋策展人和非策展人的促进下，项目期间出现了30种不同的艺术作品的排列方案[99]。

通过这种方式，一个不断变化发展的展览脱颖而出，展览本身既是艺术创作，也是艺术作品的展览。这导致了"艺术家作为策展人"和"策展人作为艺术家"这两种观念之间的调解。胡特纳表示，他的目标是创造新的策展"经验"，而其项目的出发点基于以下问题："艺术家的意图是什么？""这些意图是否比参观者的解读更有效？"这个声明似乎暗示了策展人或"构思者"的某种中立性。如果"我是一个策展人"这个展览是答案，那么这个答案是针对谁的？谁首先定义了这种简化的策展参与的条件或标准？如图3-8所示，"我是一个策展人"展览在奇森黑尔画廊举办，由皮尔·胡特纳策展。

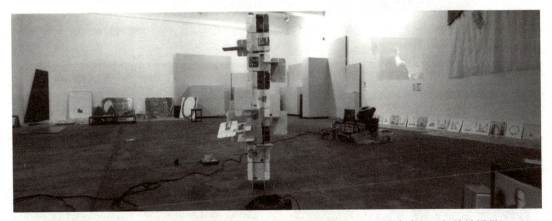

图3-8　由皮尔·胡特纳所策划的展览"我是一个策展人"1（图片由皮尔·胡特纳提供）

在新的策展修辞中，策展人通过将重点从"由策展人挑选作品"转移开来，从而找到了质疑策展选择与策展呈现之间的关系。延斯·霍夫曼是这种工作方式的典范。在2003年纽约凯西·卡普兰（Casey Kaplan）画廊举办的"展览中的一个展览"中，霍夫曼邀请了4名年轻的策展人各写一篇文章（在画廊中能看到），用以解释霍夫曼这个展览组成的方式，其目的是客观地提供四个不同的"展览策划"的视角，而不仅仅只有一位策展人的视角[100]。如图3-9所示，在2004年和2005年在伦敦当代艺术学院（ICA）举办的"伦敦六部曲"展览中，霍夫曼邀请了6位策展人各以一个主题，策划一个为期一周的展览[101]。如图3-10所示，2004年在伦敦当代艺术学院的另一个展览"艺术家的最爱：第一幕和第二幕"中，霍夫曼邀请了40多位艺术家从1947年至2004年间的艺术作品中，选出他们最喜欢或者对其自身最重要的一件其他艺术家的作品。在展览手册的介绍性文字说明中，霍夫曼写道："艺术品的意义被改变了，因为在这种情况下，这些作品不仅代表其自身或其创作者，而且代表了选择这些作品的艺术家和其选择的动机。"[102]

图 3-9　霍夫曼策划的展览"伦敦六部曲"(图片由伦敦当代艺术学院提供)

图 3-10　霍夫曼策划的展览"艺术家的最爱：第一幕和第二幕"(图片由伦敦当代艺术学院提供)

然而，霍夫曼的策展主张并没有得到参加"艺术家的最爱"展览的艺术家们的一致认可。艺术小组"艺术与语言"表达了最直白的批评，他们选择了查尔斯·哈里森的《他们中最公正的人》(2004)进行批判。这是一个带框的文字面板，被放置在类似演讲台的基座上，从上方被聚光灯照射，上面写着：

这次展览建立在一种神秘化的基础之上，并试图使之永久化，并且掩盖了这样一种事实，即艺术家已经被纳入策展人角色或工作条件之中了。这是机制对艺术家的要求，内容包含策展甚至更越界的工作。"总结"和"叙述"的作者无意地证明了这一点。但这种神秘化很容易被揭穿。似乎在真正区分艺术家和策展人的过程中，组织者提出了一个单方面的否定,即"艺术家不是策展人"。事实上,展览中的策展人数增加了一倍。其结果是双重否定:艺术家不得不是策展人。事实上,情况就是这样的。如果我们要重塑这种区别,并重新引入批判性的否定,就需要进行一种不同类型的工作。[103]

对艺术小组"艺术与语言"来说,在这种情况下,艺术家的实践已经受到策展人的结构的制约;策展人的正常权利和存在并没有被这种结构所削弱,而是被这种结构所加强,这正是因为受邀者的选择对展览的总体结构没有任何影响。换句话说,对于"艺术与语言"来说,霍夫曼只是模糊了策展人的立场,使其免受批评。但是,无论"艺术与语言"的批评多么有效,也无论霍夫曼的项目有什么缺点,很显然,策展人的角色已经变得清晰。策展人的角色不再是挑选现有的作品,或为作品提供相互联系的一个总体叙事的线索,相反,霍夫曼认为策展人的工作主要是为展览提供一个基本框架或策展结构,通过这个框架,展览最终得以成形。换言之,霍夫曼的立场已经得到当代策展修辞学所预先描述和证明。

许多国际策展人将展览视为一项集体活动,将其作为一种手段,通过临时的调解系统探索艺术生产的过程,而不是将艺术及其展览作为成品来呈现,这就是一种新出现的对共同语言迫切需求的例证。尽管他们采取了不同的方法,但自20世纪90年代以来,许多获得国际声誉的策展人,如尤特·梅塔·鲍尔、查尔斯·埃舍、玛丽亚·林德(Maria Lind)、尼古拉斯·沙夫豪森(Nicolaus Schafhausen)、芭芭拉·范德林登和已故的伊戈尔·扎贝尔(Igor Zabel),都以各自的方式为策展方法的发展做出了贡献,使策展工作朝着更具表演性和对话性的模式发展,在这种模式下,展览是参与者之间不断重新谈判的空间。正如第1章和第2章所描述的,这些视角的转变可以被看作对20世纪80年代大量撰写、超级策划(über-curated)①的巨型展览的反应。

汉斯·乌尔里希·奥布里斯特将展览的描述为一个持续的、不断扩展的,并随着时间的推移而不断发展的项目:

展览表达的不是确定性,而是连接的可能性,是关于展陈演进的问题,是持续进行的过时观念。展览作为复杂的、动态的、具有反馈回路的学习系统,这种观点从根本上质疑了策展人作为总规划师的过时观念。当你开始整合过程时,展览才刚刚出现。展览在永久的建设中,出现了一个展览内部的展览。这种放弃或质疑总体规划的想法也意味着,很多时候,组织一个展览是邀请许多展览中的展览,这种方式就如同俄罗斯套娃(Matroyshka doll)。[104]

这一举措的关键例证是在前面提到的"乌托邦车站"[105],如图3-11所示,该"车站"通过关注协作的展览框架而不是选定的艺术家或作品来解决这些问题。在新闻稿中,其被描述为"只不过是一个中途站,一个停留、观看、交谈并刷新路线的地方……作为一个整体,应将其理解为多个层面的复合体,每个层面都在不同的时间和地点以不同的速度展开,例如,研讨会、会议、车站、海报、表演和书籍都在途中出现"[106]。

---

① 超级策划(über-curated)此处译法参考由北京美术摄影出版社出版,并由ESTRAN艺术理论翻译小组翻译的《策展人手册》一书的第14页。

策展文化与文化策展

图3-11 利亚姆·吉利克为"乌托邦车站"设计的座椅（图片由作者提供）

"乌托邦车站"项目展示了奥布里斯特在以往展览中——如"做"和"带我走（我是你的）"（1995年）——熟悉的许多策展策略，这些展览雇用了许多艺术家，注重过程而不是结果，将展览作为一个灵活的结构进行调解，发挥参观者的作用，指导艺术家履行特定的角色，并将展览构想为一个可以随着时间变换出无数形式不一的流动单元。通过突出展览的设计、结构和布局中的调解策略，意图让"乌托邦车站"项目中应用的策展元素旨在与艺术作品一样占据主导地位。事实上，策展策略脱离了对单个艺术作品的考虑。取而代之的是，强调参观者对展览即活动的体验，将展览呈现为一个涵盖整体装置和展陈演进的奇特场所。艺术家的参与是以对整体的贡献为框架的，无论是里克利·提拉瓦尼对展陈结构的设计，还是利亚姆·吉利克对座位的设计，抑或是到目前为止有158位艺术家被要求贡献一张海报。在他们的意图陈述中，策展人间接涉及了诸如"非计划性""可移植性""多重性""时间性"和"灵活性"等概念，试图打破个人艺术陈述和总体展览主张之间的任何明显的界限。但是，与其说展览是作为艺术作品的场所，不如说是作为有计划地用于讨论、活动和表演的场所[107]。

虽然"乌托邦车站"强调的是持续的过程而不是结果，但只创造了一个具有象征性的关系命题。展览空间象征着艺术作为一种社会化和开放工作的集体维度，参与被认为是参与评估而不是激活的过程。不过，在这方面更有趣的是，有许多策展项目已经超越了事件，这种策展项目作为参与展览形式的主要手段。这种转变代表了过去20年策展实践的一个重要发展，即在20世纪90年代出现了新一代演员型策展人，他们体现了一种合作的、以过程为导向的、以讨论为基础的展览视域，当时策展人和艺术家在项目上密切合作，并采用了在传统上与对方相关联的、在其特定探究领域内的方法。

在20世纪90年代，策展实践变得具有表演性，为实验主义提供了新的范式，为集体文化行动提供了新的形式，并更加强调在当代艺术领域内部的自我组织。策展领域新兴的讨论带来了一种强化的、多元分布的话语性,导致了对话性的展览生产方法产生。如图3-12所示,当2000年玛丽亚·林德在斯德哥尔摩现代美术馆策划"如果:建筑和设计边缘的艺术"时,她邀请艺术家利亚姆·吉利克作为"筛选者"参与,通过他的筛选,艺术作品将在展览的设计和布局中形成。就像其他一些例子一样,包括"此时此地"和后来的"乌托邦车站",策展人将布展的决定权委托给艺术家,这一举动从展览内部创造了一种活力,如果策展人单独工作,这将是不可能的[108]。吉利克在描述他在林德的展览中的角色时说:

  我做的主要事情之一是使展览在空间上非民主化,因为通常会有一个假设,可能出于历史的缘故,这个假设通常是正确的,即在一个机构内,对于艺术家的空间分配方面应该民主一些,如果不是这样,除非它完全适合作品的要求:a.你试图平等;b.你试图正确对待作品[109]。

图3-12 由玛丽亚·林德所策划的展览"如果:建筑和设计边缘的艺术"(图片由玛丽亚·林德提供)

  吉利克认为,他之所以能扮演"筛选者"这个角色,是因为他不是这次展览的主要策展人;在被赋予这个辅助性职位之后,他可以更多地表现得像一个颠覆性的艺术能动者。他在本次展览中所公认的贡献是艺术品的展览设计,其中包括照明、布局和决定林德所选作品的最终的布展位置[110]。

  展览"如果:建筑和设计边缘的艺术"强调了艺术、建筑和设计之间的联系,将展览空间作为生产的场所,展览将许多艺术作品汇集在一起,创造了一个特定的物理环境。作品变成了实用物品或家具,并形成了一个区域划分,这些区域为讨论、活动或只是闲逛留出了空间[111]。林德将此描述为一次如何组织展览的实验,同时质疑交流过程和既定的交流结构。虽然展览仍然回应了每个艺术家在跨学科领域的既得利益,但林德的策略是邀请吉利克为其他艺术家的作品提供一个非民主的、中断的空间安排,有效地让她远离了通常作为策展人会执行的任务。

和林德一样，在过去的 10 年里，许多策展人都承认单一的展览制作模式的失败，特别是当这种展览需要以更高的水平去接触更广泛的艺术和文化实践网络时。为了维持一种包容性的展览模式，小组工作和知识资源的整合优势在更多的集体策展模式中得到了体现，这种模式也随着时间的推移超越了封闭展览的局限。策展被看作是对意义和存在的生产策略的表演性表达，在整个展览中被作为一种强制性的、暴露的和类似于朱迪斯·巴特勒所说的实践——作为一种永远不能完全确定的强制性生产规范的体现和伪装。

这种工作方式最近的一个例子是伯明翰的东区项目。如图 3-13 所示，由画廊总监加文·韦德与艺术家露丝·克拉克斯顿（Ruth Claxton）、西蒙（Simon）、汤姆·布鲁尔（Tom Bloor）和设计师詹姆斯·兰登（James Langdon）及建筑师塞莱恩·康多雷利合作创建的东区项目被设想为"艺术家自营空间作为公共画廊与思想和形式的孵化器"。2008 年开幕的展览名为"这就是画廊，画廊涉及方方面面"——这是一个恰当的标题，用于一个扩展的、不断变化的和进化的项目，将空间和它的项目交织在一起，作为同样被认为是复杂的合作生产的场所。这个展览的名字取自巴特·德·巴尔（Bart de Baere）1994 年的"这就是展览，展览涉及方方面面"①[112]，展览的主要策展原则是，反映展览制作和形成过程中固有的变革潜力——这是东区项目的基础。

图 3-13　展览"这就是画廊，画廊涉及方方面面"（图片由东区项目提供）

巴特·德·巴尔的展览是他与罗格夫和格罗伊斯似乎在呼吁的更具"关系化"和社会化的"对策"的一个很好的例子，在这个过程中，策展人通过作品、艺术家和观众之间的

---

① 展览"这就是展览，展览涉及方方面面"1994 年于比利时根特当代艺术博物馆举办，策展人是巴特·德·巴尔。其主导思想是介绍 13 位艺术家之间正在进行的"对话"。参考中国摄影出版社出版并由项佳谷翻译的《好戏上场——50 个最具影响力的当代艺术展》一书的第 156 页。

对话来推演出一个展览制作的过程,从而抵制展览作为一个封闭的事件导向的经验。当时被一位评论家描述为"一个娱乐的宫殿,一个喧闹的房间,一个廉价仓库,一个露天的博物馆,一片荒地和一个奇妙却平价的'珍宝阁'"[113]这个展览的许多艺术品是由艺术家和画廊的观众制作、重制、调整和修改,类似于一场通过对话的相遇或一种未完成的状态"[114]。画廊和由此产生的展览形式一样,似乎总是在其制作和接受中被构建。还有一种蓄意的混乱,要求观众自己解决问题,没有任何标签或明确说明什么已经完成,什么还在制作中,以及画廊的起点和终点在哪里的情况下。尽管这个展览可能的意图是抵制任何可调或固定的作者角色的观念,无论是艺术家还是策展人,但是整体的"过程性"结构提供了一种过于明显的符号结构,通过这个结构观众可以阅读、互动或受到艺术作品的影响。这似乎是策展作为一个整体不可避免的归属。以"这就是画廊,画廊涉及方方面面"为例,展览和画廊都以一个空白的空间开始,在9个星期的时间里,演变成多种展览形式和公共展示的时刻,所有这些都由艺术家斯图尔特·威普斯(Stuart Whipps)委托拍摄,并在画廊的网站上展示。虽然没有一个统一的主题,但展览在整个展期内进行了重新配置,在物品之间建立了千丝万缕的联系,并建立了新的布局——艺术品被添加、移除、转移、重新定位——以创造一个包含了新鲜关系和有意义的并置的延展性网格。

东区项目代表了持续展览项目的最新趋势,其中包括主办机构和附属机构。其他例子包括玛丽亚·林德在慕尼黑艺术博物馆的活动计划(2001—2004年)、格兰特·沃森在都柏林项目艺术中心的任期(2001—2006年)、艺术家珍妮·范·赫斯维克为期4年的伊杰堡蓝屋项目(2005——2009年)、坎布里亚郡的格里泽戴尔艺术自1999年持续进行的艺术项目(自1999年以来)以及自2002年以来贝鲁特家庭工程正在进行的项目,特别是安妮·弗莱彻(Annie Fletcher)和弗雷德里克·伯格霍尔茨(Frederique Bergholtz)的流动展"如果我不会跳舞,我不想成为你革命的一分子",其中包括随着时间的推移不断展开的偶发性展览、表演节目、放映和讨论活动,试图建立一个累积的方法,使展览变得更加持久,成为一个持续发展的时间性事件。

总的来说,这些项目代表了随着时间的推移而展开的持续和进化的策展工作。他们主张通过实践进行分析,通过实践使事物显现,并将展览时刻作为进一步调研和进行话语生产的研究工具。这些项目将策展研究的实践组织,建构为一个不断演变的、偶发的、话语性的、持久展开的协作网络的一部分。该网络雇用了多个机构。

可以说,策展已经成为常态化的活动,并且已经达到了某种霸权地位。前文提到的持续性、累积性、非计划性、可移植性、多样性、时间性、灵活性等修辞,是策展人信心的彰显,使策展人能够经受质疑、不确定性和变化。这并不是说策展人是无可非议的,而是说他们不再那么担心自我定义,事实上,现在他们能够理所当然地认为自己是一个多样性、矛盾和冲突的焦点。这可能是策展实践和话语在当代文化生产领域中确立的标志,但也可能标志着对封闭的、以事件为基础的、单一策展的展览模式不感兴趣的新一代策展人对策展的重塑。

3.10　对抗主义与新策展身份

如前文所述,策展在当代艺术生产和话语中取得了一种常态化或一体化的地位,这并不意味着它没有受到非议。事实上,在从艺术家形象到策展人形象的话语转向过程中,声誉经济的这些变化可能会被一些人视为一个错误或对当代艺术有害的东西。

自1987年乔纳森·沃特金斯论战发表以来,尽管艺术家和策展人曾经迥然不同的角色之间出现了明显的混淆和趋同,许多项目也对策展的框架提出了质疑,但时至今日,对"艺术家型策展人"这一概念的抵制依然活跃。2005年,策展人罗伯特·斯托尔在《弗里兹》杂志的专栏文章中,表达了他对"策展人作为艺术家"这一概念的担忧,他拒绝将策展称为一种媒介,因为这"自动让步于那些通过'主导化'过程将策展人提升到批评家地位的人"[115]。和沃特金斯一样,斯托尔也把"策展人作为艺术家"这一想法的起源定位在奥斯卡·王尔德身上,再次忽略了任何后结构主义的分析。尽管如此,斯托尔还是重申了福柯的警告:"批评的任务不是揭示作品与作者的关系,也不是通过文本重建一种思想或经验,而是通过作品的结构、架构、内在形式和内在关系的发挥来分析作品",同时也考虑到每个作者的作品与他/她自己的更广泛的作品体系以及与任何话语领域的其他作者的作品体系的关系[116]。作为一名为艺术杂志撰稿的策展人兼评论家,斯托尔的结论性回应是:"我不认为策展人是艺术家。如果他们坚持这样做,那么他们最终会被认为是糟糕的策展人和糟糕的艺术家。"[117]其恢复了艺术家与策展人的概念分歧。顺便一提,与福柯的论点相反,斯托尔的回应也旨在将判断的权力交还给批评者,比如,斯托尔本人。在我2005年对他的采访中,他呼应了他之前的立场,表示"'作为作者的'策展人是另一种将策展人视为艺术家的观念,我们更感兴趣的是策展人的思想与某些东西的关系,而不是我们对作品和它们之间的关系感兴趣,我几乎在尽可能地避免这种想法"[118]。

斯托尔对策展作为一种作者模式的否定,隐含着对展览作为媒介文本的观念的拒绝。这样的文本(继巴特之后)构成了一个"多维空间"[119],在这个空间里,各种各样的"神学"意义和信息被传达、传递,并公开地提供给读者、观众和译者。对于斯托尔来说,展览作为文本,策展人作为作者的概念,要么不存在于所讨论的作品之中,要么隐藏在所讨论的作品之下。正如巴特所言,斯托尔的回应是"对文本施加一个限制,为它提供一个最终的所指,结束写作"——"当作者被找到时,文本被'解释'——对批评家来说是胜利"[120]。

斯托尔反对策展涉及任何作者代理权的观点,或者说将策展限制在艺术品的选择和展示上,当观众个体在观看艺术作品时,能够通过其自身的呈现来传达其意义。这种观点似乎支持了对当代策展和艺术实践参数的狭隘理解,这可能源于他从20世纪80年代末到2001年12月在纽约现代艺术博物馆担任策展人的职业生涯[121]。从他对这段经历的描述中可以明显看出,他对策展人的角色理解有限:"我认为,实际上在纽约现代艺术博物馆,他们的策展工作具有编辑的可能性,他们不想使用'策展'作为一个动词;他们想用'策展人'作为一个名词,我认为其中有一些重要的区别,因为策展人本质上是对藏品负责,而举办展览可能利用也可能不利用藏品,但这是不同的活动。"[122]也许斯托尔的立场被限制在博物馆背景下的策展人的经验所过度影响,但这似乎更有可能是一种对艺术家、策展人和评论家之间的固定分工带来的确定性的怀旧。无论是哪种方式,都显示出无法掌握或接受早在20世纪60年代就出现在博物馆结构之外的策展实践的多样性。斯托尔之所以反对策展人作为艺术家的观点,是因为他没有考虑到当代策展人与艺术家的同时性、融合性或具象性;其既不允许艺术作为策展等式的倒置,也不允许以策展计划为幌子的后概念艺术项目。斯托尔的立场不允许人们深入了解混合项目,如"做"(作为后期概念性艺术作品);"被吹走:第六届加勒比双年展"(作为一次行为表演);"普遍概念"小组的"艺术大都会"(作为一个策展项目、艺术商店、书店、画廊,最重要的是,作为一个不断发展的艺术作品);董娜•斯普林斯艺术画廊(纽约的一个真正的商业画廊,基于成立于2005年艺术家团体Bernadette Corporation的虚构作品);众多艺术家博物馆,如艺术家型策展人塔德伊•波加察尔(Tadej Pogačar)建立当代美术馆——P.A.R.A.S.I.T.E.或艺术家戈兰•乔德杰维奇(Goran Djordjevic)建立"美国艺术博物馆"(一个准机构和元小说艺术装置);艺术家安东•维多克尔(Anton Vidokle)和策展人蒂尔达•佐尔加德(Tirdad Zolghadr)的《马德里审判》(作为话语性艺术作品、公共表演和希拉•佩莱格2007年纪录片的背景),维多克尔的"联合国广场"(作为为期一年的艺术作品、讨论项目和学校展览模式,2007年)。[123] 图3-14所示为安东•维多柯尔的"联合国广场"研讨会项目。

图3-14　研讨会"联合国广场"(图片由安东•维多柯尔提供)

不管最近这种混合策展项目如何盛行,斯托尔的立场并不是孤立的。评论家(有时也是策展人)伊尔•罗格夫[124]和策展人德•巴尔在1998年声称,作为身份架构活动、动员不同观众参与的模式,策展项目常常采用"策展策略,在文化体验民主化的幌子下,规定观众参与展览的方式实际上却产生了相反的效果,这些项目反而限制了观众自我表达的可能性"[125]。罗格夫对涉及指导性观众参与的策展项目态度并不重视其所产生的效果,而在于重视关于支撑这些项目的策展假设。这种假设——关于"通过给观众一些机械的任务来实现文化机构民主化的进程,并涉及日常生活的材料;旧衣服、嚼过的口香糖、报纸、匿名照片,等等"——罗格夫声称这些前提确保了机构自身的权力基础、观众的需求以及机构自身作为文化或艺术传播渠道的潜力受到较少的关注,尽管这些展览中的材料可能是人们熟悉的、受欢迎的或日常的,但这些材料却被用来"演绎某种民主行动中的幻想"[126]。这样的观点在 10 年后的鲍里斯·格罗伊斯相当散漫的评估中得到了呼应,他认为策展人以某种有辱人格的方式破坏了艺术及其体验:"策展人的每一次调解都是可疑的:他被视为站在艺术品和观众之间的人,阴险地操纵观众的感知,意图削弱公众的权力。"[127]

同样,在 2003 年,亚历克斯·法夸尔森(自 20 世纪 90 年代末开始担任策展人,时任米德尔斯堡现代艺术学院院长)质疑那些突出自己的符号结构的展览,因此他认为这样有风险,用他的话说就是"将艺术和艺术家视为策展整体结构中的组成元素或句法版段,被策展的整体概念"[128]。他认为,我们更有可能记住谁策划了"乌托邦车站",而不是哪些艺术家参与了。不管这个展览有什么缺点,"乌托邦车站"都试图跨越策展人和艺术家之间的传统区别。法夸尔森不了解这一点,从他不承认艺术家里克利·提拉瓦尼是策展人之一就可以看出。对法夸尔森来说,诸如奥布里斯特的"做"和"带我走(我是你的)"或霍夫曼 2001 年在柏林当代艺术中心策划的"一点点重复的历史"等项目,其结果是艺术家纯粹沦为策展人概念的特使,导致了策展以巧妙手段获取了准艺术作品的地位[129]。

表达这种共同观点的人似乎渴望艺术家的文化价值高于策展人的文化价值,这种立场无疑是植根于艺术家和策展人活动之间传统的、明确的、僵化的划分。然而,许多人对这种观点持保留意见。正如作家耶特鲁德·桑德奎斯特所警告的那样,策划展览不应该强化艺术家或策展人的身份。对她来说,存在一种危险,即策展人可能只是某个艺术家或某个艺术家团体的代理人,而艺术家和策展人之间可能"冒着成为对方的一种商标"的风险。相反,她建议将策展(以及策划的展览)视为"艺术流通过程中一个罕见的、具有更高智慧的立场"。因此,她把展览称为"一个凝结点,或者说意义的生产者",以特定文本的形式,通过这个文本"语境既创造又破坏了意义的产生"。在这种情况下,每个策划的展览的目的很可能与艺术市场不相符,很可能也与参与其中的艺术家的目的不相符[130]。

玛丽亚·林德认为,对 20 世纪 90 年代以来一直存在的对立现象的一种解释是:人们认为策展的转向有利于策展人,这导致了持续捍卫艺术立场自律性的反论战。她声称,经常有人争辩(再次呼应阿多诺),表示许多策展项目阻碍了艺术家实现他们的"真正潜力"。因此,试图优先考虑某个项目的策展部分被认为是对艺术和艺术家的立场和角色有相当严重的影响[131]。林德声称,她"受艺术实践的影响很大","'她'的许多想法和使用的许多方法都来自对艺术作品的观看或与艺术家的交谈"。然而,虽然林德强调"出发点是艺术本身,也是艺术作品本身"[132],但她也明确表示,她对艺术家作为艺术背后的唯一创造力完全尊重,艺术作品却是作为自律性生产的结果而提出来的,但这种说法也有其自身的问题。对她来说,她将艺术理解为具有创造性的潜力,而这种潜力被策展人的干预所削弱,这似乎接近于将艺术理解为一种孤立的活动,即它与我们存在的其他部分相分离。这种艺术概念也可能掩盖了这样一种观念,即策展人是艺术家的"纯粹提供者",因此策展活动不影响展览、艺术生产或其被接受的程度[133]。就林德而言,她提出了一种混合的策展立场,结合了"提供者的角色"和作为哈罗德·泽曼式导演的创作者,前者"尽可能多地按照艺术家自己的需求与认知为艺术家创造生产和展示艺术的可能性",后者"通过思考和感受消化历史和当代文化"[134]。她指出,提供者的角色"往往是有生产力的,在没有其他艺术家和作品太接近的情况下,帮助制作和展示新作品",而创作者的立场则是"识别模式,提出问题,提出建议,并努力使展览超过其部分的总和"[135]。对林德来说,展览提供了参与者和观众之间许多短暂讨论的场所之一;展览是"一个陈述或问题,这意味着一种文化对话"[136]。在这里,林德同意里萨·格林伯格对展览的描述,即展览是"话语性事件"[137],为所有参与其中的人创造了一个表演的场所。图 3-15 所示为玛丽亚·林德在希拉·佩勒格的电影《马德里审判》中的画面。

图 3-15　电影《马德里审判》(图片由"联合广场"提供)

斯托尔、法夸尔森等人对表演性策展的抵制体现了一种紧张的关系,即围绕着策展人的工作与艺术家的工作实际上有什么区别?这不是一个简单的问题,不仅是这个区别是什么,而是"这个区别是否正确?"的问题。只要简单地看一下 20 世纪 90 年代出现的一代策展人那些简短的声明,就可以看出他们对策展人的理解与传统的观点有很大的不同,就像斯托尔的观点一样。与策展人是看管藏品的历史观念不同,这一代策展人的观点牢固地建立在一种新兴的策展观点上,即策展涉及一种创造性的作者身份,同时也共同生产了话语。

许多策展人也支持将策展作为一种艺术生产模式的想法。例如,艺术家型策展人加文·韦德表示,对他来说,艺术家和策展人之间的唯一区别是,"艺术家和艺术是首要的,而策展和作为一个策展人的概念必须是次要的,所以它总是归结为这样一个事实,即你真的是一个艺术家,这是艺术,策展人的角色是制作艺术"[138]。从传统的角度来看,这似乎是一个矛盾的说法，但它在策展界里成为正统观点，使艺术家和策展人之间的区别变得无关紧要。

值得强调的是，这种新的策展修辞并不统一，而是以其多样性为特点，只通过一系列的家族相似性①产生联系。在当代策展人以其他方式阐述策展及其与文化生产的关系时，尼古拉斯·伯瑞奥德断言，策展是用于创作展览的技术性"词汇"的一部分，而这些展览本身就会产生物质化的"语言"形式[139]。而对于尼古拉斯·沙夫豪森来说，所有的展览都涉及一定程度的"策展著作权"，因为从艺术如何被选择或展示的方面来看，无论策展人的活动在最终展览中被优先到何种程度，"策展实践与民主终归毫无关系"[140]。沙夫豪森继续在"作为展览的作者"与"作为一个艺术家或策展人"之间做出区分。对他来说，"策展人不是艺术家，但策展是一种艺术生产方式；就像作为一个（艺术）总监，但并不意味着你在利用艺术家个体"[141]。同样，对于策展人埃里克·特罗西（Eric Troncy）来说，在策展人和艺术家之间始终存在着一种双向的安排，艺术家和策展人的工作在彼此平等的艺术创作规则下相互协作。他将"策展人的严肃工作"形容为拥有"意想不到的想法"和"提出一种临时的艺术体验的方案，不去解释艺术作品是什么，但试图与艺术作品本身处于同等的位置"[142]。

从特罗西自己的展览项目中可以明显看出，艺术作品和策展人作品之间的界限是多么清晰。艺术作品往往并排，并被整合到一个总体的方法论中。这种方法论往往优先考虑一个单一的展览形式，其中的组成部分相互重叠，相互定义彼此的故事。他的展览三部曲"截然不同"（马加辛国家当代艺术中心，格勒诺布尔，1997 年）、"气象万千"（莱比锡当代艺术博物馆，1998 年）和"酷炫"（兰伯特收藏馆，阿维尼翁，2003 年），通过提出与展览本身作为一个空间的概念有关的问题，来探索策展人的导演身份，也测试了艺术作品在展览整体关系中自主方面的一些局限性。例如，在展览"气象万千"中，形式和风格相似的艺术作品彼此共存，如利亚姆·吉利克、莎拉·莫里斯（Sarah Morris）和丹·格雷厄姆的作品在同一个房间中；而在展览"截然不同"中，作品实际上是相互交错的，其中一个房间以沃霍尔的《奶牛壁纸》（*Cow Wallpaper*）（1966—1997 年）作为艾伦·塞查斯（Alan Séchas）的绘画以及保罗·麦卡锡（Paul McCarthy）的装置《番茄头》（1994 年）的视觉背景，另一个房间以同样的方式使用莉莉·范德斯托克（Lily van der Stokker）的壁纸作为悬挂艾伦·麦科勒姆（Allan McCollum）绘画的墙面，等等。虽然作品之间保持着完整的独立性，但最重要的是展览作为一种单一的形式，由策展人和艺术家通过协商整合在一起的碎片组成。虽然在这 3 个展览平台中，存在一种越来越明显的、强烈的展览美感，但是策展人影响艺术作品和其排列的立场，始终是被限制的。

---

① "家族相似性"概念由维特根斯坦在《哲学研究》中提出，用来形容棋牌类游戏中不同棋子或纸牌以同样方式相互重叠和交叉的关系。他否认本质的存在，认为事物和现象之间共有的，只有这种相似性。参见商务印书馆出版并由李步楼翻译的《哲学研究》一书的第 48 页。

3.11 对展览制作的双向理解[①] 这一概念的兴起

展览并不是等待被解读的文本，它有着激活话语过程的潜质，使策展人、艺术家和其观众之间拥有对话性的协商空间成为可能。新的展览制作方法是有持续性的，也就是说，不再将展览简单地视为一个事件或一次性的陈列，而是将其视为随着时间逐渐发展演变的"话语性展览"。这种合作性的、以过程为目标、以讨论为基础的展览视角是由 20 世纪 90 年代出现的新一代策展人开创的。当时的策展人和艺术家们开始在项目中密切合作，并在特定的研究领域内运用传统方式与对方的方法进行相关联的活动。这类合作基于以下理解：将策展人设定为一个类似中立的提供者（因此是不可见的）的角色，只会强化一种现代主义的神话，即艺术家独自工作，他们的实践不受与他们合作之人的影响。与此同时，艺术实践与策展实践在各类项目中交汇，试图破坏以下的假设：艺术的生产、接受与意义可以在没有任何外部意见、建议以及来自"高产的"策展人、批评家和生产搭档们的干预下发生[143]。

话语式的、教学式的[144]、对话式的展览生产方法正变得越来越普遍，策展人倾向于与艺术家在整个展览的规划上，或以长期的共同制作形式密切合作。随着策展工作更具合作性，展览试图吸纳非专业的艺术从业者，并吸引来自不同文化研究领域的人们的参与。策展不再局限于某个特定的博物馆或画廊的项目，也不再限定于仅筛选、组织以及展示艺术的行为。在一些近期的项目中，艺术家、策展人和观众所组成的三角关系被一个包含潜在相互关系的图谱所取代。这种关于艺术创作者的认知转变，超越了个体的能力，承认了艺术作品不是在孤立状态中被生产的，艺术作品也不应被理解为自律于生活的其他方面。展览是一个共同生产的空间媒介，是由不同形式的协商、关联、适应以及主体与客体间的合作而决定的产物，跨越时间与空间。在某些情况下，策展框架和其结构性的争论比最终展览形式中的其他部分更鲜明。

当代策展实践已经成为艺术话语的关键组成部分，自 20 世纪 90 年代以来，就使得创造性、半自律的策展立场的形成变得可能。一些人不愿接受在被重构的文化生产领域为策展人角色制定的规则。他们提出的批评一直坚持一种过于简单化的对立层面，即艺术家与策展人的实践相分离。而对于那些接受策展成为一种艺术生产媒介的艺术家或策展人而言，创造性的策展立场是通过各式各样的群展模式实现的，这些模式被运用在关于艺术的批判性和美学意义上的自律性的争辩中，也被作为艺术价值的调解。

---

① "双向理解"概念来自哈贝马斯关于"交往理性"的论述，参见重庆出版社出版并由洪佩郁、蔺青翻译的《交往行动理论》一书第一卷的第 135 页。

注　释

前言注释

1. The term "exhibition" is used throughout this book to imply a temporary space for public presentation within which an overarching curatorial framework is provided as a means of bringing together a number of artists, with the curator as the agent responsible for the selection of these artists and/or their works. (Thus, it assumes a group or collective exhibition as opposed to a solo, monographic, or survey exhibition of the work of an individual artist.)

2. For a chronology of the final-year exhibitions at Le Magasin between 1987 and 2006, see Yves Aupetitallot, ed., Le Magasin 1986–2006 (Grenoble: Le Magasin; Zurich: JRP Ringier, 2006), 193–244.

3. The ISP was founded in 1968, the other option within it being the Studio Program. Every year since 1987, around ten students have been selected for the Curatorial and Critical Studies Program, half of whom are admitted under the curatorial strand. For a review of the Whitney ISP's history, see Howard Singerman, "In Theory and Practice: A History of the Whitney Independent Study Program," Artforum 42, no. 10 (February 2004), 112–117, 170–171.

4. Ron Clark cited in Scott Gutterman, "A Brief History of ISP," in Gutterman, ed., Independent Study Program: 25 Years (New York: Whitney Museum of American Art, 1993), 25. This publication also provides a chronology of the ISP between 1968 and 1993, with a list of the alumni graduating during this period.

5. For Habermas, participants in any discourse are always "real human beings driven by other motives in addition to the one permitted motive of the search for truth. Topics and contributions have to be organized." The organization of individual contributions often involves the arrangement and controlling of the opening, adjournment, and resumption of discussion, which must be ordered in such a way as to "sufficiently neutralize empirical limitations" and any avoidable "internal and external interference," so that the idealized conditions are "always already presupposed by participants in argumentation [that] can at least be approximated." Jürgen Habermas, Moral Consciousness and Communicative Action, trans. Christian Lenhardt and Shierry Weber Nicholsen (Cambridge, Mass.: MIT Press, 1990), 92.

6. The term "discourse" is described in Ralph W. Fasold, The Sociolinguistics of Language,

vol. 2 of Introduction to Sociolinguistics (Oxford: Blackwell, 1990), 65. See also Nikolas Coupland and Adam Jaworski, eds., The Discourse Reader (London: Routledge, 1999). My book considers "the constructive and dynamic role of either spoken or written discourse [in] structuring areas of knowledge and the social and institutional practices which are associated with" contemporary art and curating. See Christopher N. Candlin, "General Editor's Preface," in Britt-Louise Gunnarsson, Per Linell, and Bengt Nordberg, eds., The Construction of Professional Discourse (London: Longman, 1997), ix.

7. Michel Foucault, The Archaeology of Knowledge (1972; London: Routledge, 2003), 90. See also 90–131.

8. See Michael Diers, "Infinite Conversation," introduction to Hans Ulrich Obrist, Interviews, ed. Thomas Boutoux, vol. 1 (Milan: Charta, 2003).

9. See Lawrence Alloway, "Network: The Art World Described as a System." Artforum (December 1972), 31.

10. In Monroe Beardsley and W. K. Wimsatt's "The Intentional Fallacy," Sewanee Review 54 (1946), 468–488, the authors argue that the meaning of a literary work does not lie with the author's intention. Instead they suggest that the critical interpretation of a text can draw on three categories of evidence: "Internal Evidence," which is present in the content and form of the work as a matter of fact; "External Evidence," which is external to the work, such as statements made in other publications about the work; and "Contextual Evidence," which concerns the meaning derived from the particular work's relationship to other works by the same author.

11. The interviewees are international, transcultural, and cross-generational; while a number of historical figures from within the field—such as curator Seth Siegelaub or artists such as Brian O'Doherty and Lawrence Weiner—have been interviewed about their involvement in key projects from the late 1960s, the principal focus has been on those individuals who have realized curatorial projects in Europe and/or North America since 1987. The technique of the audio interview as a method of gathering evidential historical accounts has its own inherent merit— within scholarly approaches to recent art history, social science, and cultural studies—as a vehicle for understanding cultural events, times, exhibitions, and places that cannot be experienced again or effectively documented otherwise. The recorded interviews provide the foundation to this project and have been cited throughout.

12. See Catherine Quéloz, Liliane Schneiter, and Alice Vergara-Bastiand, "Co&Co&Co: Coproduction, Co-operation, Co-llaboration" in Aupetitallot, Le Magasin 1986–2006, 188.

13. Mary Anne Staniszewski, The Power of Display: A History of Exhibition Installations at the Museum of Modern Art (Cambridge, Mass.: MIT Press, 1998), xxi.

14. Michael Brenson, "The Curator's Moment: Trends in the Field of International Contemporary Art Exhibitions." Art Journal 57, no. 4 (Winter 1998), 16.

15. Foucault, The Archaeology of Knwledge, 90.

第一章注释

1. Artist Andrea Fraser, quoted in Stuart Comer, "Art Must Hang: An Interview with Andrea Fraser about the Whitney Independent Study Program," in Mike Sperlinger, ed., Afterthought: New Writing on Conceptual Art (London: Rachmaninoff, 2005), 32.

2. Peter Bürger, Theorie der Avantgarde (Frankfurt: Suhrkamp, 1974); in English as Peter Bürger, The Theory of the Avant-Garde, trans. Michael Shaw (Minneapolis: University of Minnesota Press, 1984), 22. See also Gregor Stemmrich, "Heterotopias of the Cinematographic: Institutional Critique and Cinema in the Art of Michael Asher and Dan Graham," in Alexander Alberro and Sabeth Buchmann, eds., Art after Conceptual Art (Cambridge, Mass.: MIT Press, 2006), 137.

3. See Bürger, Theorie der Avantgarde.

4. See both Claire Bishop, "Introduction/Viewers as Producers," in Bishop, ed., Participation (Cam-bridge, Mass.: MIT Press and Whitechapel, 2006), and Rudolf Frieling, "Toward Participation in Art," in Frieling, ed., The Art of Participation (London: Thames and Hudson; San Francisco: San Francisco Museum of Modern Art, 2008).

5. For a detailed account of Marcel Duchamp, Salvador Dalí, and André Breton's involvement with the Surrealist exhibitions of the 1930 and 1940s, see Lewis Kachur, Displaying the Marvelous: Marcel Duchamp, Salvador Dalí, and Surrealist Exhibition Installations (Cambridge, Mass.: MIT Press, 2001).

6. See Georg Simmel's essay from 1903, "The Metropolis and Mental Life." in Gary Bridge and Sophie Watson, eds., The Blackwell City Reader (Malden, Mass.: Blackwell, 2001), 11–19, or Walter Benjamin's The Arcades Project (Cambridge, Mass.: Belknap Press of Harvard University Press, 1999).

7. See Judith Barry, "Dissenting Spaces," in Reesa Greenberg, Bruce Ferguson, and Sandy Nairne, eds., Thinking about Exhibitions (London: Routledge, 1996), 310.

8. In 1924, when Kiesler designed the "Exhibition of New Theater Technique" at Konzerthaus, Vienna, he invented the "Leger and Trager" or "L" and "T" system, which created a new language of "form composed of freestanding, demountable display units of vertical and horizontal beams that supported vertical and horizontal rectangular panels." Cited in Mary Anne Staniszewski, The Power of Display: A History of Exhibition Installations at the Museum of Modern Art (Cambridge, Mass.: MIT Press, 1998), 4. See also Paul O'Neill, "Curating (U) topics," Art Monthly, no. 272 (December-January 2003), 7–10.

9. See Irene Calderoni, "Creating Shows: Some Notes on Exhibition Aesthetics at the End of the Six-ties," in Paul O'Neill, ed., Curating Subjects (London: Open Editions; Amsterdam:

De Appel, 2007), 66. For detailed accounts of these early avant-garde exhibitions, see Bruce Altshuler, The Avant-Garde in Exhibition: New Art in the 20th Century (New York: Abrams, 1994); Staniszewski, The Power of Display; Brian O'Doherty, Inside the White Cube: The Ideology of the Gallery Space (Berkeley: University of California Press, 1999). At the very end of the 1990s, publications also began to appear that focused on individual curatorial innovations from the twentieth century, such as the exploration into Marcel Duchamp and Salvador Dalí's curatorial roles in the Surrealist exhibitions of the 1930s and 1940s in Kachur, Displaying the Marvelous. Sybil Gordon Kantor, Alfred H.Barr, Jr. and the Intellectual Origins of the Museum of Modern Art (Cambridge, Mass.: MIT Press, 2002), looked at the role played by Alfred H. Barr in the foundations of the Museum of Modern Art—part intellectual biography, part institutional history; Alexander Alberro, Conceptual Art and the Politics of Publicity (Cambridge, Mass.: MIT Press, 2003), focused on Seth Siegelaub's curatorial practice of the 1960s, and three monographs on Harald Szeemann have been published since his death: Hans-Joachim Müller, Harald Szeemann: Exhibition Maker (Ostfildern-Ruit: Hatje Cantz, 2005); Tobia Bezzola and Roman Kurzmeyer, Harald Szeemann: with by through because toward despite: Catalogue of All Exhibitions, 1957–2001 (Vienna: Springer Verlag, 2007); and and Florence Derieux, Harald Szeemann: Individual Methodology (Zurich: JRP Ringier, 2007).

10. See Sabeth Buchmann, "Who's Afraid of Exhibiting?," in Sabine Folie and Lise Lafer, eds., unExhibit (Vienna: Generali Foundation, 2011), 176–177.

11. See Calderoni, "Creating Shows." 66–70.

12. Altshuler, The Avant-Garde in Exhibition, 236.

13. The title represents what was then the population of Seattle, the city in which the exhibition was held.

14. Peter Plagens's review of "557,087" appeared in Artforum (November 1969) and is cited here from Lucy R. Lippard, Six Years: The Dematerialization of the Art Object from 1966 to 1972 (1973; Berkeley: University of California Press, 1997), xiv. "557,087," which took place in various venues at the Seattle Art Museum's World Fair Annex, included card catalogs, index cards, and earthworks. Many of the outdoor works were fabricated or produced by Lippard herself, according to artists'instructions. This was determined as much by economic limitations as by the curator's theoretical approach to exhibition production.

15. Plagens, cited from Lippard, Six Years, xv.

16. Lucy Lippard cited in one of the 137 index cards from the catalog 557,087/955,000 (Seattle: Seattle Art Museum; Vancouver: Vancouver Art Gallery, 1969, 1970), cards unpaginated.

17. The term "exhibition maker," as opposed to "curator," was used by Harald Szeemann to describe his own practice up until his death in 2005. For a personal historical reflection on this period, see Robert Fleck, "Teaching Curating," MJ—Manifesta Journal of Contemporary

Curatorship: Teaching Curatorship, no. 4 (Autumn-Winter 2004), 18–21.

18. In 1967, Celant published "Arte Povera Art Povera," Flash Art, no. 5 (November-December 1967). Celant's text also appeared in the catalog Arte Povera/Im Spazio (Genoa: La Bertesca/Masnata/Tren-talance, 1967), published in the same year to accompany the exhibition of the same name. The term "Arte Povera" or "Poor Art" was coined by Celant in this text and the accompanying exhibition and was used to describe a broad group of artists predominantly working in Italy during the late 1960s and 1970s, including Giovanni Anselmo, Alighiero E. Boetti, Luciano Fabro, Jannis Kounellis, Mario Merz, Marisa Merz, Giulio Paolini, Giuseppe Penone, and Michelangelo Pistoletto. Celant identified among these artists the frequent use of "poor" ephemeral materials, including both organic and industrial matter, employed to investigate the relationships between life and art.

19. For further information on the career histories of Pontus Hultén and Walter Hopps, see "Pontus Hultén" and "Walter Hopps." in Hans Ulrich Obrist, Interviews, ed. Thomas Boutoux, vol. 1 (Milan: Charta, 2003), 450–466 and 411–430, respectively.

20. At Kunsthalle Bern, 22 March to 23 April 1969; Museum Haus Lange, Krefeld, 9 May to 15 June 1969; Institute of Contemporary Arts, London, 28 September to 27 October 1969.

21. At Kölnischner Kunstverein, 1970, organized with Hans Sohm.

22. At Seth Siegelaub Gallery, New York, 1969.

23. At Stedelijk Museum, Amsterdam, 1969.

24. At Whitney Museum of American Art, New York, 1969.

25. At Museum of Modern Art, New York, 1969.

26. At Seattle Art Museum, 1969.

27. At Museum of Modern Art, New York, 1970.

28. "The Producers" was the umbrella title for a series of public discussions with contemporary cura-tors organized by the Baltic Centre for Contemporary Art and the University of Newcastle, in Gateshead, England, between 2000 and 2002. The transcripts were published as Susan Hiller and Sarah Martin, eds., The Producers: Contemporary Curators in Conversation, 5 vols. (Gateshead: Baltic Centre for Contemporary Art; Newcastle: University of Newcastle, 2000–2002). The Producers (1), 2000, featured James Lingwood and Sune Nordgren, and Clive Phillpot and Matthew Higgs; The Producers (2), 2000, featured Gilane Tawadros and Hans Ulrich Obrist, Frances Morris and Charles Esche, and Guy Brett and Deanna Petherbridge; The Producers (3), 2001, featured Sharon Kivland and Adam Szymczyk, Ralph Rugoff and Richard Grayson, and Lisa Corrin and Jon Bewley; The Producers (4), 2001, featured Carolyn Christov-Bakargiev and Liam Gillick, Ute Meta Bauer and Mark Nash, and Jeremy Millar and Teresa Gleadowe; The Producers (5), 2002, featured Andrew Renton and Sacha Craddock, Jonathan Watkins and Laura Godfrey-Isaacs, and James Putman and Barbara London.

29. Calderoni, "Creating Shows." 65.

30. For a more detailed analysis of these developments in relation to these exhibitions, see ibid. It is worth noting that, in 1973, Lucy Lippard began archiving and documenting many of these conceptual art exhibitions, performances, occurrences, and publications in order to establish a history of these events. See Lippard, Six Years. For a comprehensive chronology of these exhibitions, see also Susan Jenkins, "Information, Communication, Documentation: An Introduction to the Chronology of Group Exhibitions and Bibliographies," in Ann Goldstein and Anne Rorimer, eds., Reconsidering the Object of Art: 1965–1975 (Los Angeles: MoCA, 1996).

31. Calderoni, "Creating Shows." 64–65.

32. Tommaso Trini, "The Prodigal Master's Trilogy." Domus, no. 478 (September 1969), unpaginated.

33. Robert Barry, "Interview with Patricia Norvell, 30 May 1969," in Alexander Alberro and Patricia Norvell, eds., Recording Conceptual Art (Berkeley: University of California Press, 2001), 97, italics in original.

34. One of the earliest definitions of "conceptual art" can be traced back to Henry Flynt's essay "Concept Art" from 1961, in which he stated that "Concept art is first of all an art of which the material is concepts, as e.g., the material of music is sound. Since concepts are closely bound up with language, concept art is a kind of art of which the material is language." See Henry Flynt, "Concept Art," in La Monte Young, ed., An Anthology of Chance Operations, Indeterminacy, Improvisation, Concept Art, Anti-Art, Meaningless Work, Natural Disasters, Stories, Diagrams, Music, Dance, Constructions, Compositions, Mathematics, Plans of Action (New York: La Monte Young and Jackson Mac Low, 1963), unpaginated, italics in original. "Conceptual art" has become most widely applied to a group of artists interested in the "dematerialization" of the art object in the period between 1966 and 1972 in the Americas, Europe, Australia, and Asia as documented in Lippard, Six Years. More recently, Peter Osborne described it as "art about the cultural act of definition—paradigmatically, but by no means exclusively, the definition of 'art." See Peter Osborne, Conceptual Art (Themes and Movements) (London: Phaidon Press, 2002), 14, italics in original. Exhibitions such as "Global Conceptualism" at the Queens Museum of Art, New York, have argued for an expansion in the geographical breadth of conceptual art activity during the 1960s and 1970s to include Soviet Russia, Eastern Europe, and China. See the catalog from the exhibition: Luis Camnitzer, Jane Farver, Rachel Weiss, et al., Global Conceptualism: Points of Origin, 1950s–1980s (New York: Queens Museum of Art, 1999).

35. Seth Siegelaub, interview with the author, Amsterdam, 27 July 2004.

36. Much of the discussion around Siegelaub's curatorial projects benefits from considerable hind-sight for, even during the 1960s, the term "curator" was never used by Siegelaub in relation to what he was doing at the time. It is only in the context of other people's subsequent texts about

his practice of the 1960s and as part of curatorial debates in the 1980s and 1990s, that Siegelaub has been called a curator. In my interview with him, he stated:

I probably wouldn't have used the word "curator" at the time, although I have recently done so in retro-spect because there is a whole body of curatorial practice that has quantitatively evolved since then...While I can look back now and say that curating is probably what I was doing, it is not a term that I would have used when I was active for one simple reason: the dominant idea of the curator at the time was basically someone who worked for a museum. Since then, the definition of the term curator has changed. This is just another facet which reflects how the art world has changed since the 1960s/early 1970s; the art world has become much bigger, richer, more omnipresent; there are many more museums, galleries, artists, art bars, art schools, art lovers, etc. It is has also become more central and more attached to the dominant values of capitalist society...It is clear that, in the last thirty years or so, art has become a more acceptable profession, even a type of business, a more acceptable thing to do, both as a practitioner, as well as an art collector. One can think of becoming an artist as a possible "career choice" now, which just didn't exist back then. One just didn't have this opportunity. The question of the curator, in this context, is also related to another modern phenomenon today: the need for freelance curatorial energy to invigorate museums that no longer have this kind of energy. (Ibid.)

For a comprehensive examination of Siegelaub's practice between 1965 and 1972, see Alberro, Conceptual Art and the Politics of Publicity.

37. Seth Siegelaub quoted in Hans Ulrich Obrist, "A Conversation between Seth Siegelaub and Hans Ulrich Obrist." Trans>, no. 6 (1999), 56.

38. Seth Siegelaub quoted in ibid.

39. I use the term "independent curator" to imply a curator operating primarily outside a fixed institutional post, such as a museum or other publicly funded organization or large commercial gallery. See Paul O'Neill, "The Co-dependent Curator," Art Monthly, no. 291 (November 2005), 7–10, where I argue in greater detail that all curators ultimately have a codependent relationship with such institutions and that so-called independent curating cannot exist without the necessity to work within, or receive support from, public institutions at some stage or other.

40. "Dematerialization" was the term used by Lucy Lippard and John Chandler to ascribe certain values to ideas-based art practice of the 1960s, when they suggested that a more general shift in art at the time might result in the object becoming wholly obsolete. Their text was written in 1967 and published in 1968. See John Chandler and Lucy R. Lippard, "The Dematerialization of Art," Art International (February 1968), 31–36.

41. The address listed was that of a Post Office box in Los Angeles, and the telephone answering service had a message describing the piece. See Alberro, Conceptual Art and the

Politics of Publicity, 118.

42. See Karl Marx, Capital, vol. 1, trans. Ben Fowkes (1867; London: Penguin, 1976). Marx begins Capital with an analysis of the idea of commodity production, in which a commodity is defined as a utility object that is external to us and produced for exchange on a market. Marx suggests that all commodities have both "use value" and "exchange value," with Marx insisting that exchange value is less easily quantified than use value and changes according to its time and place, necessitating further examination. Marx argues that changes in the exchange value of an object can be understood in terms of the amount of labor input required to produce the commodity or, rather, the socially neces-sary labor, that is labor exerted at the average level of intensity and productivity for that branch of activity within the economy. Marx's theory of the value of labor asserts that the exchange value of a commodity is determined by the quantity of necessary labor time required to produce the commodity.

43. Alberro, Conceptual Art and the Politics of Publicity, 120.

44. Ibid., 118–120.

45. Siegelaub in an interview with Elayne Varian, June 1969, cited here from Alberro, Conceptual Art and the Politics of Publicity, 56.

46. Ibid.

47. See Jack Burnham, "Systems Esthetics." Artforum 7, no. 1 (September 1968), 30–35.

48. Alberro, Conceptual Art and the Politics of Publicity, 18.

49. Dan Graham cited in Alberro, Conceptual Art and the Politics of Publicity, 20.

50. Lawrence Weiner, interview with the author, New York, 8 November 2005.

51. See Osborne, Conceptual Art.

52. In my interview with O'Doherty, he described "Aspen 5+6" as "the first conceptual exhibition outside a museum. The first conceptual exhibition is generally given to Mel Bochner, a few months before that, in which he got artists'notebooks and he exhibited them at, I think it was the New School, or the School of Visual Arts—one of these places; it's in the history books—and Alex Alberro was the historian of conceptualism here. And the thing I did...it's worth looking up, there's a fair bit of literature about it, because I went around with my little tape recorder and I produced this box—in a way it was a cube—and in it were records, films, texts of my generation; I had Bochner and Sol LeWitt and Dan Graham, and myself, and had the first structure, my first structural plays, Sol's first serial piece...I got Susan Sontag to write on the "The Aesthetics of Silence," I got Roland Barthes to write about "The Death of the Author," Lucy Lippard mentioned it briefly in Six Years...she mentions it briefly, but not enough...I had John Cage in there...I even got texts from Robbe-Grillet, and texts from Beckett." Brian O'Doherty, interview with the author, New York, 10 November 2005.

53. Siegelaub asked each artist to supply a twenty-five-page piece, on standard 81/2 x 11

inch paper, to be reproduced serigraphically.

54. The advertisement read, "This 1/4 page advertisement (41/2" x 43/4"), appearing in the November 1968 issue of Artforum magazine, on page 8, in the lower left corner, is one form of Documentation for the November 1968 exhibition of Douglas Huebler, Seth Siegelaub, 1100 Madison Avenue, New York, N.Y. 10028." See Alberro, Conceptual Art and the Politics of Publicity, 131.

55. Szeemann cited in Friedhelm Scharf and Gisela Schirmer, "Off the Wall: Artists' Refusals and Rejections: A History of Conflict," in Michael Glasmeier and Karin Stengel, eds., 50 Years Documenta 1955–2005: Archive in Motion: Documenta Manual (Kassel: Kunsthalle Fridericianum; Göttingen: Steidl, 2005), 120. The quotation is the authors' translation into English from Szeemann's original statement published in German: Harald Szeemann, "Einführungsvortrag," in Heike Radeck, Friedhelm Scharf, and Karin Stengel, eds., Wiedervorlage d5 (Hofgeismar: Hatje Cantz Verlag, 2001), 21.

56. Beatrice von Bismarck cited in Scharf and Schirmer, "Off the Wall," 120. Von Bismarck's position was originally published in Beatrice von Bismarck, "Die Meister der Werke: Daniel Buren's Beitrag zur Documenta 5 in Kassel 1972," in Uwe Fleckner, Martin Schieder, and Michael F. Zimmermann, eds., Jenseits der Grenzen: Französische und deutsche Kunst vom Ancien Régime bis zur Gegenwart, vol. 3 (Cologne, 2000), 222–223. Von Bismarck relies heavily on a previous text by Walter Grasskamp. See Walter Grasskamp, "Model Documenta oder wie wird Kunstgeschichte gemacht," Kunstforum International, no. 49 (April-May 1982), 15–22.

57. See Irit Rogoff, "Smuggling: A Curatorial Model," in Under Construction: Perspectives on Institutional Practice (Cologne: Walther König, 2006), 132.

58. Ibid.

59. Siegelaub, interview with the author.

60. Gilles Deleuze, "Mediators," in Negotiations 1972–1990 (New York: Columbia University Press, 1990), 125. See also a recent analysis of the cultural understanding of the contemporary curator and the figure of the mediator in Søren Andreasen and Lars Bang Larsen, "The Middleman: Beginning to Think about Mediation," in O'Neill, Curating Subjects.

61. See definitions of "Dominant." "Residual." and "Emergent." in Raymond Williams, "Dominant, Residual, and Emergent." in Marxism and Literature (1977; Oxford: Oxford University Press, 1986), 121–126.

62. Williams, "Dominant, Residual, and Emergent."

63. Ibid., 123.

64. Ibid., 123–124.

65. Carl Andre, Hans Haacke, Donald Judd, Barry Le Va, Sol LeWitt, Robert Morris, Dorothea Rockburne, Fred Sandback, Richard Serra, and Robert Smithson. Five of the artists—

Haacke, LeWitt, Le Va, Rockburne, and Serra—exhibited at Documenta 5 despite their protest, whereas the other five withdrew from the exhibition.

66. The manifesto was published in Artforum (June 1972) and signed by Carl Andre, Hans Haacke, Donald Judd, Sol LeWitt, Barry Le Va, Robert Morris, Dorothea Rockburne, Fred Sandback, Richard Serra, and Robert Smithson. See Amy Newman, ed., Challenging Art: Artforum 1962–1974 (New York: Soho Press, 2000), 518 and 349–354.

67. See Grasskamp, "Model Documenta oder wie wird Kunstgeschichte gemacht," 15–22.

68. Müller, Harald Szeemann: Exhibition Maker, 42–43.

69. Beatrice von Bismarck cited in Scharf and Schirmer, "Off the Wall." 122. See also Von Bismarck, "Die Meister der Werke." 222–223.

70. Andrea Fraser was probably the first to use the term "institutional critique" in print in her essay on Louise Lawler: Andrea Fraser, "In and Out of Place," Art in America 73, no. 6 (June 1985), 124. She wrote that, "while very different, all these artists engage(d) in institutional critique." The term is often applied to a number of artists from the neo-avant-garde of the 1960s such as Michael Asher, Marcel Broodthaers, Daniel Buren, and Hans Haacke as the second generation of artists engaging in institu-tional critique (after Duchamp and the Dadaists), followed by a third generation of artists such as Mark Dion, Andrea Fraser, Renée Green, Louise Lawler, and Martha Rosler, practicing from the late 1970s onward. See also Fraser's assessment of the subsequent "institutionalization" of institutional critique in Andrea Fraser, "From the Critique of Institutions to an Institution of Critique," Artforum 44, no. 1 (September 2005), 278–283. For a recent anthology of texts looking at the legacy of institutional critique, see John C. Welchman, ed., Institutional Critique and After (Zurich: JRP Ringier, 2006). This publication stems from a symposium that was held in May 2005 at the Bing Theater at Los Angeles County Museum of Art.

71. The "neo-avant-garde" was the general term used by Bürger probably with pejorative intent, to represent postwar artistic developments following the historical avant-garde. It is unlikely that Bürgerwas familiar with the practices of Buren, Haacke, Weiner, et al. when he first published his text in 1974.

72. Hal Foster, The Return of the Real: The Avant-Garde at the End of the Century (Cambridge, Mass.: MIT Press, 1996), 20.

73. See Stemmrich, "Heterotopias of the Cinematographic," 137. See also Bürger, Theorie der Avantgarde.

74. Benjamin Buchloh, "Conceptual Art 1962 to 1969: From the Aesthetics of Administration to the Critique of Institutions." October, no. 55 (Winter 1990), 105–143.

75. See Fraser, "From the Critique of Institutions to an Institution of Critique," 281.

76. Ibid.

77. The notion of the Gesamtkunstwerk was taken from Wagner's amalgamation of poetry, dance, and music as a means of shaping both art and life, in a text published in 1849 as "Das Kunstwerk der Zukunft." The English translation is published as "The Artwork of the Future," in Richard Wagner, Prose Works, 8 vols., trans. William Ashton Ellis (New York: Broude Brothers, 1966). He stated that "the artwork of the future is a joint artwork, and it can only emerge from a joint desire." (Cited in Müller, Harald Szeemann: Exhibition Maker, 78.) For a more detailed examination of the term "Gesamtkunstwerk," published in English, see David Roberts, "The Total Work of Art," Thesis Eleven, no. 83 (November 2005), 105–121.

78. See Jean-Marc Poinsot, "Large Exhibitions: A Sketch of a Topology," in Greenberg, Ferguson, and Nairne, Thinking about Exhibitions, 39–66. In the 1980s, numerous texts and publications dealt with the transformation of museums, their collections and conventions, primarily linked to the postcolonial and/or postmodern approaches to museology and modern museum studies that emerged in the 1980s and early 1990s. Many writers based their critique on the Western modernist notion of the museum as an absolute purveyor of historical knowledge including, most notably, Tony Bennett, The Birth of the Museum: History, Theory, Politics (London: Routledge, 1995); James Clifford, "On Collecting Art and Culture," in Out There: Marginalization and Contemporary Cultures (Cambridge, Mass.: MIT Press, 1990); Eileen Hooper-Greenhill, ed., Museums and the Shaping of Knowledge (London: Routledge, 1992); Daniel J. Sherman and Irit Rogoff, eds., Museum Culture: Histories, Discourses, Spectacle (Minneapolis: University of Minnesota Press, 1994); Peter Vergo, ed., The New Museology (London: Reaktion Books, 1989); and Stephen E. Weil, Rethinking the Museum (Washington, D.C.: Smithsonian Institution Press, 1990).

79. Rudi Fuchs, "Introduction." in Documenta 7, vol. 1 (Kassel: Documenta GmbH, 1982), vii.

80. See Hans Ulrich Obrist, "Mind over Matter: An Interview with Harald Szeemann." Artforum 35, no. 3 (November 1996).

81. Roland Barthes cited in Poinsot, "Large Exhibitions: A Sketch of a Topology." 57. See Roland Barthes, Mythologies (Paris: Seuil, 1970), 209.

82. Poinsot, "Large Exhibitions: A Sketch of a Topology."

83. See ibid., 56–58; and see Johanne Lamoureux, "The Museum Flat," in Greenberg, Ferguson, and Nairne, Thinking about Exhibitions, in which she examines these off-site exhibitions comparatively and in detail.

84. See the catalog: Mary Jane Jacob, Places with a Past: New Site-Specific Art at Charleston's Spoleto Festival (New York: Rizzoli International, 1991).

85. When Tate Modern opened, in 2003, it eschewed a hanging of its collection according to chronology and, instead, hung selected works according to the following themes, in four separate

suites of galleries, each taking as its starting point a traditional artistic genre: Landscape/Matter/Environment, Still-Life/Object/Real Life, History/Memory/Society, and Nude/Action/Body.

86. Rudi Fuchs cited from a 1983 interview in Debora J. Meijers, "The Museum and the Ahistorical Exhibition," in Greenberg, Ferguson, and Nairne, Thinking about Exhibitions, 13.

87. Fuchs cited from ibid., 19.

88. Meijers, "The Museum and the Ahistorical Exhibition." 19.

89. Ibid., 10.

90. Liam Gillick, "The Bible, the Complete Works of Shakespeare and a Luxury Item," in Ute Meta Bauer, ed., Meta 2: A New Spirit in Curating (Stuttgart: Künstlerhaus Stuttgart, 1992), 5–10. Aside from a handful of practicing curators in the 1980s—such as Rudi Fuchs, Jan Hoet, Jean-Hubert Martin, Kasper König, and Harald Szeemann in Europe, or Robert Nickas and Collins & Milazzo in the US—it was not until the 1990s that curatorial practice established itself in the foreground of contemporary art practice. Such practice no longer focused on the functional aspect of the curatorial profession but on curating as a creative activity akin to artistic production. The 1990s brought an unparalleled level of visi-bility to a whole generation of curators such as Daniel Birnbaum, Saskia Bos, Nicolas Bourriaud, Dan Cameron, Lynne Cooke, Catherine David, Bart de Baere, Okwui Enwezor, Charles Esche, Matthew Higgs, Hou Hanru, Mary Jane Jacob, Ute Meta Bauer, Jeremy Millar, Robert Nickas, Hans Ulrich Obrist, Nicolaus Schafhausen, Eric Troncy, and Barbara Vanderlinden, some of whom had begun practicing toward the latter part of the 1980s. Since the late 1990s, a new generation has come to the fore, many of whom have studied on postgraduate curatorial programs—including Carlos Basualdo, Barnaby Drabble, Annie Fletcher, Maria Hlavajova, Jens Hoffmann, Maria Lind, Emily Pethick, Polly Staple, Adam Szymczyk, and Grant Watson, among others—many of whom I have interviewed as part of my research process.

91. Patrick Murphy, "Spiralling Open," in Mika Hannula, ed., Stopping the Process: Contemporary Views on Art and Exhibitions (Helsinki: NIFCA, 1998), 187.

92. Meijers, "The Museum and the Ahistorical Exhibition." 18.

93. Ibid.

94. Meijers, "The Museum and the Ahistorical Exhibition," 19. In the 1990s, exhibitions by artists working within museum collections became commonplace as a means of contesting museological histories, such as Joseph Kosuth's "The Play of the Unmentionable" (Brooklyn Museum, New York, 1990) or Fred Wilson's "Mining the Museum" (Maryland Historical Society, Baltimore, 1992) and, later on, Hans Haacke's "Viewing Matters" (Museum Boijmans van Beuningen, 1996). See Joseph Kosuth, Play of the Unmentionable: An Installation by Joseph Kosuth at the Brooklyn Museum (New York: New Press and Brooklyn Museum, 1992). For an overview of Fred Wilson's "Mining the Museum," see Ivan Karp, "Constructing the Spectacle of

Culture," in Greenberg, Ferguson, and Nairne, Thinking about Exhibitions, 267.

95. Alex Farquharson, "I Curate, You Curate, We Curate...," Art Monthly, no. 269 (September 2003), 7–108.

96. For a development of the vocabulary surrounding curatorial practice, see the selection of essays written from the 1990s to 2004 in Christoph Tannert, Ute Tischler, and Künstlerhaus Bethanien, eds., MIB—Men in Black: Handbook of Curatorial Practice (Frankfurt am Main: Revolver, 2004).

97. Nicolas Bourriaud, interview with the author, Paris, 27 January 2004.

98. Joshua Decter, "At the Verge of...Curatorial Transparency." in Catherine Thomas, ed., The Edge of Everything: Reflections on Curatorial Practice (Banff, Canada: Banff Centre Press, 2000), 102–103.

99. Siegelaub, interview with the author.

100. Ibid.

101. Catherine Thomas, The Edge of Everything, ix. For a historical analysis of the evolution of the curator's role in museums, see also Karsten Schubert, The Curator's Egg: The Evolution of the Museum Concept from the French Revolution to the Present Day (London: One Off Press, 2000).

102. Müller, Harald Szeemann: Exhibition Maker; Bezzola and Kurzmeyer, Harald Szeemann: with by through because toward despite: Catalogue of All Exhibitions, 1957–2001; and Derieux, Harald Szeemann: Individual Methodology. See note 9 above for the full citations.

103. See Mick Wilson, "Curatorial Moments and Discursive Turns," in O'Neill, Curating Subjects.

104. Blake Stimson, "The Promise of Conceptual Art," in Alexander Alberro and Blake Stimson, eds., Conceptual Art: A Critical Anthology (Cambridge, Mass.: MIT Press, 1999). See also Alberro, Conceptual Art and the Politics of Publicity, which presents a history of Siegelaub's curatorial practice up to 1972.

105. Harald Szeemann cited from an interview, Robert Storr, "Prince of Tides." Artforum 37, no. 9 (May 1999) See also, in particular, Obrist, "Mind over Matter: An Interview with Harald Szeemann."

106. Williams, "Dominant, Residual, and Emergent." 121–123.

107. O'Doherty, interview with the author.

108. Williams, "Dominant, Residual, and Emergent." 122.

109. Charles Esche, "Beti Zerovc Interviews Charles Esche." in Esche, ed., Modest Proposals (Istanbul: Baglam Publishing, 2005), 90–96.

110. Robert Storr, interview with the author, Brooklyn, 30 March 2005.

111. Annie Fletcher, interview with the author, Amsterdam, 20 September 2005.

112. Ibid.

113. Ibid.

114. Michael Brenson, "The Curator's Moment: Trends in the Field of International Contemporary Art Exhibitions." Art Journal 57, no. 4 (Winter 1998), 16. See also 16–27.

115. The symposium "Rotterdam Dialogues: The Curators" formed one strand of the project "Dialogues," the other two being "The Artist" and "The Critic"; together they resulted in the following publication: Zoë Gray et al., eds., Rotterdam Dialogues: The Critics, the Curators, the Artists (Rotterdam: Witte de With, 2009).

116. Cited from Susan Snodgrass, "Manifesta 4: Defining Europe?," Art in America, no. 91 (January 2003), 42–45. Manifesta is a Dutch initiative for a nomadic pan-European biennial of contemporary art that relocates to a new European city every two years. It was initially conceived in response to dramatic political changes in Central and Eastern Europe, in the aftermath of the fall of the Berlin Wall (November 1989), and to the perceived inability of traditional large-scale events, such as Documenta and the Venice Biennale, to respond adequately to the new circumstances.

117. Snodgrass, "Manifesta 4."

118. Francesco Bonami, "I Have a Dream," in Francesco Bonami and Maria Luisa Frisa, eds., 50th Biennale di Venezia: Dreams and Conflicts: The Dictatorship of the Viewer (Venice: Marsilio, 2003), xxi. The curators were Carlos Basualdo, Daniel Birnbaum, Catherine David, Massimiliano Gioni, Hou Hanru, Molly Nesbit, Hans Ulrich Obrist, Gabriel Orozco, Gilane Tawadros, Rirkrit Tiravanija, and Igor Zabel. See also Francesco Bonami, "Global Tendencies: Globalism and the Large-Scale Exhibition," Artforum 42, no. 3 (November 2003), 152–163.

119. See Bonami's statements in "Global Tendencies." For reviews of the Biennale, see Tim Griffin, Linda Nochlin, and Scott Rothkopf, "Pictures of an Exhibition." Artforum 42, no. 1 (September 2003), 174–181.

120. Andrew Renton, interview with the author, London, 25 October 2004.

121. Terry Eagleton, Ideology: An Introduction (London: Verso, 1991), 5–6.

122. Roland Barthes, "Myth Today" (1956), in A Barthes Reader (London: Vintage, 2000), 103. A key illustration of this lies in Barthes's example of how the "signification" of an image in Paris-Match, of a "young Negro in a French uniform" saluting the French tricolor, as an image of the great French empire, also covers over many factors that produced such a myth, such as the history of the colonized, which is, for Barthes, already built into the meaning of the myth itself: "The meaning is already complete, it postulates a kind of knowledge, a past, a memory, a comparative order of facts, ideas, decisions."

123. Barthes, "Myth Today." 93.

124. Julia Bryan-Wilson, "A Curriculum for Institutional Critique, or the Professionalization

of Conceptual Art," in Jonas Ekeberg, ed., New Institutionalism, Verksted no.1 (Oslo: Office for Contemporary Art Norway, 2003), 102–103.

125. Helmut Draxler, "The Institutional Discourse." in Bauer, Meta 2, 18.

126. Greenberg, Ferguson, and Nairne, Thinking about Exhibitions, 2.

127. Ibid., 4.

128. Altshuler, The Avant-Garde in Exhibition, 8.

129. Ibid.

130. Staniszewski, The Power of Display, xxi.

131. Ibid.

132. Poinsot, "Large Exhibitions: A Sketch of a Topology." 40.

133. Greenberg, Ferguson, and Nairne, Thinking about Exhibitions, 2–3.

134. Ibid.

135. O'Doherty, Inside the White Cube. This was originally published in Artforum as a series of three articles in 1976 and first published in book form in 1986.

136. See Staniszewski, The Power of Display, xxi-xxviii.

137. O'Doherty, Inside the White Cube, 55.

138. Thomas McEvilley, "Foreword." in O'Doherty, Inside the White Cube, 9.

139. Obrist, cited in Gilane Tawadros and Hans Ulrich Obrist, "In Conversation," in Hiller and Martin, The Producers (2), 26. Obrist has also been a significant influence in bringing the ideas of Alexander Dorner, innovative director of the Hannover Museum in the 1920s, to the fore. Dorner anticipated the idea of the museum as a space of permanent transformation within dynamic parameters; the museum as a heterogeneous space of exhibition; a space that oscillates between object and process; the museum as laboratory; the museum as time storage; the museum as kraftwerk; the museum as a locus between art and life; and the museum as a relative historical space that is permanently "on the move."

140. See Hans Ulrich Obrist, interview with the author, originally recorded on 26 January 2004 and edited with interviewee between 2005 and 2006.

141. Obrist quoting Mary Anne Staniszewski in a paper later published in Tawadros and Obrist, "In Conversation," 27.

142. Obrist, cited in Paula Marincola, ed., What Makes a Great Art Exhibition? (Philadelphia: Philadelphia Exhibitions Initiative, 2006), 31.

143. Some of these interviews are published in Obrist, Interviews, vol. 1. See also Obrist's Brief History of Curating (Zurich: JRP Ringier, 2008), a collection of his recorded interviews with curators made since 1997, featuring discussions with Johannes Cladders, Anne d'Harnoncourt, Werner Hofmann, Walter Hopps, Pontus Hultén, Jean Leering, Franz Meyer, Seth Siegelaub, Harald Szeemann, and Walter Zanini. See Obrist's preface to his interview with

Jean Leering in Hans Ulrich Obrist, "A Protest against Forgetting: Hans Ulrich Obrist Interviews Jean Leering," in O'Neill, Curating Subjects, in which he states his reasoning: "This project has to do with what Eric Hobsbawm calls a 'protest against forgetting.'" As Obrist states, "In a BBC breakfast interview with David Frost, Hobsbawm said: 'I mean our society is geared to make us forget. It's about today when we enjoy what we ought to; it's about tomorrow when we have more things to buy, which are different; it's about today when yesterday's news is in the dustbin. But human beings don't want to forget. It's built into them.'" See also Tawadros and Obrist, "In Conversation," 28.

144. Obrist, "A Protest against Forgetting."

145. Lucy R. Lippard, "Curating by Numbers." Tate Papers, no. 12 (2009).

146. Lucy Lippard cited in Obrist, A Brief History of Curating, 197.

147. Jens Hoffmann, interview with the author, London, 11 August 2004.

148. Michel Foucault, The Government of Self and Others: Lectures at the Collège de France 1982–1983 (London: Palgrave Macmillan, 2010), 4.

149. Benjamin H. D. Buchloh, "Since Realism There Was…" in L'Exposition Imaginaire: The Art of Exhibiting in the Eighties (The Hague: Rijksdienst Beeldende Kunst, 1989), 96–121. To sustain such discourses, curators now look to other exhibitions and curated projects for their references. Exhibitions are now reviewed in relation to one another; biennials are compared to their previous iterations; art fairs now evidently attempt to critique themselves through curated discussion programs, such as the Frieze Art Fair talks program, which runs alongside the commercial side of the fair. All exhibitions, including talks programs, are an intermediate means of conveying ideas about art that now include the position of the curator. Many of the writers and readers of art magazines are curators, for whom each group exhibition is considered as part of a "common" discourse around curatorial practice.

150. Dave Beech and Gavin Wade, "Introduction," in Gavin Wade, ed., Curating in the 21st Century (Walsall: New Art Gallery Walsall; Wolverhampton: University of Wolverhampton, 2000), 9–10.

151. Wilson, "Curatorial Moments and Discursive Turns." 202.

152. Liam Gillick quoted in Saskia Bos, "Toward a Scenario: Debate with Liam Gillick," De Appel Reader No. 1: Modernity Today: Contributions to a Topical Artistic Discourse (Amsterdam: De Appel, 2005), 74.

153. Greenberg, Ferguson, and Nairne, Thinking about Exhibitions, 3.

154. Those that resulted in the publication of their proceedings include: Peter White, ed., Naming a Practice: Curatorial Strategies for the Future (Banff, Canada: Banff Centre for the Arts, 1996); Hannula, Stopping the Process; Barnaby Drabble and Dorothee Richter, eds., Curating Degree Zero: An International Curating Symposium (Nuremberg: Verlag für Moderne

Kunst, 1999); Thomas, The Edge of Everything; Wade, Curating in the 21st Century; Hiller and Martin, The Producers; and Paula Marincola, ed., Curating Now: Imaginative Practice/Public Responsibility (Philadelphia: Philadelphia Exhibitions Initiative, 2001).

155. While their ethos runs counter to that of the powersharing elite, this parallels the way in which Anthony Davies, Stephan Dillemuth, and Jakob Jakobsen articulate the function of self-organization.

In their coauthored essay "There is no Alternative: THE FUTURE IS SELF ORGANIZED," self-organization is described, among other things, as "a social process of communication and commonality based in exchange; sharing of similar problems, knowledge and available resources." See Anthony Davies, Stephan Dillemuth, and Jakob Jakobsen, "There is no Alternative: THE FUTURE IS SELF ORGANIZED Part 1," in Nina Möntmann, ed., Art and Its Institutions (London: Black Dog Publishing, 2006), 176–178.

156. Bruce Ferguson cited from his "Keynote Address" at the Banff 2000 International Curatorial Summit, Banff Centre, 24 August 2000, in Melanie Townsend, "The Troubles with Curating," in Townsend, ed., Beyond the Box: Diverging Curatorial Practices (Banff, Canada: Banff Centre Press, 2003), xv.

157. Daniel Buren, "Where Are the Artists?," in Jens Hoffmann, ed., The Next Documenta Should Be Curated by an Artist (Frankfurt am Main: Revolver, 2004), 31.

158. Thomas Boutoux, "A Tale of Two Cities: Manifesta in Rotterdam and Ljubljana," in Barbara Vanderlinden and Elena Filipovic, eds., The Manifesta Decade: Debates on Contemporary Art Exhibitions and Biennials in Post-Wall Europe (Cambridge, Mass.: MIT Press, 2005), 202.

159. Ibid.

160. Since Le Magasin in Grenoble launched the first postgraduate curatorial training program in Europe in 1987, there has been an expansion of professional curating courses throughout Europe and North America, already outlined in my introduction. For a brief history of the most prominent of these courses in Europe and North America, see Andrea Bellini, "Curatorial Schools: Between Hope and Illusion," Flash Art 39, no. 250 (October 2006), 88–92. The total number of students enrolled in all these courses has differed over the years, but to give an indication of the quantity of students graduating from them, when I worked as a visiting tutor on the MFA Curating course at Goldsmiths between 2006 and 2007, there were twenty-five first year students participating in a two year course. Between 1995 and 2003, sixty students completed the de Appel Curatorial Training Programme, which takes on a relatively small group of approximately six students per year. For the names of these students see Edna van Duyn, ed., If Walls Had Ears:1984–2005 (Amsterdam: De Appel, 2005), 668.

161. Catherine de Zegher, interview with the author, New York, 11 November 2005. Another

example is Robert Storr's assessment of his own fortuitous entry into curating in the 1980s, which he described as follows (Storr, interview with the autor):

I'd been an art handler for a considerable time in the eighties, so I knew how to put shows together on that side, the technical side, which was actually far more important than going to a curatorial program in many respects. But that's it...I'm a painter and I went to a regular sort of studio art college affair in Chicago, and a couple of other places before that, and I spent a lot of time in museums looking at what was there, got to the back rooms of a certain number of them just by persistence and interest and so on so...but no, no, I have no formal art history training at all.

162. There has been a significant publishing industry around contemporary curatorial practice and its related discourse since the late 1980s, and in particular throughout the 1990s, which has continued to intensify until today. During this period, one of the major changes in the art world has been the significant transformation of the role(s) of the curator of contemporary art exhibitions and the discourses surrounding exhibition making in an international context. In chronological order, key curatorial anthologies include: Bauer, Meta 2; White, Naming a Practice; Anna Harding, ed., "On Curating: The Contemporary Art Museum and Beyond," Art and Design Magazine, no. 52 (London: Academy Editions, 1997); Hannula, Stopping the Process; Drabble and Richter, Curating Degree Zero; Thomas, The Edge of Everything; Wade, Curating in the 21st Century; Hiller and Martin, The Producers; Carolee Thea, Foci: Interviews with 10 International Curators (New York: Apexart, 2001); Marincola, Curating Now; Carin Kuoni, Words of Wisdom: A Curator's Vade Mecum (New York: Independent Curators International [ICI], 2001); Townsend, Beyond the Box; Tannert, Tischler, and Künstlerhaus Bethanien, MIB—Men in Black; Liam Gillick and Maria Lind, Curating with Light Luggage (Frankfurt am Main: Revolver, 2005).

163. Tannert, Tischler, and Künstlerhaus Bethanien, MIB—Men in Black, 10.

164. Later anthologies such as What Makes a Great Exhibition (2006), Curating Subjects (2007), and Curating Critique (2007), and dedicated journals such as later issues of Manifesta Journal for Contemporary Curatorship (first issue published 2003) or The Exhibitionist (since 2009), have tried to correct this self-presentation bias with varying degrees of success.

165. Ursula Zeller, "To Biennial Or Not To Biennial?", Universes in Universe, 2009.

166. Williams, "Dominant, Residual, and Emergent," 121–127.

167. One dominant aspect of these emergent discourses was the continued use of analogy, metaphor, and comparison between curating and other professions. As curator and critic Tom Morton wrote:

"Curating as..." constructions speak of a welcome self-reflexivity and plurality of approach, but they almost inevitably stick in the craw. There's a faint atmosphere of subterfuge about them, of borrowing the glamour or gravitas of another profession in an attempt to graft it onto one that we're aware is, for all its possibilities, also commonly bound up with the grey, clerky stuff of fundraising and filling out loan forms. (Among these contradictions, the worst offenders I've come across include "curator as anthropologist," "curator as stylist" and once, unforgivably, "curator as DJ.") More importantly, the fashion for analogy in framing the figure of the curator points to a certain lack of self-confidence in the field, as though curating is an activity that can only be understood, or even validated, with reference to activities that exert a greater gravitational pull."

Tom Morton, "The Name of the Game," frieze, no. 97 (December 2005). What Morton argued for was a return to the idea of the curator as being involved in the activity of curating as a form of authorship, similar to how a novelist is an author, regardless of whatever metaphors can be used to describe how different kinds of novel writing can exist at any one time, and how various methods of writing a novel can produce individual models of authorship. Morton supports the idea of the function of the curator as an author because, for him, the author's function is to provide a view of the world that we do or do not yet know. He goes on to reject the various ways in which curating has been linked to other professions, especially the idea of the "curator as editor," because it relies on analogy every bit as much as the "curator as artist" does.

168. Esche, "Beti Zerovc Interviews Charles Esche." 89.

169. Carlos Basualdo, "The Unstable Institution," in Marincola, What Makes a Great Art Exhibition?, 59.

170. Andreasen and Bang Larsen, "The Middleman."

171. Maria Lind, interview with the author, Munich, 31 October 2004. Lind states: "I am actually detached from the 'cura' part of it: the caring part of it, with empathy being involved with something, to help it come about somehow. I think, for me, it is also connected with the role of the curator as a sort of midwife who is assisting in bringing something new into being."

172. See Marius Babias and Florian Waldvogel, "Is the Curator the DJ of Art?" Christoph Tannert, "Curators as Technicians." and Justin Hoffmann, "God Is a Curator." in Tannert, Tischler, and Künstlerhaus Bethanien, MIB—Men in Black, 48–52, 135–136, and 107, respectively.

On the notion of curator as editor, Catherine David states: "I never liked the discourse around the idea of the curator as an artist. I think it's very childish and I don't think it's very interesting. I think it's the work of editing, putting, articulating ideas, forms in a certain moment and I think it's nothing less, nothing more, and after that you can be very intuitive." see Catherine David, interview with the author, Paris, 14 April 2005.

173. Thomas, The Edge of Everything, ix.

174. See www.the-exhibitionist-journal.com, www.manifestajournal.org, www.on-curating.org, and www.intellectbooks.co.uk/journals/view-Journal,id=205 for information about these.

In the past few years alone, these have included: an supplementary issue on "Curated Space" (2005); essays with titles such as "Curating Then and Now," "Curating U-topics," "Curator and Artist," "The Co-dependent Curator," "The Invisible Curator," "Curating Doubt," and "I am a Curator" have appeared in Art Monthly since 2003; Contemporary's "Special Issue on Curators" (2005) contained twenty interviews with curators; Artforum's 2003 discussion on "Global Tendencies: Globalism and the Large-Scale Exhibition" included Francesco Bonami, Catherine David, Okwui Enwezor, and Hans Ulrich Obrist; Flash Art's "New Voices in Curating I and II" surveys in 2002 and 2003, led by Jens Hoffmann, asked curators to answer "what are the pressing issues curators are debating about?" ; Art Papers's "Curating Now: An Informal Report" ; frieze has regular columns by curators Alex Farquharson, Tom Morton and Robert Storr, who have all published texts about the shifts in power toward the curator and away from the critic and/or artist, as well as interviews with curators and discussions led by curators such as "Debate: Biennials" with curators Charles Esche and Francesco Bonami; and MJ—Manifesta Journal: Journal of Contemporary Curatorship, the first quarterly dedicated to contemporary curatorial issues, which were edited by curators—the late Igor Zabel and Viktor Misiano—with essays almost entirely by curators, copublished by the International Manifesta Foundation (the organization responsible for Manifesta). There have, so far, only been twelve intermittent issues of MJ—Manifesta Journal. Each collection of texts has been constructed around a dominant theme, with the first eleven issues for example titled: "The Revenge of the White Cube?" no. 1 (Spring-Summer 2003); "Biennials," no. 2 (Winter 2003–Spring 2004); "Exhibition as a Dream," no. 3 (Spring-Summer 2004); "Teaching Curatorship," no. 4 (Autumn-Winter 2004); "Artist and Curator," no. 5 (Spring-Summer 2005); "Archiv: Memory of the Show," no. 6 (Autumn-Winter 2005); "The Grammar of the Exhibition," no. 7 (2009–2010); "Collective Curating," no. 8 (2009–2010); "History in the Present," no. 9 (2009–2010); "The Curator as Producer," no. 10 (2009–2010); and "The Canon of Curating," no. 11 (2010–2011). a-n: Future Forecast: Curated Space (November 2005) included contributions from artists who frequently curate such as Jananne Al-Ani, Shezad Dawood, Jeremy Deller, and Rachel Garfield and curators such as David A. Bailey, Louise Short, Erica Tan, Gavin Wade, and Mark Wilsher. Articles that have appeared in Art Monthly include: Alex Farquharson, "Curator and Artist," Art Monthly, no. 270 (October 2003), 13–16; Alex Farquharson, "I Curate, You Curate, We Curate...," Art Monthly, no. 269 (September 2003), 7–10; Craig Burnett, "The Invisible Curator," Art Monthly, no. 291 (November 2005), 1–4; Paul O'Neill, "The Co-dependent Curator," Art Monthly, no. 291 (November 2005), 7–10; Paul O'Neill, "Curating U-topics," Art Monthly, no. 272 (December-January 2003), 7–10; Paul O'Neill, "I Am a Curator," Art Monthly, no. 275 (April 2004), 7–10; J. J. Charlesworth, "Curating Doubt," Art Monthly, no. 294 (March 2006), 1–4; and Alex Coles, "Curating: Then and Now," Art Monthly, no. 275 (April 2004), 1–4. The curators interviewed in Contemporary 21, no. 77 (2005), were Daniel Birnbaum, Francesco Bonami, Dan Cameron, Massimiliano Gioni and Maurizio Cattelan, Isabel Carlos, Suzanne Cotter, David Elliot, Richard Flood, RoseLee Goldberg, Hou Hanru, Yuko Hasegawa, Jens Hoffmann, Laura Hoptman, Udo Kittelmann, Vasif Kortun, Barthomeau Marí, Edi Muka, Hans Ulrich Obrist, Norman Rosenthal, Beatrix Ruf, and Adam Szymczyk. Jens Hoffmann, "New Voices in Curating I," Flash Art, no. 222 (January-February 2002), and Jens Hoffmann, "New Voices in Curating II," Flash Art, no. 228 (January-February 2003), were compiled from responses by curators working both independently, but mainly in the context of institutional posts in Europe, the US, and South America, including Adam Budak, Massimiliano Gioni, Søren Grammel, Chus Martinez, Tone O. Nielsen, and Cristina Ricupero. The discussion "Global Tendencies: Globalism and the Large-Scale Exhibition," Artforum 42, no. 3 (November 2003), 152–163, was introduced by Tim Griffin and moderated by James Meyer with curators Francesco Bonami, Catherine David, Okwui Enwezor, Hans Ulrich Obrist, and artists Martha Rosler and Yinka Shonibare. "Curating Now: An Informal Report," Art Papers (September-October 2005), was structured around questions and answers with curators working in the US and Canada. Articles that have appeared in frieze include Alex Farquharson, "Is the Pen Still Mightier?" frieze, no. 92 (June-July-August 2005), 118–119; Alex Farquharson, "Bureaux de Change," frieze, no. 101 (September 2006), 156–160, which looked at new institutional strategies developed by curators within smaller institutions in Europe such as Maria Lind at Künsterverein München, Catherine David at Witte de With, Charles Esche at Rooseum, Malmö, and Nicolas Bourriaud and Jérôme Sans at Palais de Tokyo, Paris; Robert Storr, "Reading Circle Part One." frieze, no. 93 (September 2005), 27, and "Reading Circle Part Two." frieze, no. 94 (October 2005), 25; Tom Morton, "The Name of the Game." frieze, no. 97 (December 2005); Jörg Heiser, "Curating: The Shape of Things to Come." frieze, no. 81 (March 2004), 52–53; and Francesco Bonami and Charles Esche, "Debate: Biennials." frieze, no. 92 (June-July-August 2005), 104–105.

第二章注释

1. Isabel Stevens, "It's So Two Years Ago," Contemporary 21, no. 77 (2005), 22–32. The figures regarding how many biennials exist across the globe have varied according to how they are defined by the individual author/researcher and the level of impact/visibility these socalled biennials may have in an art world context. Ivo Mesquita suggested that there were over forty biennial exhibitions in 2003, a full list of which is provided on the title page of his essay "Biennials, Biennials, Biennials..." in Melanie Townsend, ed., Beyond the Box: Diverging Curatorial Practices (Banff, Canada: Banff Centre Press, 2003), 63–67. In the period between 1984 (the first edition of the Havana Biennial) and the present day, a large number of major international biennials have been established, including those of Istanbul (1987), Lyon (1992),

Santa Fe (1995), Gwangju (1995), Johannesburg (1995), Shanghai (1996), Berlin (1996), and Montreal (1998).

2. There have been many transformative moments in the history of the biennial. As the first incarnation, the Venice Biennale was established in 1895 as a national exhibition of Italian art, based on the nineteenthcentury world's fairs, which reserved a section for the art of different nations, selected by a jury. By contrast, the first Bienal de São Paulo in 1951 intended to transform the city and its culture, as part of a postwar reconstruction program, while the inception of Documenta, in 1955, was intended as a postwar initiative to reconnect a defeated Germany with the rest of the world. Documenta 1 (1955), Documenta 2 (1959), Documenta 3 (1964), and Documenta 4 (1968) were all directed by Kassel based academic and painter Arnold Bode and German art historian Werner Hofmann. Documenta 1 was a retrospective account of classical modernism that included "degenerate" art rejected by the Nazi party alongside younger artists. This show set a precedent for Documenta as a retrospective model that displayed old and new art side by side as part of what Bode famously called "a museum of 100 days" in the 1964 catalog.

3. See David Held, Anthony McGrew, et al., Global Transformations: Politics, Economics and Culture (Cambridge: Polity Press, 1999), 2–10. See also David Held and Anthony McGrew, eds., The Global Transformations Reader: An Introduction to the Globalization Debate (Cambridge: Polity Press, 2003), 75–83.

4. For a brief genealogy of largescale exhibitions, see Carlos Basualdo, "The Unstable Institution," in Paula Marincola, ed., What Makes a Great Art Exhibition? (Philadelphia: Philadelphia Exhibitions Initiative, 2006), 52–61, first published in MJ—Manifesta Journal: Biennials, no. 2 (Winter 2003-Spring 2004), 50–62.

5. See John Miller, "The Show You Love to Hate: A Psychology of the Mega-exhibition," in Reesa Greenberg, Bruce Ferguson, and Sandy Nairne, eds., Thinking about Exhibitions (London: Routledge, 1996), 269.

6. In the case of biennials, the term "globalism" rather than "globalization" has been invoked. Globalism implies an ideological push toward a greater degree of diversity residing in wider social and cultural networks, leading to greater connectivity in both the movement of ideas, information, images, and practices around the globe and in the movement of people who carry ideas and information with them across the planet. In the context of the international art field, globalism could also be described as an attempt to explain global patterns of production, characterized by networks of intercontinental connections that attempt to transcend local, national, and state concerns in the name of greater diversity in transcultural and social connectivity. By contrast, "globalization," which has certainly contributed to the significant rise of biennials, with neoliberalism as a dominant variant, transcends national boundaries in the name of economic free trade. Globalization results in a shrinkage of spacetime distances, leading to economic global

interdependence; it also has homogenizing effects on vernacular cultures that come under its sway. In other words, globalization, as a widening, deepening, and speeding-up of worldwide economic interconnectedness, involves processes of transformation within contemporary social and cultural life. Biennials often tiptoe between globalism and globalization, occasionally in tow with global art market flows, movements, and expansions.

7. An exception to this is Venice, where a structure of national representation is still applied by committee in the selection of artists for each of the national pavilions, although a greater emphasis on the curated components now prevails, at least in published discussions and debates.

8. See Neil Brenner, "Global Cities, Glocal States: Global City Formation and State Territorial Restructuring in Contemporary Europe," Review of International Political Economy 5, no. 1 (Spring 1998), 16. "Glocalization" originally related to the adaptation of certain farming techniques, in which produce, crops, and services were customized to suit local cultural conditions, while being intended for the global market. Glocalization was popularized by sociologist Roland Robertson in the 1990s, extending its understanding to the evolution of social practices that adapted existing sociological behaviors to suit local characteristics. See Roland Robertson, "The Conceptual Promise of Glocalization: Commonality and Diversity,".

found at http://artefact.mi2.hr/_a04/lang_en/theory_robertson_ en.htm (accessed 24 July 2009).

See also Roland Robertson, "Globalization or Glocalization?," Journal of International Communication 1, no. 1 (1994), 33–52, and Roland Robertson, "Glocalization: Time-Space and Homogeneity-Heterogeneity," in Mike Featherstone, Scott Lash, and Roland Robertson, eds., Global Modernities (London: Sage Publications, 1994), 25–44. See also Zygmunt Bauman, Globalization: The Human Consequences (Cambridge: Polity Press, 1998).

9. See Bruce Ferguson, Reesa Greenberg, and Sandy Nairne, "Shifting Art and Exhibitions," in Barbara Vanderlinden and Elena Filipovic, eds., The Manifesta Decade: Debates on Contemporary Art Exhibitions and Biennials in Post-Wall Europe (Cambridge, Mass.: MIT Press, 2005), 47–62.

10. Ibid., 47. For a further examination of the role of location in biennial exhibitions, see Hou Hanru, "Toward a New Locality: Biennials and 'Global Art,'" in Vanderlinden and Filipovic, The Manifesta Decade, 57–62. See also Claire Doherty, "Curating Wrong Places...or Where Have All the Penguins Gone?," in Paul O'Neill, ed., Curating Subjects (London: Open Editions; Amsterdam, De Appel, 2007), 101–108; and Claire Doherty, "Location, Location." Art Monthly, no. 281 (November 2004), 7–10.

11. See Giorgio Agamben, "What Is the Contemporary?," in What Is an Apparatus? and Other Essays (Stanford: Stanford University Press, 2009), 40–41.

12. As Hans Belting correctly acknowledged in his introduction, "Contemporary Art as

Global Art: A Critical Estimate," in Hans Belting and Andrea Buddensieg, eds., The Global Art World (Ostfilden: Hatje Cantz, 2009), 38–73.

13. See Hal Foster, "The Artist as Ethnographer." in The Return of the Real (Cambridge, Mass.: MIT Press, 1996), 171–203.

14. Ibid., 197. See also Miwon Kwon, One Place after Another: Site-Specific Art and Locational Identity (Cambridge, Mass.: MIT Press, 2004), 138–139.

15. Ibid.

16. Francesco Bonami, "Statement," in Carin Kuoni, ed., Words of Wisdom: A Curator's Vade Mecum (New York: Independent Curators International, 2001), 32.

17. See Johanne Lamoureux, "From Form to Platform: The Politics of Representation and the Representation of Politics," Art Journal 64, no. 1 (Spring 2005), 65–73; Hal Foster, "The Primitive Unconscious Modern," October, no. 34 (Autumn 1985), 45–70; and Bruce W. Ferguson, "Exhibition Rhetorics," in Greenberg, Ferguson, and Nairne, Thinking about Exhibitions, 175–190. Although Jean-Hubert Martin had already begun work on "Les Magiciens de la terre" by the time of "Primitivism," his curatorial decisions were, in part at least, a critical response to some of the failures of the MoMA exhibition. This was reflected in his decision to work only with living artists, his wish to exhibit fifty percent practitioners of nonwestern origin, and his desire to present the selected works because of their heterogeneous meanings, based on cultural difference rather than their homogeneous forms. See Jean-Hubert Martin and Mark Francis, Les Magiciens de la terre (Paris: Centre George Pompidou, 1989), and Benjamin H. D. Buchloh, "The Whole Earth Show," Art in America (May 1989), 150–158. For other reviews and responses to the exhibition, see the special issue on "Les Magiciens de la terre" translated from Les Cahiers du Musée National d'art Moderne, Third Text, no. 6 (Spring 1989).

18. Buchloh, "The Whole Earth Show," 156. Buchloh consistently refers to the exhibition as the property of the curator, when directing his comments to Martin: "Your exhibition is also aiming at decentering the traditional social definitions of the art public…"

19. Clémentine Deliss, "Conjuring Tricks," Artscribe International (September-October 1989), 48.

20. Martin and Francis, Les Magiciens de la terre.

21. Ivan Karp and Fred Wilson, "Constructing the Spectacle of Culture," in Greenberg, Ferguson, and Nairne, Thinking about Exhibitions, 265.

22. See Gavin Jantjes, "Red Rags to a Bull," in Rasheed Araeen, ed., The Other Story: Afro-Asian Artists in Post-War Britain (London: Hayward Gallery, 1989).

23. For an analysis of the relationship between location, biennials, and scattered site exhibitions, see Doherty, "Location, Location," 7–10. See also Claire Doherty, "The New Situationists," in Doherty, ed., From Studio to Situation (London: Black Dog Publishing,

2004), 7–14.

24. Okwui Enwezor cited in "Curating beyond the Canon: Okwui Enwezor Interviewed by Paul O'Neill," in O'Neill, Curating Subjects, 110.

25. Lamoureux, "From Form to Platform."

26. Ibid.

27. Okwui Enwezor, interview with the author, Bristol, 4 February 2005.

28. Hal Foster, "Against Pluralism," in Recodings: Art, Spectacle, Cultural Politics (Seattle: Bay Press, 1985), 13–32. See also Homi K. Bhabha, "The Postcolonial and the Postmodern," in The Location of Culture (1995; London: Routledge, 2006), 245–282, and James Clifford and George E. Marcus, eds., Writing Culture: The Poetics and Politics of Ethnography (Berkeley: University of California Press, 1986), which implored anthropologists to reject authoritative, objective approaches to representing their subjects and instead consider new methods that could take account of the multiple voices of the subjects they were studying and representing.

29. See Andreas Huyssen, "Mapping the Post-Modern." New German Critique 33 (1980), 50.

30. Ibid.

31. See David Harvey, The Condition of Postmodernity (Oxford: Blackwell, 1989), 1

32. Jean-Hubert Martin cited in Buchloh, "The Whole Earth Show." 152.

33. Harvey, The Condition of Postmodernity, 117.

34. Jean-Hubert Martin cited in Buchloh, "The Whole Earth Show." 211.

35. Harvey, The Condition of Postmodernity, 113–114.

36. Jean-François Lyotard cited in Harvey, The Condition of Postmodernity, 117. See also Jean-François Lyotard, The Postmodern Condition (Manchester: Manchester University Press, 1985).

37. See Lyotard, The Postmodern Condition, xxiv-xxv.

38. See James Meyer's comments in the discussion, "Global Tendencies: Globalism and the Large-Scale Exhibition," Artforum 42, no. 3 (November 2003), 163–212, which was introduced by Tim Griffin and moderated by James Meyer with curators Francesco Bonami, Catherine David, Okwui Enwezor, Hans Ulrich Obrist, and artists Martha Rosler and Yinka Shonibare. For a recent study of art and globalization, see Charlotte Bydler, The Global Artworld Inc: On the Globalisation of Contemporary Art (Uppsala: Uppsala Universitet, 2004), and, for an exhibition (curated by Philippe Vergne, Douglas Fogle, and Olukemi Iiesanmi) that attempted to consider how the globalization of cultural contexts impacts current forms of art practice, with artists selected from Brazil, China, India, Japan, South Africa, Turkey, and the United States, see Hou Hanru, Vasif Kortun, and Philippe Vergne, eds., How Latitudes Become Forms: Art in a Global Age (Minneapolis: Walker Art Center, 2003).

39. Okwui Enwezor, "The Black Box." in Documenta11_ Platform 5: The Catalogue

(Ostfildern-Ruit: Hatje Cantz, 2002), 45.

40. Ibid.

41. Okwui Enwezor cited in "Curating beyond the Canon: Okwui Enwezor Interviewed by Paul O'Neill," 113.

42. Okwui Enwezor cited in Gilane Tawadros, "The Revolution Stripped Bare," in Gilane Tawadros and Sarah Campbell, eds., Faultlines: Contemporary African Art and Shifting Landscapes (London: inIVA, 2003), 29. See also Okwui Enwezor, "The Postcolonial Constellation: Contemporary Art in a State of Permanent Transition," Research in African Literatures 34, no. 4 (Winter 2003), 57–82.

43. See the responses of Catherine David, Okwui Enwezor, and James Meyer in "Global Tendencies." 163–212.

44. See Jean-Hubert Martin interviewed by Benjamin Buchloh prior to the exhibition's opening in Buchloh, "The Whole Earth Show," 150–159.

45. Harvey, in The Condition of Postmodernity, 101–102, considered the depthlessness of postmodernism and its cursory understanding of pluralism as a form of fetishization of the commodity (pace Marx), in which it capitalizes on its own "overt complicity with the fact of fetishism and of indifference toward underlying social meanings" rather than engaging with issues such as division of labor and alienation.

46. Okwui Enwezor, "Between Worlds: Postmodernism and African Artists in the Western Metropolis," in Olu Oguibe and Okwui Enwezor, eds., Reading the Contemporary: African Art from Theory to the Marketplace (London: inIVA, 1999), 249.

47. Fredric Jameson, Postmodernism, or, The Cultural Logic of Late Capitalism (London: Verso, 1991), 4.

48. Enwezor, "Between Worlds." 249.

49. Ibid.

50. Gerardo Mosquera, "Some Problems in Transcultural Curating," in Jean Fisher, ed., Global Visions: Toward a New Internationalism in the Visual Arts (London: Kala Press, 1994), 135–137.

51. See Carol Duncan, Civilizing Rituals: Inside Public Art Museums (Abingdon, U.K.: Routledge, 1995), 7–20.

52. Ibid.

53. Miller, "The Show You Love to Hate." 270.

54. Ibid.

55. Ibid.

56. Ibid., 270–272.

57. Ibid., 272.

58. I am here indebted to Simon Sheikh's writings on counterpublics and postpublics for this clarification, in particular his essay "Public and Post-Publics: The Production of the Social," Art as a Public Issue, Open, no. 14 (Rotterdam: NAi and SKOR, 2008), 28–37.

59. As I have already argued in chapter 1, Seth Siegelaub et al. called for a "demystification" of the exhibiting process and for greater transparency about the curatorial selection process, which has evolved into the "supervisibility" of today's curatorial position. As Peggy Phelan rightly pointed out—in Unmarked: The Politics of Performance (London: Routledge, 1993)—this degree of visibility can act as a trap that summons voyeurism, fetishism, surveillance, and an appetite for possession. It can be as much a remystification as a demystification of those responsible for cultural production, while ignoring the invisible work of others.

60. Bydler, The Global Artworld Inc., 55.

61. Thomas McEvilley, "Fusion: Hot or Cold," in Oguibe and Enwezor, Reading the Contemporary, 308.

62. I use the word "grand" here not only because of the implied scale of such exhibitions but also by allusion to the eighteenthcentury Grand Tour. Modern world travel is thus reacast as an essentially cultured activity, associated with anthropology, the acquisition of knowledge, and the translation of such experiences into exhibition or representational forms.

63. See David Held and Anthony McGrew, "The Great Globalization Debate: An Introduction," in Held and McGrew, The Global Transformations Reader, 51.

64. Harvey describes "compression" as our overwhelming sense of the spatial and temporal worlds, whereby "space appears to shrink to a 'global village' of telecommunications and a 'spaceship earth' of economic and ecological interdependencies." See Harvey, The Condition of Postmodernity, 240.

65. See ibid.

66. Held and McGrew, "The Great Globalization Debate: An Introduction," 3. See 1–45 for their reading of these terms. See also Ulf Wuggenig, "The Empire, the Northwest and the Rest of the World: 'International Contemporary Art' in the Age of Globalization," located at http://www.republicart.net/ disc/mundial/wuggenig02_en.htm (accessed 10 January 2007).

67. Thomas Boutoux, "A Tale of Two Cities: Manifesta in Rotterdam and Ljubljana," in Vanderlinden and Filipovic, The Manifesta Decade, 202.

68. Ibid., 203.

69. Charles Esche, "Debate: Biennials." frieze, no. 92 (June-August 2005), 105.

70. Ibid.

71. Ibid.

72. Ibid.

73. Charles Esche and Vasif Kortun, "The World Is Yours," in Art, City and Politics in

an Expanding World: Writings From the 9th International Istanbul Biennial (Istanbul: Istanbul Kültür Sanat Vakfı, 2005), 24–25.

74. Hou Hanru, interview with the author, Paris, 26 January 2004.

75. For Hardt and Negri, "Empire" is that which controls territories, markets, populations and the entirety of social life that has come to replace imperialism as the domain of actions and activities. "Multitude" is the term they employ as that which is proposed as a countermodel to the homogenizing and totalizing forces of Empire. See Michael Hardt and Antonio Negri, Empire (Cambridge, Mass.: Harvard University Press, 2000), xi-xvii. See also Michael Hardt and Antonio Negri, The Multitude: War and Democracy in the Age of Empire (New York: Penguin Group, 2004), and Paolo Virno, A Grammar of the Multitude: For an Analysis of Contemporary Forms of Life (New York: Semiotext(e), 2004).

76. Hardt and Negri, Empire, xii.

77. Ibid., italics in original.

78. Ibid., 60.

79. Ibid., 410–411.

80. Ibid., 60–62.

81. Hardt and Negri, The Multitude, xiii-xiv.

82. Paolo Virno, "Virtuosity and Revolution: The Political Theory of Exodus," in Michael Hardt and Paolo Virno, eds., Radical Thought in Italy: A Potential Politics (Minneapolis: University of Minnesota Press, 1996), 200–201.

83. Ibid.

84. Jacques Rancière, "The People of the Multitudes?," in Rancière, Dissensus: On Politics and Aesthetics (London: Continuum, 2010), 89.

85. Ibid., 84–90.

86. Pascal Gielen, The Murmuring of the Artistic Multitude: Global Art, Memory and Post-Fordism (Amsterdam: Valiz, 2009), 36–37.

87. See interview with Paolo Virno, "General Intellect, Exodus, Multitude", Archipélago number 54, 2002.

88. See Matteo Pasquinelli, Animal Spirits: A Bestiary of the Commons (Rotterdam: NAi Publishers, 2008), for a critique of Virno's positivistic and contradictory stance on the concept of the multitude.

89. Carlos Basualdo, interview with the author, Venice, 10 June 2005.

90. Ibid.

91. See Catherine David, "Introduction." in Documenta X: Short Guide (Ostfildern-Ruit: Hatje Cantz, 1999), 11–12.

92. Ute Meta Bauer, "The Space of Documenta 11." in Documenta11_ Platform 5: The

Catalogue, 105. For a definition of the term "rhizome." see Gilles Deleuze and Félix Guattari, A Thousand Plateaus: Capitalism and Schizophrenia, trans. Brian Massumi (London: Athlone Press, 1988), 3–26. See also Hardt and Negri, Empire, 393–413.

93. Francesco Bonami, "I Have a Dream," in Francesco Bonami and Maria Luisa Frisa, eds., 50th Biennale di Venezia: Dreams and Conflicts: The Dictatorship of the Viewer (Venice: Edizioni La Biennale di Venezia and Marsilio Editori, 2003), xxi-xxii.

94. Bonami, "I Have a Dream." xxii.

95. Although I acknowledge the historical and cultural significance of established biennials—such as São Paulo, SITE Sante Fe, Sydney, and Havana—they have only been a cursory aspect of my investigation as each deserves its own close analysis. For a substantial outline of the history of global biennial culture, see Sabine B. Vogel's Biennials: Art on a Global Scale (Vienna: Springer, 2010) and, for an anthology of some of the most significant essays in recent years on the rise of the biennial, see Elena Filipovic, Marieke van Hal, and Solveig Øvstebø, eds., The Biennial Reader (Bergen: Bergen Kunsthall; Ostfildern: Hatje Cantz Verlag, 2009).

96. Mosquera, "Some Problems in Transcultural Curating." 133.

97. See James Clifford, The Predicament of Culture (Cambridge, Mass.: Harvard University Press, 1988), 41. Clifford's text looks at the commonality between new models of anthropology and new historicism in the late 1980s, which he identified as a recurring tendency toward "ethnographic self-fashioning." Extending his notion of the ethnographer as a type of storyteller, a provider of fictional texts, he states that "every ethnographer [is] something [of] a surrealist, a reinventor and [a] reshuffler of realities" (147). I am not suggesting that every biennial curator follows the ethnographic approach outlined by Clifford, but, in many cases, the curator does seem to take on the authoritative role of narrative provider, with his/her view of the (art) world acting as the lynchpin of most large-scale international biennials since "Les Magiciens de la terre."

98. Pierre Bourdieu, Outline of a Theory of Practice, trans. Richard Nice (Cambridge: Cambridge University Press, 1977), 1.

99. Ibid.

100. Jessica Bradley, "International Exhibitions: A Distribution System for a New Art World Order," in Townsend, Beyond the Box, 89.

101. Gilane Tawadros, interview with the author, London, 30 March 2006.

102. See Hou, "Toward a New Locality." 56.

103. See Mesquita, "Biennials, Biennials, Biennials...," 63–67.

104. For example, see "Global Tendencies." 152–163; MJ—Manifesta Journal: Biennials, no. 2 (Winter 2003-Spring 2004); and many of the essays in Vanderlinden and Filipovic, The Manifesta Decade.

105. See Enwezor, "The Black Box." 42–56.

106. I use the term "multitude," as Enwezor himself refers to it, as derived from Hardt and Negri's use of the term as a resistant force, as an alternative political organization of global flows and exchanges that can constitute a counter-Empire opposed to the biopower of Empire. See Hardt and Negri, Empire, xv. Throughout the catalog Documenta11_ Platform 5, Enwezor sets up a dialogue with "Les Magiciens de la terre," inviting comparison between the two exhibition models. For him, Jean-Hubert Martin, as an anthropological curator, showed a subjective, single-handed approach to exhibiting the other, in which distance and notions of the exotic were inflated. By contrast, Enwezor was more interested in an "anthropology of proximity," by which the exhibition would give advocacy to a multitude of voices, valorizing the wandering, nomadic, hybrid producer. See Enwezor, "The Black Box"; Reesa Greenberg, "Identity Exhibitions: From Magiciens de la Terre to Documenta 11," Art Journal (Spring 2005); and Johanne Lamoureux's analysis of the dialogue between the two exhibitions, "From Form to Platform." For Lamoureux, Documenta 11 had a reflexivity that allowed the politics of representation (associated with the Western cultural explorer) to flip around and articulate a representation of politics, something she argues Martin's approach failed to address because of its unwillingness to engage in the politics of discourse beyond the exhibition. For other reviews of Documenta 11, see: Michael Gibbs, "Documenta 11/1," Art Monthly, no. 258 (July-August 2002), 1–5; Alex Lapp, "Documenta 11/2," Art Monthly, no. 258 (July-August 2002), 7–10; Jens Hoffmann, "Reentering Art, Reentering Politics," Flash Art 34, no. 106 (July-September 2002), 106; Massimiliano Gioni, "Finding the Centre," Flash Art 34, no. 106 (July-September 2002), 106–107.

107. Enwezor, "The Black Box." 53.

108. Bonami, "I Have a Dream." xix.

109. Christian Kravagna, "Transcultural Viewpoints: Problems of Representation in Non-European Art," in Christoph Tannert, Ute Tischler, and Künstlerhaus Bethanien, eds., MIB—Men in Black: Hand-book of Curatorial Practice (Frankfurt am Main: Revolver, 2004), 93.

110. Many of the exhibitions discussed in relation to colonialist and transcultural curating have taken place in Europe, such as "Les Magiciens de la terre" (Paris), "The Short Century: Independence and Liberal Movements in Africa" (curated by Okwui Enwezor for Museum Villa Stuck, Munich, and Martin-Gropius Bau, Berlin, touring to the United States), and Documenta 11 (Kassel).

111. See Hou, "Toward a New Locality." 57–62.

112. Ibid., 62.

113. Okwui Enwezor explains this "extraterritoriality" as: "Firstly, by displacing its historical context of Kassel; secondly, by moving outside the domain of the gallery space to that of the discursive; and thirdly, by expanding the locus of the disciplinary models that constitute

and define the project's intellectual and cultural interest." (Enwezor, "The Black Box," 42–56.)

114. Enwezor, "The Black Box," 49. Enwezor describes the term "Platform" as "an open encyclopedia for the analysis of late modernity; a network of relationships; an open form for organizing knowledge; a nonhierarchical model of representation; a compendium of voices, cultural, artistic, and knowledge circuits." The platforms were born out of discussions and debates that took place in Vienna, New Delhi, Berlin, St. Lucia, Lagos, and Kassel (15 March 2001–15 September 2002). The five platforms were: (1) Democracy Unrealized; (2) Experiments with Truth: Transitional Justice and the Processes of Truth and Reconciliation; (3) Créolité and Creolization; (4) Under Siege: Four African Cities-Free-town, Johannesburg, Kinshasa, Lagos; and (5) Exhibition Documenta 11 and related catalog. For a thorough discussion of the various platforms, see Stewart Martin, "A New World Art? Documenting Documenta 11," Radical Philosophy, no. 122 (November-December 2003), 7–19.

115. Martin, "A New World Art?," 40.

116. Martha Rosler cited in "Global Tendencies." 154.

117. Ibid., 161.

118. Marcus Verhagen, "Biennale Inc.." Art Monthly, no. 287 (June 2005), 1–4.

119. Ibid.

120. See Elena Filipovic, "The Global White Cube," in Vanderlinden and Filipovic, The Manifesta Decade, 63–84.

121. Ibid.

122. Ibid.

123. Ibid.

124. Ibid., 79, italics in original.

125. Ibid.

126. Iwona Blazwick, "Now Here-Work in Progress," in Mika Hannula, ed., Stopping the Process: Contemporary Views on Art and Exhibitions (Helsinki: NIFCA, 1998), 15.

127. See Zygmunt Bauman, "On Art, Death and Postmodernity-And What They Do to Each Other," in Hannula, Stopping the Process, 31. Exhibitions are framed both as specific, readable texts and as discursive events, which are not dependent on, or confined to, the art within them or by their interior aesthetic contents. Treating each exhibition as an event that is discussed in relation to other exhibitions with similar objectives, and to issues that go beyond the aesthetic merits of the art therein, enables subjects to be addressed that go beyond questions of value to include cultural identity, globalism, ethics, politics, and sexuality. This is an understanding of exhibitions that departs from what Reesa Greenberg defines as "a text: a spatial text laid out in three dimensions; a temporally finite text with fixed points of commencement and closure; a thematic or narrative text; a text incorporating hegemonic or subversive metatexts; and in all

instances, a text 'read' by viewers." Instead, it includes what Greenberg calls "an exhibition as discursive event [which] demands awareness of an exhibition's underlying structures and unpredictable repercussions." See Reesa Greenberg, "The Exhibition as Discursive Event," in Longing and Belonging: From the Faraway Nearby (Santa Fe: SITE Sante Fe, 1995), 120–125.

128. Bauman, "On Art, Death and Postmodernity." 31.

129. Ibid.

130. Ibid.

131. Ibid.

132. Esche and Kortun, "The World Is Yours." 26.

133. Hans Ulrich Obrist, interview with the author, Paris, 20 April 2006.

134. Ibid.

135. Ute Meta Bauer, interview with the author, London, 17 October 2004.

136. Ibid.

137. Susan Buck-Morss quoted in Mesquita, "Biennials, Biennials, Biennials..." 66.

138. See Ralph Rugoff, "Rules of the Game." frieze, no. 44 (January-February 1999), 47–49.

139. I use the term "new internationalism" here, as defined by Gilane Tawadros, as a configuration of "a global projection of the idea of cultural pluralism, or multiculturalism, as it has been formed in the West" and beyond "as a network of interrelations and exchanges across the globe in terms of artistic discourse." See Gilane Tawadros, "New Internationalism," in Fisher, Global Visions, 4 and 11.

140. See Meyer's comments and general responses to related questions in "Global Tendencies," 163–212.

141. Ibid.

142. Dean MacCannell, The Tourist: A New Theory of the Leisure Class (1976; Berkeley: University of California Press, 1999), xxi. For a detailed discussion on the figure of the tourist and the relationship between leisure, mobile spectatorship, and the formation of the modernist mobile subject, see also John Urry, The Tourist Gaze: Leisure and Travel in Contemporary Society (London: Sage, 1990).

143. MacCannell, The Tourist, xxi.

144. "Global Tendencies." 212.

145. Okwui Enwezor, "Inclusion/Exclusion: Art in the Age of Global Migration and Postcolonialism." frieze, no. 28 (March-April 1996), 89–90.

146. See Filipovic, "The Global White Cube," 66. For example, Santiago Sierra's blocking of the Spanish Pavilion at the 50th Venice Biennale—by a brick wall rendering the pavilion inaccessible except to the Spanish public, and then only on presentation of an official national

identification card; or Sierra's action at the opening of the 49th Venice Biennale, when he bleached the hair of two hundred migrant workers from Africa, Asia, and Eastern Europe, who could then be identified during the first weeks of the biennial by virtue of their distinctive hairstyles.

147. See Maurizio Cattelan and Jens Hoffmann, Blown Away: Sixth Caribbean Biennial (Lyon: Les Presses du Réel, 2001). See also Tom Morton, "Infinite Jester." frieze, no. 94 (October 2005), 150–155.

148. Kwon, One Place after Another, 52.

149. Ibid. Kwon provides the example of "Places with a Past" (1991), curated by Mary Jane Jacob, which took the city of Charleston, South Carolina, as the backdrop, the main subject matter, and the principal location for the commissioning of new works by artists conceived in response to the specific sites in and around Charleston.

150. Kwon, One Place after Another. According to Kwon, "site-specific" has been replaced by terms such as "socially engaged," "site-oriented," "site-responsive," and "context-specific" as a way of rethinking how meaningful relationships can be established between the site of production and the reception of an artwork that considers its place within the social sphere as its main focus.

151. See Verhagen, "Biennale Inc.." 1–4.

152. See Artforum 45, no. 4 (December 2006), which ran the cover "Best of 2006." as selected by curators, artists, and critics, and frieze, no. 104 (January-February 2007), which began 2007 with a review of the "Best in Art, Music, Film, Design, Books" from the preceding year.

153. Eivind Furnesvik, "Phantom Pains: A Study of Momentum: Nordic Festival of Contemporary Art (1998 and 2000) and the Johannesburg Biennale (1995 and 1997)." in Jonas Ekeberg, ed., New Institutionalism, Verksted no. 1 (Oslo: Office for Contemporary Art Norway, 2003), 41.

154. See Vivian Rehberg's review in frieze, no. 112 (January-February 2008), 50–51.

155. Bruce W. Ferguson and Milena M. Hoegsberg, "Talking and Thinking about Biennials: The Potential of the Discursive," in Filipovic, van Hal, and Øvstebø, The Biennial Reader, 361–375.

156. See Filipovic, van Hal, and Øvstebø, The Biennial Reader.

157. Boutoux, "A Tale of Two Cities." 215.

158. Enwezor invited Carlos Basualdo, Ute Meta Bauer, Suzanne Ghez, Sarat Maharaj, Mark Nash, and Octavio Zaya.

159. For the 2nd Johannesburg Biennial, "Trade Routes, History and Geography," in 1997, Enwezor worked with Mahen Bonetti, Hou Hanru, Kellie Jones, Yu Yeon Kim, Geraldo Mosquera, Colin Richards, and Octavio Zaya. See the catalog, Okwui Enwezor et al., eds.,

Trade Routes, History and Geography: 2nd Johannesburg Biennial (Johannesburg: Greater Johannesburg Metropolitan Council, 1997).

160. See Enwezor's comments in "Global Tendencies." 163–212.

161. Ibid.

162. Enwezor, interview with the author.

163. For a survey of Manifesta, see Vanderlinden and Filipovic, The Manifesta Decade, and, for a critique of that book, see Paul O'Neill, "Manifesta." Art Monthly, no. 299 (September 2006), 44.

164. Stéphanie Moisdon, interview with the author, Paris, 18 April 2005.

165. Ibid.

166. Ibid.

167. Andrew Renton, interview with the author, London, 25 October 2004.

168. See Bonami, "I Have a Dream." xix.

169. Bonami cited in "Global Tendencies." 157.

170. Ibid.

171. For a genealogy and detailed history of the multiple manifestations of the orchestration of "Utopia Station," see also Liam Gillick, "For a Functional Utopia? A Review of a Position," in O'Neill, Curating Subjects, 123–136.

172. See Catherine David, ed., Documenta X (Ostfildern-Ruit: Hatje Cantz, 1999).

173. See Esche and Kortun, "The World Is Yours." 24–35.

174. WHW et al., eds., What Keeps Mankind Alive? The Texts (Istanbul: 11th International Istanbul Biennial and Istanbul Foundation for Culture and Arts, 2009).

175. Documenta's magazine project resulted in the publication of three issues: Modernity?Life! and Education.

176. See Filipovic, "The Global White Cube." 66.

177. See Enwezor, "The Black Box."

178. Irit Rogoff, "Of Fear, of Contact and of Entanglement." in Judith Stewart et al., eds., Strangers to Ourselves (Hastings: Hastings Museum and Art Gallery, 2004), 52.

179. Enwezor, interview with the author.

180. See Bauer, "The Space of Documenta 11." 103–107.

181. Ibid., 103.

182. I am not suggesting here that Enwezor and Rogoff are in complete accordance with each other, and I do not wish for their positions to be misread as a unified one, but there are distinct similarities. I am specifically referring to their apparently mutual understanding of "place" as a contested site of postcolonial discourse.

183. This approach continued with Documenta 12 artistic director Roger M. Buerghel, who

invited curator Georg Schöllhammer to reflect on certain key questions before the opening of the exhibition at Kassel (on 16 June 2007). Over eighty print and online periodicals from around the world were invited to consider Documenta 12's three leitmotifs—Is modernity our antiquity? What is bare life? What is to be done? The first Documenta 12 magazine was assembled to summarize these debates in a "journal of journals" published as Georg Schöllhammer, ed., Documenta 12 Magazine No. 1, 2007 Modernity? (Cologne: Taschen GmbH, 2007), with issues 2 and 3 following in the spring and summer of 2007. Each issue offered a perspective—elaborated jointly by more than eighty editors of journals—on one of the core themes of Documenta 12.

184. Bauer, interview with the author.

185. Enwezor, interview with the author.

186. Carlos Basualdo, "The Encyclopedia of Babel." in Documenta11_ Platform 5: The Catalogue, 60.

187. See Enwezor, "The Black Box." 53.

188. Okwui Enwezor, "Mega-Exhibitions and the Antinomies of a Transnational Global Form." in MJ—Manifesta Journal: Biennials, no. 2 (Winter 2003-Spring 2004), 31.

第三章注释

1. Justin Hoffmann, "God Is a Curator," in Christoph Tannert, Ute Tischler, and Künstlerhaus Bethanien, eds., MIB—Men in Black: Handbook of Curatorial Practice (Frankfurt am Main: Revolver, 2004), 108.

2. See Pierre Bourdieu, The Field of Cultural Production (New York: Columbia University Press, 1993), 261.

3. Theodor W. Adorno and Max Horkheimer, "The Culture Industry: Enlightenment as Mass Deception," in Dialectic of Enlightenment, trans. John Cummings (Dialektik der Aufklarung, 1944; London: Verso Classics, 1997), 120–167.

4. See ibid., 121.

5. Theodor W. Adorno, The Culture Industry (1972; London: Routledge, 1991), 108.

6. Ibid., 109; see also 107–131.

7. Ibid., 101.

8. Ibid., 107; see also 107–131.

9. For an excellent theorization of the curator as mediator, see Søren Andreasen and Lars Bang Larsen's "The Middleman: Beginning to Think about Mediation," in Paul O'Neill, ed., Curating Subjects (2007), 20–30.

10. Ibid.

11. Ibid.

12. Ibid.

注释

13. Raymond Williams, Keywords (London: Fontana Press, 1983), 204, italics in original.

14. Harald Szeemann cited in Fabien Pinaroli and Karla G. Roalandini-Beyer, "Harald Szeemann's Biography (Bern, 1933-Tegna, 2005)." in Florence Derieux, ed., Harald Szeemann: Individual Methodology (Zurich: JRP Ringier, 2007), 195.

15. See Bruce Ferguson, "Exhibition Rhetorics," in Reesa Greenberg, Bruce Ferguson, and Sandy Nairne, eds., Thinking about Exhibitions (London: Routledge, 1996), 178.

16. Ibid.

17. Ibid.

18. Ibid.

19. Ibid., 179.

20. Greenberg, Ferguson, and Nairne, Thinking about Exhibitions, 2.

21. Ferguson, "Exhibition Rhetorics." 176.

22. See Florence Derieux, "Introduction." in Derieux, Harald Szeemann, 8–10.

23. Carol Duncan, Civilizing Rituals: Inside Public Art Museums (Abingdon, U.K.: Routledge, 1995), 6.

24. Ibid., 179.

25. The thematic group exhibition emerged as a formative model for defining ways of engaging with such disparate interests as exoticism, feminism, identity, multiculturalism, otherness and queerness. As argued in chapter 2, the ubiquity of the biennial model since the 1990s—and the consistency of such exhibitions in being centered on an overarching transcultural, crossnational, and inclusive thematic structure—has helped to define the modes of art's engagement with a variety of sociopolitical and global cultural topics. Through their diversity of outcomes, group exhibitions have also offered an alternative to more traditional Western museum exhibition paradigms, such as the monographic or genre exhibition, or the permanent collection. See Okwui Enwezor, interview with the author, Bristol, 4 February 2005.

26. Boris Groys, "On the Curatorship." in Art Power (Cambridge, Mass.: MIT Press, 2008), 44–45.

27. See, in particular, Daniel Birnbaum and Sven-Olov Wallenstein, "Thinking Philosophy, Spatially: Jean-François Lyotard's Les Immatériaux and the Philosophy of the Exhibition," in Daniel Birnbaum et al., eds., Thinking Worlds: The Moscow Conference on Philosophy, Politics and Art (Berlin: Sternberg Press, 2008), 123–146.

28. Susan Stewart, "The Gigantic," in On Longing: Narratives of the Miniature, the Gigantic, the Souvenir, the Collection (Durham: Duke University Press, 1993), 71.

29. Ibid.

30. Ibid.

31. In spite of the apparent contradiction in describing one of my own projects, given my

critique of self-positioning within the curatorial field, this durational exhibition perhaps best illustrates my hypothesis. From the outset, "Coalesce" was self-consciously and explicitly intended as a practical means of testing out how all exhibitions gather their form through these three spatial planes. There are many other examples of exhibitions that have considered this spatial proposition, although less directly. In each case, the curator(s) brought both the processual concept of curating and the exhibition-as-form to the fore. While also relating their projects to historical curatorial precedents, each of these shows considered, exhibition design components, a layering of works, and elaborating upon the different spatiotemporal qualities of the final exhibition form. Included in this long list would be: "unExhibit" at the Generali Foundation, Vienna (2011); "Voids" at Kunsthalle Bern (2009); Martin Beck's "About the Relative Size of Things in the Universe" at Casco, Utrecht (2007); "Protections: This is not an Exhibition," Kunsthaus Graz (2006); Jonathan Monk's "Continuous Project Altered Daily," ICA, London (2005); "Making Things Public," ZKM, Karlsruhe (2005); "Permaculture," Project Art Centre, Dublin (2001); "Formless" at the Pompidou Centre, Paris (1999); "The Institute of Cultural Anxiety," ICA, London (1994); and so on.

32. "Coalesce" is an ongoing exhibition project, begun in 2003 at London Print Studio Gallery, and to date realized in five different venues as five distinct exhibitions, each one evolving from its previous incarnation(s), with artists Kathrin Böhm, Jaime Gili, and Eduardo Padilha as constant collaborators throughout and with the exhibition growing from three artists to a show of over eighty artists when it took place in SMART Project Space, Amsterdam, in 2010 under the title "Coalesce: Happenstance."

33. To date, the project has taken the form of five distinct exhibitions at London Print Studio Gallery, UK (2003); Galeria Palma XII, Villa Franca, Spain (2004); The Model and Niland Gallery, Sligo, Ireland (2005); Redux, London, UK (2005); and the most recent exhibition at SMART which involved the following artists: Dave Beech and Mark Hutchinson, David Blandy, Het Blauwe Huis with M2M radio, Kathrin Böhm, Nina Canell, Oriana Fox, Freee, General Idea, Jaime Gili, Clare Goodwin, Lothar Götz, Tod Hanson, Toby Huddlestone, Tellervo Kalleinen and Oliver Kochta-Kalleinen, Cyril Lepetit, Ronan McCrea, Jonathan Mosley and Sophie Warren with Can Altay, Jem Noble, Isabel Nolan, Harold Offeh, Mark Orange, Eduardo Padilha, Garrett Phelan, Sarah Pierce, Manuel Saiz, Savage, temporary contemporary, Richard Venlet, Robin Watkins, Lawrence Weiner, Matt White, Mick Wilson. "Coalesce" film program involved: Ursula Biemann and Angela Sanders, Jakup Ferri, Esra Ersen, Adla Isanovic, Helmut and Johanna Kandl, Tadej Pogacar and the P.A.R.A.S.I.T.E Museum of Contemporary Art, Marko Raat selected by B + B. Special opening event: musical performance by Irish music research group TradFutures@W2.0, organized by Mick Wilson. TradFutures@W2.0 consists of Nollaig Ó Fiongháile, Brian Ó Huiginn, Patrick Daly and Bill Wright.

34. I use the term "relational techniques," as it implied by Brian Massumi, as the technical use of network communications and transportation technologies. For Massumi a rethinking of the dichotomy between objects and subjects needs to consider how the reception of space must grow "beyond the realm of the art object" to account for how spatial play stimulates and alters our senses through haptic and relational modes of physical activity. Massumi cited here from Sabeth Buchmann, "Who's Afraid of Exhibiting?" in Sabine Folie and Lise Lafer, eds., unExhibit (Vienna: Generali Foundation, 2011), 177.

35. Gavin Wade, interview with the author, London, 2 June 2005.

36. See Beatrice von Bismarck, "Curatorial Criticality:On the Role of Freelance Curators in the Field of Contemporary Art," in Marianne Eigenheer, ed., Curating Critique (Frankfurt: Revolver, 2007), 68.

37. Ibid.

38. For a more detailed analysis of this distinction, see Janna Graham, "Between a Pedagogical Turn and a Hard Place: Thinking with Conditions," in Paul O'Neill and Mick Wilson, eds., Curating and the Educational Turn (London: Open Editions; Amsterdam: De Appel, 2010), 124–139.

39. Giorgio Agamben, Means without End: Notes on Politics (Minneapolis: University of Minnesota Press, 2000), 57.

40. Hans-Dieter Huber, "Artists as Curators—Curators as Artists?" in Tannert, Tischler, and Künstlerhaus Bethanien, MIB—Men in Black, 126.

41. See Nicolas Bourriaud, interview with the author, Paris, 27 January 2004.

42. See Jens Hoffmann, "A Certain Tendency of Curating," in O'Neill, Curating Subjects, 137–142. Hoffmann's essay takes its title from François Truffaut's landmark text, first published in 1954, which introduced the theory of the auteur in cinema at a time when film directors sought to be perceived at the same level as literary authors. See François Truffaut, "A Certain Tendency of the French Cinema," in Bill Nichols, ed., Movies and Methods (Berkeley: University of California Press, 1976).

43. See Jens Hoffmann, interview with the author, London, 11 August 2004.

44. See Jan Hoet, "An Introduction." in Roland Nachtigäller and Nicola von Velsen, eds., Documenta 9 (Stuttgart: Cantz, 1992), 19.

45. See John Miller, "Arbeit Macht Spass?" in Jens Hoffmann, ed., The Next Documenta Should Be Curated by an Artist (Frankfurt am Main: Revolver, 2004), 59.

46. Hoet, "An Introduction." 20.

47. Ibid.

48. Ibid., 21.

49. Ibid., 20.

50. Daniel Buren, "Exhibitions of an Exhibition" (1972), cited in "Where Are the Artists?" Buren's contribution to Hoffmann, The Next Documenta Should Be Curated by an Artist, 26.

51. Buren, "Where Are the Artists?" 26–27.

52. Kynaston L. McShine, "Introduction." in Information (New York: Museum of Modern Art, 1970), 141.

53. Buren, "Where Are the Artists?" 30.

54. Ibid.

55. Mark Peterson, cited in Hoffmann, The Next Documenta Should Be Curated by an Artist, 80.

56. Beatrice von Bismarck, "Curating," in Tannert, Tischler, and Kunstlerhaus Bethanien, MIB—Men in Black, 99.

57. Ibid.

58. Ibid.

59. Nathalie Heinich and Michael Pollak, "From Museum Curator to Exhibition Auteur: Inventing a Singular Position," in Greenberg, Ferguson, and Nairne, Thinking about Exhibitions, 237.

60. Ibid.

61. See Jean-Marc Poinsot, "Art and Its Context or a Question of Culture," in Derieux, Harald Szeemann, 23.

62. For a full list of contributors to the project, its touring history, a detailed bibliography and a statement by the curators, see Dorothee Richter and Barnaby Drabble, Curating Degree Zero Archive, Oncurating 26, 2015.

63. Barnaby Drabble, interview with the author, London, 28 April 2005. See also www.curatingdegreezero.org. As the archive tours, it also gathers new material from the particular networks of the host venues. Most of the curators in the archive favor working together with artists and other practitioners, rather than with discrete objects or existing artworks. As part of an ongoing research project dedicated to collating and archiving the work of freelance or noninstitutional curators, artist-curators, new-media curators and collaborative curatorial groups, the archive is an essential resource for any interested researcher within the field. It also has a useful Web site and online bibliography of literature cataloged as part of the archive. In general, the makeup of the archive articulates curating as a mutating, differential, discursive, multifarious, and unfixed individual discipline. Each time the archive is displayed, Drabble and Richter invite an artist, artists' collective, or curator to reinterpret the archive and supply a designed support structure for display of the material. For example, when the exhibition took place at Imperial College, London, in 2005, Artlab (artists Charlotte Cullinan and Jeanine Richards) recycled, remade, and reused existing elements from their signature brown and white sculptures and

produced an environment in which to display the archive. The artists supplied seating, tables and towering display units made from piled-up circular cable reels that were as dominant as the enormous amount of files, archive boxes and publications contained within their display structures. Both structure and displayed materials worked in tandem and, on the whole, the CDZA project appears to question what is really being exhibited. The main focus of the project appears to be fourfold: (1) the exhibition as an archive made accessible for interested visitors; (2) the exhibition as a representation of the diversity of contemporary curatorial practices; (3) the exhibition as a place for the production of an artwork—as the structure for supporting and displaying the material and (4) the exhibition as a combination of these elements as a curatorial initiative.

64. Bourdieu, The Field of Cultural Production, 261.

65. Ibid., 261–262.

66. Ibid., 261.

67. Ibid., 261–262.

68. Jonathan Watkins, "The Curator as Artist." Art Monthly, no. 111 (November 1987), 27.

69. See also Roland Barthes, "The Death of the Author." in Image-Music-Text (London: Fontana Paperbacks, 1977), 142–148.

70. Watkins, "The Curator as Artist." 27. See also Oscar Wilde, The Critic as Artist (1890; Los Angeles: Sun and Moon Books, 1997).

71. Watkins, "The Curator as Artist." 27.

72. Dorothee Richter, "Curating Degree Zero," in Dorothee Richter and Eva Schmidt, eds., Curating Degree Zero: An International Curating Symposium (Nuremberg: Verlag für Moderne Kunst, 1999), 16.

73. Liam Gillick, interview with the author, New York, 3 May 2004.

74. See Hans Ulrich Obrist, Do it, University of Michigan, 2007.

75. Gillick, interview with the author. Gillick goes on to describe the project as trying to complicate "certain questions of authorship...the idea of the show was how to test the assumption, already in evidence at that point, that people were using the term 'conceptual' to refer to any art that was being produced in Britain at the time that wasn't painting. So I used the old model of doing an instruction show...[asking] Gillian Wearing or Jeremy Deller or Giorgio Sadotti and so on, to give me an instruction that I could carry out in the gallery on their behalf."

76. Richter, "Curating Degree Zero." 16.

77. Sigrid Schade, "Preface." in Richter and Schmidt, Curating Degree Zero, 11.

78. See Hoffmann, "God Is a Curator."

79. Ibid.

80. See Huber, "Artists as Curators—Curators as Artists?" 126. By contrast, Justin

Hoffmann proposes that three newer curatorial models have emerged: (1) curators who realize exhibitions without artists, (2) curators who do not curate anything, instead initiating projects and gathering participants together, and (3) curators who initiate projects with artists, but without art, where the primary aim is to set art-producing processes in motion, rather than presenting finished products. See Hoffmann "God Is a Curator," 103–108. As I have already argued in chapter 2, since the late 1980s, other institutional and infrastructural issues have come into play that have configured curating as a nomadic international practice centered on the biennial circuit. Alex Farquharson reiterates this:

Over the last few years curating has emerged as an academic discipline in its own right, albeit a nascent, necessarily improvised one. On a broader level, the decentring of the art world over the last ten years or so, intellectually as well as geographically, has produced a demand for a new breed of curator—forever on the move, internationally networked, interdisciplinary in outlook, in command of several languages— who might discern patterns and directions in an increasingly accelerated, expanded cultural field.

Alex Farquharson, "I Curate, You Curate, We Curate..." Art Monthly, no. 269 (September 2003), 7–10.

the focus on the deployment of artworks as part of a curatorial objective has also been evident since the first postgraduate curating course opened its doors, at Le Magasin, Grenoble, in 1987. Le Magasin's model has been followed, and adapted, by numerous subsequent institutions (including the Royal College of Art, London; De Appel, Amsterdam, and École supérieure des Beaux-Arts, Haute École d'Art Visuel Hes, Geneva). the template for such courses predominantly involves working on a group curatorial project, with the final product usually taking the form of a collectively curated thematic group exhibition.

81. Many artists could be added to this list, including Liam Gillick, Goshka Macuga, Philippe Parreno, Superflex, Rirkrit Tiravanija, Gavin Wade, and many others, who often move between making autonomous artworks and involving other artists and work in their projects.

82. Huber, "Artists as Curators—Curators as Artists?" 126.

83. See Ute Meta Bauer and Fareed Armaly, "Information, Education, Entertainment," in Anna Harding, ed., "On Curating: The Contemporary Art Museum and Beyond," Art and Design Magazine, no. 52 (London: Academy Editions, 1997), 83.

84. Another example being Šušteršic's Light Therapy, which was commissioned by curator Maria Lind as a Moderna Museet Projekt. A completely white room, with white furniture, was designed by the artist as a space where visitors were invited to expose themselves to intense artificial daylight, under controlled conditions, as a form of treatment for Seasonal Affective Disorder (a condition common to people living in the Nordic countries where there is little daylight during the winter months). The project was accompanied by workshops, guided tours,

film screenings, and a lecture program organized by the artist and curator. See Maria Lind, "Introduction," in Šuštersic, Apolonija. Moderna Museet Projekt 4.2–14.3 1999 (Stockholm: Moderna Museet, 1999), 6–7.

85. Gavin Wade, "Artist + Curator =," AN Magazine (April 2000), 10–14. Wade's text was accompanied by statements by Kathrin Böhm, Per Hüttner, Tania Kovats, and Kenny Schachter, among others, in an attempt to clarify how curating and artistic practice, involving some level of collaboration or a combination of roles, had become a common trend by the late 1990s.

86. Julie Ault, "Three Snapshots from the Eighties: On Group Material," in O'Neill, Curating Subjects, 32. Ault's essay provides a detailed account of Group Material's exhibitions between 1981 and 1989.

87. Miller, "Arbeit Macht Spass?" 59. Miller argues that Jan Hoct's technique of "confrontational hanging" was less about the exposure of "non-reflexive assumptions about what makes up an exhibition and what that might mean" —which would have been in keeping with these artists' curatorial interventions—and more about "the wilfully arbitrary juxtaposition of works [which] equates artistry with free exercise of subjectivity."

88. See Jim Drobnick's introduction to his interview with Doug Ashford, Julie Ault, Felix Gonzalez-Torres, and members of Group Material, in Jim Drobnick, "Dialectical Group Materialism: An Interview with Group Material," in AIDS Riot: Artist Collectives Against AIDS, New York 1987–1994, 12th Session of the École du Magasin (Grenoble: Le Magasin, 2003), 281. This interview was first published in Parachute, no. 56 (October-December 1989).

89. See Drobnick, "Dialectical Group Materialism." in AIDS Riot, 278–279.

90. AA Bronson, "Myth as Parasite/Image as Virus: General Idea's Bookshelf 1967–1975." in Fern Bayer, ed., The Search for the Spirit: General Idea 1968–1975 (Toronto: Gallery of Ontario, 1997), 19.

91. Ibid., 19–20.

92. In his keynote address for the Banff 2000 International Curatorial Summit at the Banff Centre on 24 August 2000, Bruce Ferguson highlighted three recurring issues in contemporary curating, the third of which was "the difference between collaborative and authorial structures." See Melanie Townsend, "The Troubles with Curating," in Melanie Townsend, ed., Beyond the Box: Diverging Curatorial Practices (Banff, Canada: Banff Centre Press, 2003), xv.

93. See René Block and Angelika Nollert, eds., Collective Creativity (Frankfurt: Revolver, 2005).

94. See What How and for Whom (WHW), Collective Creativity at Kunsthalle Fridericianum, Kassel (2005).

95. Such an assessment is noted throughout their ambitious Istanbul Biennial of 2009, "What Keeps Mankind Alive?" in which they portrayed an allied but nonunified global art multitude,

while being explicit about the demographics of their selection. For example, in the catalog essay, they stated that 28 percent of the artists selected were born in Europe and North America, but 45 percent are now residing there. Of the seventy artists represented, twenty-two were living outside of their country of origin (twenty-seven artists originally being from the Middle East, eighteen from Eastern Europe, ten from Western Europe, five from Central Asia, and so on). Thus with less than half of the artists residing in the West, there were nonetheless thirtyeight different nationalities represented, providing an indication of the diasporic nature of the art world via a curatorial statement. See What How and for Whom (WHW), What Keeps Mankind Alive? Guide to the 11th Istanbul Biennial (Istanbul: Istanbul Foundation for Culture and Arts, 2009), 22–27.

96. This was reminiscent of Jeremy Millar's inclusion of the helmet worn by Donald Campbell during his successful world land speed record attempt, in the exhibition "The Institute of Cultural Anxiety" at the Institute of Contemporary Arts in 1994. In fact, in exhibitions curated by artists—from Joseph Kosuth's "The Play of the Unmentionable" at the Brooklyn Museum, New York (1990) to Hans Haacke's "Viewing Matters" at the Museum Boijmans van Beuningen (1996) and "Mixed Messages" at the Victoria and Albert Museum and the Serpentine Gallery (2001), and from Richard Wentworth's "Thinking Aloud" at the Camden Arts Centre (1999) to numerous displays by Fred Wilson, Mark Dion, Haim Steinbach, and Cummings and Lewandowska—the insertion of everyday and historical objects into art exhibitions has become a curatorial trope.

97. See Paul O'Neill, "I Am a Curator." Art Monthly, no. 275 (April 2004), 7–10.

98. See press release for "Per Hüttner: I Am a Curator." Chisenhale Gallery, London, 5 November-14 December 2003.

99. The presence of Condorelli and Wade's transformative display system was puzzling given that the gallery itself provided an efficient architectural context for each potential exhibition display. Wade, who has collaborated with both Hüttner and Macuga on numerous projects, also provided "support systems" for the aspiring curator. Aimed at assisting decision making, these included a list of things to do if you were stuck; a selection of games including Jenga and Connect 4; phone numbers of well-known contemporary curators from his own "little black book" of curators; contact details of local material suppliers, shops and merchants and an excellent library of literature on curating. Many of these supportive elements could have produced their own cohesive curatorial project and, like other exhibition designs by Wade, the presence of an overall central support structure already produced a rather all-enveloping display aesthetic. See O'Neill, "I Am a Curator," 10. Both of these exhibitions were mediated as the work of the artist with the name of the artist and the title of the exhibition placed at the top of each press release: "Goshka Macuga: Kabinett Der Asbstrakten" and "Per Hüttner: I Am a Curator" respectively. For documentation of these projects, see "Goshka Macuga: Kabinett der Abstrakten," in press

brochure, Bloomberg Space, London, 4 October-29 November 2003, and Per Hüttner, ed., I Am a Curator (London: Chisenhale Gallery, 2005).

100. See Gregory Williams, "Exhibitions of an Exhibition." Artforum 42, no. 2 (October 2003).

101. The six exhibitions were: Catherine Wood's "Emblematic Display," B + B's (Sarah Carrington and Sophie Hope's) "Real Estate: Art in a Changing City," Tom Morton and Catherine Patha's "Even a Stopped Clock Tells the Right Time Twice a Day," Guy Brett's "Anywhere in the World: David Medal-la's London," Gilane Tawadros's "The Real Me," and Gregor Muir's "The George and Dragon Public House." See Jens Hoffmann, ed., London in Six Easy Steps (London: ICA, 2005).

102. Exhibition brochure/press release, Artists'Favorites: ACT I and II (London: ICA, 2004).

103. See Paul O'Neill, "Self-Reflexivity, Curating and the 'Double Negative Syndrome': Artists'Favorites: ACT 1 and ACT II. ICA, London, 5 June-5 September 2004," The Future, no. 1 (2004), 10.

104. Hans Ulrich Obrist, "Panel Statement," in Paula Marincola, ed., Curating Now: Imaginative Practice/Public Responsibility (Philadelphia: Philadelphia Exhibitions Initiative, 2001), 23–24.

105. Co-curated by Molly Nesbitt, Hans Ulrich Obrist and Rirkrit Tiravanija First included as part of Francesco Bonami's 2003 Venice Biennale and later shown at Haus der Kunst, Munich, 2004.

106. See Molly Nesbit, Hans-Ulrich Obrist, Rirkrit Tiravanija, Utopia Station, in Universes in Universe, La Biennale di Venezia, 50th International Art Exhibition, 15th June 2nd November 2003.

107. Ibid. See Molly Nesbit, Hans Ulrich Obrist, and Rirkrit Tiravanija, "What Is a Station?" in Francesco Bonami and Maria Luisa Frisa, eds., 50th Biennale di Venezia: Dreams and Conflicts: The Dictatorship of the Viewer (Venice: Edizioni La Biennale di Venezia and Marsilio Editori, 2003), 319–415.

108. See Maria Lind, "What If." in Lind, ed., What If: Art on the Verge of Architecture and Design (Stockholm: Moderna Museet, 2000) (poster set in box, unpaginated).

109. Gillick, interview with the author.

110. Lind, "What If." See also Alex Farquharson, "Curator and Artist," Art Monthly, no. 270 (October 2003), 13–16. Gillick's intervention into the exhibition layout was to group the works of seventeen of the twentyone artists into a tightly packed geometric cluster within the gallery. Other works were also shown elsewhere, beyond the main exhibition building or in a publication or as a programmed event, while Dominique Gonzalez-Foerster's Brasilia Hall (1998–2000) and

works by Jorge Pardo, Rita McBride, and Martin Boyce took up three-quarters of the space.

111. Lind, "What If." See also Liam Gillick, "What If We Attempted to Address That Which Seems So Apparent?" in Lind, What If.

112. At Museum van Hedendaagse Kunst, Ghent.

113. See Adrian Searle, "This Is the Show and the Show Is Many Things." frieze, no. 19 (November-December 2004).

114. Fabrice Hybert cited in the catalog essay by curator Bart de Baere in Bart de Baere, "Gestures Relations Conversation," in This Is the Show and the Show Is Many Things (Ghent: SMAK, 1994), 13.

115. Robert Storr, "Reading Circle Part One." frieze, no. 93 (September 2005), 27.

116. See Michel Foucault, "What Is an Author?" in The Foucault Reader, ed. Paul Rabinow (London:Penguin Books, 1984), 103.

117. Storr, "Reading Circle Part One." 27. See also Paul O'Neill, "The Co-dependent Curator." Art Monthly, no. 291 (November 2005), 7–10.

118. Robert Storr, interview with the author, Brooklyn, 30 March 2005.

119. See Barthes, "The Death of the Author." 146.

120. Ibid., 147.

121. See Storr, interview with the author.

122. Ibid.

123. Unitednationsplaza was an art project by Anton Vidokle in collaboration with Boris Groys, Jalal Toufic, Liam Gillick, Martha Rosler, Natascha Sadr Haghighian, Nikolaus Hirsch, Tirdad Zolghadr, and Walid Raad.

124. Rogoff is also director of the MPhil/PhD program in Curatorial Knowledge at Goldsmiths, University of London, since 2007. For details of this course, see http://www.goldsmiths.ac.uk/visual-cultures/ curatorial-knowl.php

125. See Bart de Baere and Irit Rogoff, "Linking Text," in Mika Hannula, ed., Stopping the Process: Contemporary Views on Art and Exhibitions (Helsinki: NIFCA, 1998), 129. In another essay, Rogoff further illustrates her position through a critique of both Hans-Ulrich Obrist's curated exhibition "Take Me (I'm Yours)" at the Serpentine Gallery, London (1995), and Christine Hill's Thrift Shop at Documenta 10 (1997) as exemplars of models of participation predicated on a predetermined strategy. See Irit Rogoff, "How to Dress for an Exhibition," in Hannula, Stopping the Process, 142. To illustrate Rogoff's position further, one could also include, as examples, many subsequent exhibitions that invoked prescribed modes of audience participation and social interaction such as "Utopia Station" at the 2003 Venice Biennale—which involved the ready distribution of publications, posters, and bags (designed by Agnes B) to visitors—and the practice of many of the "service-providing" artists associated with Relational

Aesthetics. See Nicolas Bourriaud, Relational Aesthetics (Dijon-Quetigny: Les Presses du Réel, 2002). "Relational Aesthetics" was the term used by Bourriaud to represent the common interests of a group of artists practicing during the 1990s, such as Liam Gillick, Dominique Gonzalez-Foerster, Philippe Parreno, and Rirkrit Tiravanija. He defined relational art as a "set of artistic practices which take as their theoretical and practical point of departure the whole of human relations and their social context, rather than an independent and private space." Relational aesthetics was defined by Bourriaud as an "aesthetic theory consisting in judging artworks on the basis of the interhuman relations which they represent, produce or prompt" through common forms of artistic practice that transcend their objectivity to include participation and programmed social interstices between people within the context of the exhibition event. See 112–113 and 114. For a critique of Bourriaud's analysis of art in the 1990s, see Claire Bishop, "Antagonism and Relational Aesthetics," October, no. 110 (2004), 51–80. See also Farquharson, "Curator and Artist," and Paul O'Neill, "Curating U-topics," Art Monthly, no. 272 (December 2003-January 2004), 7–10.

126. See Rogoff, "How to Dress for an Exhibition." 142.

127. Groys, "On the Curatorship." 45.

128. Farquharson, "I Curate, You Curate, We Curate." 10.

129. Ibid., 7–10.

130. Gertrud Sandqvist, "Context, Construction, Criticism," in Richter and Schmidt, Curating Degree Zero, 43–44.

131. Maria Lind, "Stopping My Process? A Statement." in Hannula, Stopping the Process, 239.

132. Maria Lind, interview with the author, Munich, 31 October 2004.

133. See Lind, "Stopping My Process" 239.

134. Ibid., 240.

135. Ibid.

136. Ibid.

137. See also Bruce W. Ferguson and Milena M. Hoegsberg, "Talking and Thinking about Biennials: The Potential of Discursivity," in Elena Filipovic, Marieke van Hal, and Solveig Øvstebø, eds., The Biennial Reader (Bergen: Bergen Kunsthall; Ostfildern: Hatje Cantz Verlag, 2009), 361–375.

138. Wade, interview with the author.

139. Bourriaud, interview with the author.

140. Nicolaus Schafhausen, interview with the author, London, 15 October 2004.

141. Ibid.

142. Eric Troncy, interview with the author, 28 October 2005.

143. Filipovic, van Hal, and Øvstebø, The Biennial Reader, 239–240.

144. Alongside the emergent idea of exhibitions as discursive events, considerable concession is now made to interdisciplinary discussion, talks, conferences, and educational programs as an integral part of museum programs, mega-exhibitions and art fairs alike, accommodating the participation of less materialized and more discursive modes of group practice. Historically, these discussions have been peripheral to the exhibition as such, operating in a secondary role in relation to the display of art for public consumption. More recently, these discursive interventions and relays have become central to contemporary practice; they have now become the main event or "exhibition." This is part of a wider "educational turn" in art and curating, prompted by consideration of the recurrent mobilization of pedagogical models within various curatorial strategies and critical art projects. Projects that manifest this engagement with educational and pedagogical formats and motifs diverge in terms of scale, purpose, modus operandi, value, visibility, reputation and degree of actualization. They include the "Platforms" of Documenta 11 in 2002; education as one of the three leitmotifs of Documenta 12 in 2007; the unrealized Manifesta 6 experimental art-school-as-exhibition and the associated volume, Notes for an Art School; the subsequent unitednationsplaza and Night School projects; Protoacademy; Cork Caucus; Be(com)ing Dutch: Eindhoven Caucus; Future Academy; Paraeducation Department; Copenhagen Free University; A.C.A.D.E.M.Y.; Hidden Curriculum; Tania Bruguera's Arte de Conducta in Havana; ArtSchool Palestine; Manoa Free University; School of Missing Studies in Belgrade; ArtSchool UK; The Centre for Possible Studies in London, and so on. This is just a short list, serving to indicate the broad distribution of the work placed under consideration by the term "educational turn" and to note the propensity of this work to foreground collective action and collaborative discursive praxis. These initiatives question how we might restructure, rethink and reform the way in which we speak to one another in a group setting. Without oversimplifying these projects, they can generally be described as a critique of formal educational processes and the way these processes form subjects, but they also suggest a kind of "curatorialization" of education whereby the educative process often becomes the object of curatorial production, and when the discursive framework is as much about the curatorial in action as the organization of an exhibition space for the display of objects or ideas. See O'Neill and Wilson, Curating and the Educational Turn, and Mick Wilson, "Curatorial Moments and Discursive Turns," in O'Neill, Curating Subjects.

致　　谢

在此，我首先想感谢米克·威尔逊（Dr. Mick Wilson）博士、戴夫·比奇（Dave Beech,）、马克·赫钦森（Mark Hutchinson）和玛丽·安妮·斯坦尼泽夫斯基（Mary Anne Staniszewski），他们在本书写作的重要阶段提供了大量建议，感谢他们的宝贵意见和有力的编辑建议。也要感谢瓦妮莎·瓦西奇·简科维奇（Vanessa Vasić-Janeković），感谢她出色的研究协助和对本书的整理帮助。我还要感谢许多朋友和同事：露西·巴德罗克（Lucy Badrocke）、大卫·A.贝利（David A. Bailey）、阿德莱德·曼格曼（Adelaide Bannerman）、AA·布朗森（AA Bronson）、希尔德·德·布鲁根（Hilde de Bruijn）、瓦里·克拉菲（Vaari Claffey）、罗尼·密克（Ronnie Close）、保罗·多美拉（Paul Domela）、让内特·多尔（Jeannette Doyle）、查尔斯·埃舍（Charles Esche）、布鲁斯·W.弗格森（Bruce W. Ferguson）、安妮·弗莱彻、汤姆·范·盖斯特尔（Tom van Gestel）、安东尼·格罗斯（Anthony Gross）、芭芭拉·霍尔布（Barbara Holub）、索菲希普（Sophie Hope）、托比·霍德斯通（Toby Huddlestone）、乔亚·克雷萨（Joasia Krysa）、丽莎·勒弗尔（Lisa Lefeuvre）、西里尔·莱佩特（Cyril Lepetite）、弗朗西斯·罗夫勒（Frances Loeffler）、罗南·麦克雷尔（Ronan McCrea）、乔纳森·莫斯利（Jonathan Mosley）、丹娜·莫斯曼（Danae Mossman）、安内特·奥尼尔（Annette O'Neill）、丽莎·潘婷（Lisa Panting）、安德烈·菲利普斯（Andrea Phillips）、安德鲁·伦顿（Andrew Renton）、布里吉特·范德桑德（Brigitte van der Sande）、萨维奇（Savage）、埃德加·施密茨（Edgar Schmitz）、林赛·塞尔斯（Lindsay Seers）、Spike Island 以及珍·吴（Jen Wu）。衷心感谢他们的鼓励和支持。

我还要感谢罗杰·科诺弗（Roger Conover）、马修·阿贝特（Matthew Abbate）、迈克尔·拉科伊（Michael Lacoy）、阿纳尔·巴达洛夫（Anar Badalov）、苏珊·克拉克（Susan Clark）、井口靖洋（Yasuyo Iguchi）及麻省理工学院出版社（MIT press）的所有人。感谢大卫·布莱梅（David Blamey）为本书作序。

我非常感谢朱莉·奥特（Julie Ault）、卡洛斯·巴苏阿尔多、A.A.布朗森、杰拉德·伯纳（Gerard Byrne）、巴纳比·德拉布尔（Barnaby Drabble）、安妮·弗莱彻、利亚姆·吉利克、马特·基冈（Matt Keegan）、汉斯·乌尔里希·奥布里斯特、莎拉·皮尔斯、玛丽·安妮·斯坦尼泽夫斯基、萨利·塔兰特（Sally Tallant）、格兰特·沃森（Grant Watson），也非常感谢德·阿佩尔策展项目（de Appel curatorial programm）的许多参与者，戈德史密斯学院（Goldsmiths, University of London）MFA 策展的工作人员和学生，以及我曾经与之合作的英格兰西部大学美术系的工作人员和学生，感谢他们在这个项目的不同阶段提供的建议和宝贵的专业知识。

我要感谢安·德梅斯特（Ann Demeester）和德·阿佩尔基金会（de Appel foundation），感谢伦敦独立出版公司大卫·布莱梅的同意和大力支持《策展话题》和《策展与教育转向》两部选集的合作出版，正是这两部选集推动了本书的研究；同样，我要感谢诸位编辑、作家，期刊和出版商让我有了构想的空间，特别要感谢的是：《艺术月刊》、《当代》、《万物》、《宣言日报》、《策展进行时电子刊》、戴夫·比奇（Dave Beech）、帕特里夏·比克斯（Patricia Bickers）、理查德·比克特（Richard Birkett）、大卫·布莱梅、J.J. 查尔斯沃思（JJ Charlesworth）、埃琳娜·菲利波维奇（Elena Filipovic）、马里克·范·哈尔（Marieke van Hal）、汤姆·霍尔特（Tom Holert）、伊斯拉·利弗·雅普（Isla Leaver-Yap）、纽斯·米罗（Neus Miro）、佐尔法伊格·奥维斯托（Solveig Øvstebø）、马太·波尔（Matthew Poole）、多萝西·里希特、朱迪斯·鲁格（Judith Rugg）、临时当代艺术中心、玛丽翁·冯·奥斯滕·沃温（Marion von Osten）、杰尼·沃尔文（Jeni Walwin）以及魏特德维茨当代艺术中心。

我特别感谢米德尔塞克斯大学在2004年至2007年提供的奖学金支持，没有这些支持，本项目的背景研究是不可能完成的；我还感谢大西部研究（Great Western Research, GWR）在2007年至2010年期间提供的研究奖学金，用于策展和委托。我永远感谢乔恩·伯德教授（Prof. Jon Bird）和艾德兰·拉夫金教授（Prof. Adrian Rifkin），他们鼓励我把我的想法拿出来发表，并在本项目的整个发展阶段提供了重要支持。这个项目也得到了国际策展人论坛和都柏林创意艺术和媒体研究生院的慷慨资助。在此对他们出色细致的审校表示感谢。感谢苏珊·穆尼（Suzanne Mooney）的耐心和给予的全部理解。

我还要感谢许多人，感谢他们慷慨地提供了讨论与采访的时间，并愿意参加本项研究，如希瑟·安德森（Heather Anderson）、阿米·巴拉克（Ami Barak）、尤特·梅塔·鲍尔（Ute Meta Bauer）、伊沃纳·布莱兹维克（Iwona Blazwick）、萨斯基亚·博斯（Saskia Bos）、尼古拉·布里亚德（Nicolas Bourriaud），托马斯·布图（Thomas Boutoux）、AA 布朗森、丹·卡梅伦（Dan Cameron）、帕帕·科洛（Papa Colo）、琳恩·库克（Lynne Cooke）、尼尔·卡明斯（Neil Cummings）、卡特琳·大卫（Catherine David）、安·德梅斯特、伊娃·迪亚兹（Eva Diaz）、克莱尔·多赫迪（Claire Doherty）、巴纳比·德拉布尔（Barnaby Drabble）、奥奎·恩维佐（Okwui Enwezor）、查尔斯·埃斯切、帕特里夏·法尔吉耶斯（Patricia Falguières）、汤姆·芬克尔佩尔（Tom Finkelpearl,）、安妮·弗莱彻、安德里亚·弗雷泽（Andrea Fraser），雷纳·加纳赫（Rainer Ganahl）、利亚·甘加塔诺（Lia Gangatano）、利亚姆·吉利克，特蕾莎·格莱多（Teresa Gleadowe）、热罗姆·格兰德（Jérôme Grand，纳夫·哈克（Nav Haq）、安娜·哈丁（Anna Harding）、马修·希格斯（Matthew Higgs）、延斯·霍夫曼、侯瀚如，詹妮特·英格尔曼（Jeannette Ingelman）、约翰·凯尔西（John Kelsey）、皮埃尔·莱吉永（Pierre Leguillon）、玛丽亚·林德、茱莉亚·迈尔（Julia Maier）、约翰·米勒（John Miller）、斯蒂芬妮·莫瓦东、林达·莫里斯（Lynda

致谢

Morris)、莫莉·奈斯比特（Molly Nesbit）、罗伯特·尼卡斯（Robert Nickas）、汉斯·乌尔里希·奥布里斯特、布莱恩·奥多赫蒂、艾米丽·佩西克（Emily Pethick）、迈克尔·佩特里（Michael Petry）、皮力、莎拉·皮尔斯、史蒂芬·兰德（Steven Rand）、安德鲁·伦顿（Andrew Renton）、珍妮·理查兹（Jeanine Richards）、杰罗姆·桑斯（Jérôme Sans）、尼古拉·沙夫豪森（Nicolas Schafhausen）、塞斯·西格尔劳博、波利·斯塔普尔（Polly Staple）、罗伯特·斯托尔（Robert Storr）、艾米丽·桑德布莱德（Emily Sundblad）、吉兰·塔瓦德罗斯（Gilane Tawadros）、Tranzit.hu、埃里·特朗西（Eric Troncy）、亚历克西斯·瓦兰特（Alexis Vaillant）、爱丽丝·维加拉·巴斯蒂安（Alice Vergara-Bastiand）、加文·韦德、布莱恩·沃利斯（Brian Wallis）、劳伦斯·韦纳（Lawrence Weiner）、凯瑟琳·德·泽格尔（Catherine de Zegher）以及 WHW 策展小组。我衷心感谢所有在书稿完成过程中给我提供过帮助的艺术家、作者、策展人、画廊主、学术机构和艺术组织。他们慷慨的精神和参与的意愿为这个项目的成形提供了必要的空间。

保罗·奥尼尔（Paul O'Neill）
2024 年 1 月

后　　记

访谈人：保罗·奥尼尔（Paul O'Neill）
采访人：邓川、李珂珂、庞贻丹

李珂珂：很高兴在线上与您会面，谢谢您抽出时间接受我们的访谈。

保罗·奥尼尔：非常感谢你们对《策展文化与文化策展》这本书感兴趣，也感谢你们花时间翻译这本书，因为翻译过程需要考虑到学科本身和特定语境下的语言，所以我明白这对你们来说是一件困难的事情。所以我非常感谢你们，也很高兴今天接受你们的访谈。

一、关于保罗·奥尼尔的理论著作、策展实践以及教育经历

邓川：作为研究型策展人，您有一系列关于策展理论的著作。从策展研究的角度，这本《策展文化与文化策展》与您的其他著作如《全球化之后的策展》（Curating After the Global）、《策展教育转向》（Curating and the Educational Turn）、《制度如何思考》（How Institutions Think）等，这几本书之间的关系是什么？是否反映了您的研究脉络？

保罗·奥尼尔：谢谢你的问题。我认为每一本书的出发点在于其对该学术领域的价值。而这些书之间所讨论的知识范畴是有差异的，比如，正在发生或尚未发生的批评性讨论空间有哪些。

对于《策展文化和文化策展》，在2007年至2012年期间，我做了大量的研究以试图理解何为策展人以及何为策展研究。当时，我正在戈德史密斯学院教授艺术硕士的策展课程。同时，我也在米德尔塞克斯大学研究视觉文化相关的课题。在我看来，已经有部分的英文出版物正在介绍或试图介绍策展的历史，比如玛丽·安妮·斯坦尼泽夫斯基的著作《展示的力量》，该书探讨了20世纪早期现代艺术博物馆展览的演变；以及布鲁斯·阿尔特舒勒的《展览中的前卫》和布鲁斯·弗格森、里萨·格林伯格、桑迪·奈恩等人编辑的《关于展览的思考》等，也有一些其他出版物围绕全球策展表达着不同的观点。

以上三本书以及有关其他一些知名度较低的策展项目的出版物，对不同策展人实践的历史演进较少涉及。因此，我尝试在《策展文化和文化策展》中描绘这个领域，通过对世界各地诸多策展人进行采访，试图追问何以成为策展人，以及在20世纪60至90年代他们受到过哪些展览的影响。

我们可以看到从20世纪60年代当代艺术界和策展界在世界各地活跃的原因，而

80年代则更像是策展实践的全球化,这也是策展项目开始平行发展的时期。比如,在1987年建立的第一个策展项目马加辛 Le Magasin,以及20世纪90年代初在巴德学院、戈德史密斯学院、伦敦皇家艺术学院和德·阿佩尔基金会的策展项目。但即使在21世纪初,在西方也鲜有英文出版物对策展进行专门的研究。这本书就是基于这样一种现状而开展的,并试图以采访为这门策展课程做出贡献的人的方式来建立一个领域。你所提到的其他书籍也是这种尝试的继续,如《制度如何思考》《全球化之后的策展》和《策展与教育转向》。

2010年出版的《策展与教育转向》提及了我们谈论、思考、研究、讨论各种事件的时刻,这些事件无处不在、无时无刻不在发生,发生在博物馆和画廊项目的背景下,也发生在艺术博览会和双年展的背景下,等等。策展人是这些事件的重要推动者,比如,尤特·梅塔·鲍尔、卡特琳·大卫、玛丽亚·林德以及侯瀚如等。再比如,汉斯·乌尔里希·奥布里斯特一直在持续进行的访谈项目,奥奎·恩维佐在其策划的第十二届卡塞尔文献展中引入了他以往的工作方法,他将展览转变为了一个话语平台,为卡塞尔文献展带来了域外化效应。因此,《策展与教育转向》这本书对于为什么艺术家和策展人转向教育、替代性学校和激进的教育思想等问题提出了其他不同的观点。

《制度如何思考》在试图重新定位策展话语与新制度主义的关系,即策展人们如何通过其工作来改变制度化的思维与结构。随后我们也将策展视为一个空间,在其中以不同形式的共同居住、政治、质疑和女权主义的方法对制度展开了新的想象。尽管如此,我们还探讨了不同的劳动形式,以及不同的策展工作模式是如何在制度的语境下呈现出来的。

不管是对于作者还是编辑,每一本书的出版都需要花费相当长的时间。还有另外三本关于策展的出版物,我也在其中上投入了大量的时间,其中一本是自21世纪初以来,我撰写的关于策展的文集《治愈》。在某种程度上,这是一种思考的方式,即将策展作为一种关怀的批判、一种策展实践、一种反策展、一种关怀性的艺术、艺术家或其公众的空间。我在思考在当代策展话语中"关怀"如何被过度使用,并与照料、接待、健康或社会关怀的行为相混淆。我还有另一本访谈文集《好奇》,这本书关注的是一直在做有趣工作的策展人和艺术家,因为重新审视新一代策展人是很重要的。在大型展览的背景下,我正在写的另一本书是关于艺术家及策展人组合瑞克斯媒体小组(Raqs media collective)和 Ruangrupa。

李珂珂:我们发现您于2019年参与编辑了《全球化之后的策展》一书,为什么会选择地域性和地缘政治变化的问题作为这本书的主题?这些是您最近仍然关注的一些策展问题吗?

保罗·奥尼尔:《全球化之后的策展》是我与米克·威尔逊(Mick Wilson)和露西·斯蒂兹(Lucy Steeds)共同编辑的三本"策展"系列图书中的第三本,当时我正担任巴德学院策展研究中心研究生项目负责人。我们和卢米埃尔基金会合作思考"策展教育"的重要性时,讨论了以下问题:策展教育重要吗?存在什么样的问题?我们能做些什么不同的事情?似乎有很多不同形式的策展项目,或以艺术史的立场,或以实践的空间,或以思考、教授与学习的方法,来创造一种策展实践。

我们决定组织一个教育机构的学术网络，召集一些教育机构并共同组织了三次大型研讨会。这些研讨会是我们和瓦兰德艺术学院、哥德堡大学、戈德史密斯学院、中央圣马丁艺术与设计学院和德阿佩尔艺术中心等机构合作完成的。在某种程度上，我们共同思考、重新想象、回顾以及期待着教育在目前的策展实践中的作用。

那么，第一本书追问的是策展困境的问题。并提出三个问题：学习什么？研究什么？该如何实践？而第二本书着眼于制度如何使我们以特定的方式思考和行动，鉴于我们已经被它们耳熟能详的经验制度化了；试图通过策展的镜头将机构思维看作一种重新想象我们的工作空间和聚集空间的有效手段，并追问策展是如何在世界不同地区的制度结构、模式和方式中表现出来的。然后在思考这些问题的时候，第三本书《全球化之后的策展》诞生了，围绕着"我们称之为全球主义理念的终结"展开，全球主义代表着世界的开放，不同民族与国家彼此之间有更大程度的连接。我在这里主要谈论的是当代艺术界，但也包括商业和经济领域。但大多数人认为策展或策划是当代艺术全球化的产物，它呈现出了流动性、运动性和动员性。

但是，围绕当代艺术的讨论、辩论和话语的全球化也在世界各地发生。我想表达的意思是，正如我现在虽在芬兰，但我在线上和在中国的你们交谈，谈论着我们共有的知识。我们对这个问题的某种理解是相似的。这种现象非常特殊，并不会在所有人之间发生。在20世纪80年代末和90年代初，当代艺术世界中廉价的旅行出现了，当然，还有许多棘手的衍生问题出现，例如气候变化等。所以《全球化之后的策展》一书也标志着这样一个时刻：全球化的概念越来越多地涉及保护民族国家、保护边界、强化边界，以及涉及不同形式的资本主义思想的出现、重现或加速，这在很大程度上与以国家为中心的思想、疫情的阻隔、世界各地的难民危机有关，这些危机今天仍在继续。当代策展意识的增强也越来越成为一种特权空间——一种少数人的特权空间，而不是新兴的空间。当然对于我们中的许多人来说，在20世纪80年代和90年代成为创作者，开辟了与世界各地的艺术家、文化工作者和思想家合作的可能性。在某种程度上，成为一种能够被连接和相互连接的系统。所以，从某种意义上说，《全球化之后的策展》标志着一个时刻：为了让当代艺术蓬勃发展，该领域的创作条件正在发生变化。我们正在改变，我们变得更加暴力和更具种族侵略性，更多的是关于遏制，而不是开放，也不是更注重灵活性和变动性。全球创意人群应当作为一种积极的政治力量。

因此，《全球化之后的策展》试图找到看待这一变化时刻的方法，但同时也强调了来自世界其他地方的实践，也许在那里，人们的思想和实践没有那么欧洲中心主义或西方中心化。所以，作为一种描绘这一时刻的方式，《全球化之后的策展》也强调了其他现代性和其他形式的全球主义，这些都发生在西方文化生产中心之外。

庞贻丹：您目前在赫尔辛基的实践是否与《制度如何思考》中关于当代艺术和策展中的制度和反制度的再思考有关？您愿意和我们分享一些最近的项目吗？

保罗·奥尼尔：谢谢你的问题。《制度如何思考》一书始于一个简单的设问，那就是在当代艺术领域之外，是否还有一些围绕机构的重要观点被我们忽略了。因此，在巴德学院，

后记

我与一些同事如米克·威尔森（Mick Wilson）、露西·斯蒂兹（Lucy Steeds）、西蒙·谢赫（Simon Sheikh）等人一起组织了阅读小组。我们开始以一种英国学院派的方式重读玛丽·道格拉斯的同名著作《制度如何思考》，思考社会人类学和社会伦理学问题。那本相当低调的出版物是在1986年出版的，正值大规模全球化的起始，是有着更便宜的航空旅行、第一个策展项目以及第一个全球艺术展览的时刻。但开始阅读这本书时，我们发现在一些围绕制度批判和艺术制度批判的思考中，无论是从外部还是内部，书中很明显缺失了一种认知，即我们本身已经被制度化了，我们自己带来了关于制度的思考，制度已存在于我们的内心。这是来自于家庭结构、教育系统、医疗机构与宗教机构的影响，甚至基于我们如何被教育，我们的意识形态以及我们如何理解身体与科学的关系等。既然我们已经在反思制度，也许可以不像当代艺术话语那样将它想得那样负面。我们开始尝试一种论证，思考制度如何以其他方式被重新想象。也许在世界的不同地方，有一些制度结构或模式已经在这样做了。因此，我们编辑的《制度如何思考》的第一部分聚焦于制度的批判性想法和理论，以及从制度上对制度批判的重新思考。它的第二部分更多的是关于组织、机构以及那些来自世界各地的中小规模的自我组织是如何将反思运用于实践的。

我们的这本书出版一段时间后，赫尔辛基的艺术组织Checkpoint Helsinki邀请我去他们那里任职。我提议对它进行重组，并给它一个实体空间。我们把机构设立在一种新兴的模式上，这样机构组织将在较长的时间内开始融合。为了实现这种融合，我们设计了一种主要基于公共性的组织框架，这也是我们开发所有项目的基本方法。因此，PUBLICS成为我们组织的新名字。PUBLICS有一个公共图书馆式的免费共享空间，供人们借阅书籍，同时也是我们公共项目的场地。在这些项目中，我们邀请艺术家、策展人、思想家和我们一起重新想象图书馆的概念，创造回应PUBLICS实体空间的艺术项目。对于我们而言，公众不仅仅指观众，而是作为一类概念或有争议的想法，甚至是不同类型的场域和情景。我们还认为公众是人类的、社会的、政治的，是与当代艺术有必然联系的主体。基于这样的前提，PUBLICS是建立在一种"共同工作模式"之上的。因此，没有一个项目是仅由PUBLICS的团队制作和创造的。每个项目都必须有合作伙伴或其他组织的参与。这是我们进行每一次合作、制作和委托的出发点。

在某种程度上，玛丽·道格拉斯和文集《制度如何思考》中的其他作者的想法被应用到PUBLICS的构建与实践中。比如，我们策划了一个非常重要的项目"Parahosting"，旨在与其他需要策划讲座、展览、新书发布会、读书会等项目的资源贫乏的组织共享我们机构的空间结构和知识资源。我们将这些组织作为该项目的协办机构来帮助其落实想法。换句话说，这是一种关于去中心化体制的思考，思考如何支持其他组织、个人和独立个体的策展工作。

邓川：您在《策展文化与文化策展》一书中提到了"共同创作的"的展览"联合"项目（2005年，2010年），并将展览暂时性延长为持续性活动，你是如何在展览中实现这一策展理念的？

保罗·奥尼尔：这个问题非常凑巧，"联合"项目的最新展览于2022年11月在巴塞罗那的 ADN Platform 空间开幕[①]。从某种意义上说，从我们在伦敦做的第一个"联合"展已经有 20 年了。2003 年，在伦敦举办的第一个叫作"联合：混音"的展览，是我在担任伦敦印刷工作室的策展人的时候，与凯瑟琳·博姆、爱德华多·帕迪拉和海姆·吉利三位艺术家合作共同创造的，主要展示印刷材料、海报、面料、纺织品、其他复制品、丝网等。

我们的想法是，我们将从这三位艺术家开始，在意识形态和物理层面，从美学的角度将他们的作品进行结合，在同一个展览中实现，而这将打破艺术家作品之间的界限。然后我们达成一致，在联合策展中由我主导，我们将在展览宣传期间进行拓展，并邀请其他艺术家加入这个项目。

因此，这类展览的数量随着时间的推移而缓慢增长，并通过 2005 年在伦敦的一个名为 ®edux 的空间举办了第二次展览"联合：偶发"，积累了许多不同艺术家的作品，随后 2005 年在斯莱戈郡的 model and niland 画廊举办了第三次展览，名为"联合：偶发与所有应有的意图"。我们还邀请了劳伦斯·韦纳的作品参展，以及一个名为"B+B"的艺术家团体，他们策划了一个电影项目作为该展览的一部分。

越来越多的艺术家聚集到了 2009 年我们在阿姆斯特丹的 smart projects space 共同策划的"联合：偶发"展览中，约有 88 名艺术家参展。所以我们的想法是，随着时间的推移通过"联合"项目聚集艺术家，邀请艺术家参与。因此，联合项目有时会带有之前展览的痕迹。有时，也有新的艺术家被邀请进来。然后，之前的艺术家作品演变为一种展览语境，等等。

现在，我们被邀请去巴塞罗那做展览。在"联合"项目展览史的早期，2004 年我们曾在巴塞罗那的 Palma Dotze-Galeria d'art 画廊做过展览，那时有六七名艺术家参加。我决定在 ADN 平台重新激活这个"联合"项目的机制。所以 20 年后，艺术家们在做着不同的作品，做不同的工作，进行不同的思考，重新回归这个展览项目的起始地又意味着什么？

因此，在巴塞罗那 2022 年 11 月开幕的展览"coalescence：coalescències, coalicions, collisions, collapses"，仍然以凯瑟琳·海梅、卡特林和爱德华多三位艺术家创作的空间为基础。我们邀请了苏珊娜·穆尼、努里亚·居尔和皮尔维·塔卡拉携带影像作品参展。同时，我们邀请了一位来自巴塞罗那的艺术家兼策展人泽维尔·阿卡林，由他邀请了三位本地艺术家参展。随后我们还邀请了几位表演艺术家如哈罗德·奥菲、萨拉·曼努本斯、阿涅斯·佩等。

我们追溯这个艺术项目的初衷并重新发起该项目，是为思考艺术从业者在今天可以做些什么。在我们近几年经历过的全球疫情中，在世界各地的战争中，在极右势力的崛起中，国家民族重新崛起或强大起来又意味着什么？这也是为了思考我们如何在这个特殊的时刻创造一个关于在一起的展览，这一时刻与我们在 2001 年第一次创作的时代背景截然不同。

[①] 这是保罗·奥尼尔与泽维尔·阿卡林（Xavi Acarin）共同合作策划的展览，艺术家有海姆·吉利（Jaime Gili）、爱德华多·帕迪拉（Eduardo Padilla）、凯瑟琳·博姆（Kathrin Böhm）、努里亚·古埃尔（Núria Güel）、科西（kosie）、萨拉·曼努本斯（Sara Manubens）、苏珊娜·穆尼（Suzanne Mooney）、哈罗德·奥菲（Harold Offeh）、阿涅斯·佩（Agnès Pe）和皮尔维·塔卡拉（Pilvi Takala）。

后记

  这会是一个宁静而独特的展览,是关于将画廊的空间转换成展览的空间。我认为联合是展览项目随着时间的推移而积累的形式之一,也是一个将画廊或空间转化为展览的一种方式。

  因此,当一个画廊变成一个展览的时候会发生什么?会有什么不寻常的地方?会呈现怎样的动态?其合理性何在?它对观看者有什么看法?如何看待协作?是什么促使思考作者身份?当画廊转变为展览时,如何感受物理空间呈现时的空间性?是什么在促使转变?一个空白的画廊和一个被填满、被转换为展览的画廊有何区别?

  庞贻丹:本书第二章提到了 20 世纪 90 年代以来双年展与大型国际展览的兴起,您觉得在如今的后全球化时代,大型国际展览面临着哪些问题,或者应该做出怎样的改变?

  保罗·奥尼尔:在某些方面,我是非常支持双年展的。我认为双年展,尤其是小型的双年展,为世界上某些地方与其他地方进行深入对话建立了渠道。它们也创造了一种流动性,创造了跨国合作的潜在条件,也为艺术家、策展人、思想家和教育家提供了前所未有的可能性。此外,与以收藏为基础的西方现代性构建的博物馆相比,双年展通常采取不同的方式工作。博物馆是为了保护历史,而双年展更多的是为了在当下创造历史。当然,我也认为有些大型双年展已经被当代艺术市场影响了。它们在某种程度上趋近于规模化的艺术博览会,或成为通往博览会的台阶。但总的来说,双年展或大型展览是一种罕见的机会,让策展人、艺术家或艺术小组得以在全球范围内验证一些想法,并与来自世界不同地区的人对话等。

  卡塞尔文献展对我的经历产生了深远的影响。现在,我认为这又是一个梳理和见证一种变化的必要性时刻。这种变化是关于我们如何在经济上进行结构化操作,如何与他人合作,如何分配我们的劳动;也是基于对相互联系和不可分离的话语空间与展览空间的思考。我们在前者中思考、交谈和相互对话,在后者中展示、陈列、观看艺术。对我而言,这两者正在改变我们对这些大型展览的作者身份的思考,以及我们对话语性和展览属性共存的思考。我不想谈论这一届卡塞尔文献展(2022 年)的争议。我在塔林·帕迪(Taring Padi)作品揭幕的前一天就离开了,那是所有问题和指责的开始。但我对这届文献展的感受是,有必要将亚洲、东南亚和全球南部的其他地区,带入围绕全球主义的讨论中,特别是关于当代艺术和策展的全球化的结构性后果。我们并不需要持续重申单一艺术家、作者或创造者的立场。无论好坏,Ruangrupa①真的尝试了不同的方式来引入各种合作的、混乱的、困难的、尴尬的和不整齐的形式。这是一种专注于社区的风格,可能被认为是边缘的或脱离主要赞助系统的。所以,这注定是一个复杂的议题。虽然有些双年展存在市场优先的问题,但我认为每个双年展,包括大型双年展,总是向各种可能性开放的。回看卡塞尔文献展的历史,我们可以从凯特琳·大卫、奥奎·恩维佐和罗杰·伯格的策展中发现,这三者确实代表了世界上不同地区围绕当代艺术、博物馆学和策展性等话题的诸多对话。所以我认为 Ruangrupa 在某种程度上提出了另一种思维方式,一种我们中的许多人一直在努力寻找的方式。

---

① 2022 年第十五届卡塞尔文献展由印度尼西亚雅加达艺术团体 Ruangrupa 担任艺术总监。

邓川：您在书中曾多次提到策展人奥奎·恩维佐在第 11 届卡塞尔文献展的策展方法，同时我们注意到您与恩维佐先生的访谈（2005 年）在"汉语世界"引起了许多关注。您可以再详细谈谈对他的策展方法或观念的看法吗？

保罗·奥尼尔：我很欣赏奥奎·恩维佐。恩维佐策划的每一次展览，以及他编辑或撰写的每一本著作中，都贡献了一种围绕全球艺术的不同叙事，以及通过展览制作空间从不同角度想象世界的方式。我非常幸运地在多个场合遇到了奥奎·恩维佐。你提到的这次特别的采访发生在克莱尔·多赫蒂在布里斯托尔组织的"后续之地"的会议上。我们都在这次大会上发言。我们一起聊了相当长的时间。正因他之前担任纪录片的导演或艺术总监的角色，他纵观全局，思路很清晰。在约翰内斯堡和他以前的大型展览中，或之前他就已经有了将知识生产者的团队聚集在一起的想法。他提出了一种关于大型展览的思维模式，这种模式总是协作的，是在自我批判和自我反思的前提下与团队一起合作。

奥奎·恩维佐在那次访谈中呈现了他对全球艺术中策展人的构成及其分布的思考，就是这种策展人的形象，他想象了履行策展人的职能的两种方式：一种是重塑经典，另一种是批评经典，并引入不同的声音。从某种意义上说，这就像是一种去西方化或者去中心化，通过展示和收藏扩大了艺术史的经典构成。这就是博物馆和他们的收藏品变得非殖民化的时候，开始成为可以进行其他形式学习的空间。因此，学习不是发生在观看的层面上，而是发生在包容性和排他性的层面上，谁将成为收藏中的一员？谁可以被排除在藏品之外？而且，他的作品可能是他的实践中的一个转变，文化领域内的策展。文化领域内策展是一种像政治代理人那样动员、改变和改造你现在身处其中的文化的形式。因此，经典在很大程度上是过去式的，通过现在的实践来重新配置和改变过去。对奥奎来说，文化领域中的策展确是如此。我们回顾他的策展实践时可以发现，他一直在琢磨如何从展览的形式与框架中激发不同个体间的思辨讨论与批评。

通过大型全球展览，以及他与黑人摄影师的历史有关的等工作，奥奎·恩维佐策划的大型全球展览以及关于非裔摄影师历史的艺术项目，体现了他对非洲议题与种族隔离问题的重新思考。他在文化中之间的某个地方工作重新创造经典。我认为他是罕见的人物之一，是一位杰出的策展人、作家、思想家，以及政治变革的推动者与合作者。尽管他非常注重自己在非裔移民中的身份，但他对世界其他地方发生的诸多不同的事情都很感兴趣。他的离开是对于这种思想的重大损失，是这种超越自我或在地语境来重新想象的思想界的损失。他的策展工作和他的百科全书式的知识和展览是如此迫切和必要，开启了其他地方的对话和当代艺术的非殖民化。

李珂珂：您曾在 2013 年至 2017 年担任纽约巴德学院策展研究中心硕士项目负责人，正如《策展与教育的转向》中提到的，您对策展、艺术、教育等交叉的领域有什么看法？您认为策展学科在课程设置方面有什么新的趋势？近年来的策展教育有没有新的值得期待的话题与方向？面向未来，策展人才需要具备什么样的素质？

保罗·奥尼尔：在某些方面，策展教育从根本性上来说没有改变。而在其他方面，它已经发生了巨变。所以，自从第一个研究生培训课程出现以来，策展教育在很大程度上位于以

后记

艺术特别是当代艺术为中心的机构或组织中,这意味着围绕策展实践的思考和教育与当代艺术和艺术家密切相关。我认为大多数被设置在综合性大学中的策展教育课程并没有太大变化。哪些地方变好了?哪些地方变坏了?我真的分不清这种情况。更糟糕的是,这些策展教育项目非常昂贵,越来越多地成为特权主义者的消费品。我知道我们所有在策展教育中工作的人都在与此斗争,并一直试图来选择赞助和奖学金以改变这种情况,但这仍然是世界上任何在教育,特别是高等教育领域工作的人都面临的最大问题和最大障碍之一。

我们如何证明这项工作的合理性,如何证明在这个不稳定的领域内进行研究的合理性,以及如何证明策展工作在世界范围内不断扩大的原因。事实上,策展工作正在减少,大部分相关岗位被设立在更稳定的机构中。因此,在博物馆或私人画廊系统内,这些通常都是薪水不高的职位。所以这是个关乎金钱、经济和财政的问题,这个问题也越来越严重。对于许多正在进行这些策展教育项目和进行研究的人来说,这也是一个挑战。我认为以一种富有成效的方式发生的是策展课程,我在巴德学院于课程方面确实做了一些工作:去西方化或去美国化,在某种程度上,将围绕策展、批判性思维和展览实践的大部分历史从北美主导的叙事、西方主导的结构主义和后结构主义叙事中抽离出来,并引入更新潮的关于不同实践的思想和写作。例如,后人类主义,生态,生态女权主义,酷儿理论,殖民理论和后殖民理论,跨话语等,因此,要思考课程如何才能涉及权力和权威的问题,制度的重新构想,以及政治协作与合作问题等。这些可能会对策展产生影响,这是我认为已经真正发生的事情。我相信,总的来说,这对于策展实践课程的去西方化是必要的。我有很多学生和申请这个项目的人,他们来自世界各地,他们拥有不可思议的知识,这也是我们非常重视的,这也成为课程的一部分。我认为,我们许多在教育领域工作的人也认识到,课程需要扩展和探索其他叙事和其他历史,例如非裔美国人的经历、非洲移民和拉丁裔的叙事等。

而且我认为这在任何地方都是非常紧迫和重要的。但同时我也坚信,还有其他令人难以置信的知识宝库,我们许多人一直在利用这些宝库,这些宝库在二三十年前可能不太容易获得,例如,亚洲艺术档案和他们在香港和纽约的空间所做的令人叹服的工作,以及他们如何让人们关注中国和亚洲不同地区发生的许多更偶然、有时非常短暂的策展项目等。我认为这真的很重要。此外,贝鲁特的阿什卡尔·阿尔万(Ashkal Alwan)以及世界不同地区更好的组织的工作,也为策展项目的课程和更加全球化的项目提供了支持。

我认为强调实践和做一些事情是非常重要的。在策展教育中,理论和实践之间存在着一种张力。我认为研究我们面前发生了什么,以及什么能够帮助我们以不同的方式看待和思考与我们自己的实践有关的事情,是非常重要的。但是,在策展教育中,策展也是非常重要的,要么一起做一些事情,要么与艺术家和同学们一起做一些展览。

当我还是一名艺术总监的时候,我就非常关注这个问题,同时让学生参与经营他们自己的在线杂志或在博物馆内共同策划展览。我是一名教育工作者,我相信教育,相信策展是一个教育的空间。我认为,这种情况也可能发生在其他教育机构和艺术机构中。所以,我仍然在PUBLICS从事教学和研究工作。另外,我去年在里加一个策展项目中教学。我对此非常投入。同时我也相信,教育和策展可以成为机构和当代艺术空间的生产力,也是我们如何与他人合作策展的生产力。我们在赫尔辛基有一个名为"公众青年"的项目,我们在那里和6个正在攻读学士学位的年轻人一起工作,他们的年龄在18到21岁之间,都是很年轻的初出茅庐的策展人,对关于策展和合作的所有事情都感兴趣,例如,与艺术家合作,与他们的朋友合作以及阅读。对我们来说,这是一个学习的过程,可以看到年轻人在没有当代艺术世界的大量知识,或者在没有掌握我们已经熟知的艺术、策展和展览历史的情况下,是如何思考策展的。

但我很高兴能跳脱出正规策展教育的框架,去尝试一个更公开、更深入世界的实践。我认为,在一个学术体系中,教育者的角色通常是非常局限于机构内部。我对目前所做的工作更感兴趣。它是公开的,而且在非常开放的空间与其他人交往和对话。因此,我现在所做的工作仍然是具有教育性质的,但比起我在巴德学院教学时所做的工作,我如今面对着更广泛的受众。但是我仍然致力于策展教育,因为它仍然是学习者、学生和项目参与者最终可以相互学习的最珍贵的地方之一。但是,他们也能从艺术和艺术家那里学习获益。这已经是一个社会化的实践,当作为一个创造者时,有必要使自己的实践社会化和政治化,这不同于有自己的工作室作家和艺术家;或者不同于主要用自己的身体工作的舞蹈家;或者不同于通过作品输出已被认可的音乐家。所以,我认为策展本身就是一个学习的空间。这一点在课程设置中也变得越来越明显。

二、策展新现象与挑战

邓川:您之前提到过疫情之后需要一种新的合作方式,对于策展和艺术机构所要面对的不可逆的数字化和元宇宙平台的流行的挑战,您有什么看法?在策展话语不断巩固的今天,如何保障策展的开放性?

保罗·奥尼尔:我认为我对此没有什么大的反应。我也一直不愿意对全球疫情有一种下意识的或者全面的理解。我认为,我们所有人不同程度地都经历着疫情带来的损失和孤立,我相信数字空间、屏幕区域或互联网空间,至少是一个可以让我们保持联系、娱乐、生产的空间。而韩国的机构 the floor plan[①] 目前似乎没有那么多的创新项目。我认为 the floor plan 这类的数字展览是一项有创意的项目,在数字化和现实世界的空间里,也有很多类似的展览项目。

在疫情早期,我们在 PUBLICS 中做了一个出色的项目。这个计划是与鹿特丹一家名为 Shimmer 的画廊合作的。你可以在网上找到这个项目:"across the way with..."。我们邀请来自世界不同地区的人们朗读他们写的关于亲密关系的文字。这是一个非常简单的项目,后来变得很丰富,因为有些人拍了电影,有些人引入了音乐,还有些人写了新的曲子。人们被困在自己的房间里,将公共和私人空间交集的界面在短片中展现出来,虽然他们只是打开摄像机,对着摄像机朗读。然后,通过 Shimmer 画廊,我们给所有的文字加了标题,让每一个

[①] the floor plan 是一家韩国的艺术书籍出版社与替代空间,为那些以当代艺术为基础的实践者提供了一个在线平台,以支持不同的声音。

参与者的文字与声音可以被在线阅读和视听。我们通过建立在线阅读小组的直接方式,与来自世界各地的朋友和同事连接。

我认为这就是数字化成为一个重要的无障碍空间的原因。有一些人没有移动的能力去一些展览或全球性的双年展。我认为在线网络是一个可以让那些身体上或者行动不太方便的人接触到政治空间的方式。然而我认为数字空间并不一定是更民主、更开放、更自由的空间。它是一个经过编辑的、商业化、被审查的空间,也不是每一个人都可以进入的空间。因为不是每个人都有极速的网络、计算机、数字电话或智能手机。而且数字电子产品也不适用于没受过教育的或者经济上有困难的人。在某种程度上,它模仿了博物馆成为文化生产的守门人,在线网络也可以成为一种为少数人保留的空间,线上和线下两个空间之间存在着某种张力。我个人在网上阅读有很大的困难,所以我非常热衷于纸质书籍,并更喜欢投入到与文本与社会实体方面的物理世界的联系中。当我阅读一本书的时候,我倾向于见到作者,花时间和作者在一起。我不认为我的经历与这些东西的社会化是分开的。我认为数字可以是打开社交空间的一种方式,也可以是关闭社交空间的一种方式。我们可以在网上交谈,但这种方式是短暂的,因此我也认为数字化分隔了时间。

李珂珂:您关注过以生物艺术为主题的展览吗?例如,Hackteria(生物黑客自助站)是一个跨界艺术与生物技术的文化团体,为技术赋予人文关怀,让技术有助于塑造社会,并以共享、自主和开源策展的方式进行,您对这样的策展方式的看法是怎样的?策展人如何回应有关生物或生态艺术的现象?

保罗·奥尼尔:这涉及一种新现象,像 Hackteria 这样的文化团体,跨越边界和的生物技术和角色,具有分享和开源方式的项目。这是一种关于特殊形式的艺术,被称为生物艺术,基于生物或给予的生命形式的界面上生产的艺术形式。虽然我认为有很多不好的生物艺术很大程度上仅仅把科学引入艺术——这对于科学与艺术都带来了不利的一面,我想这或许是生物艺术存在的一些问题。但也有一些很好的生物艺术,有你刚才提到的一些特点,比如开源性和可及性。我认为这是学科之间的桥梁,这也是艺术和科学,或者生物艺术在科学和创造性工作之间联系的一个非常重要的方面。创意产业化和研究学院化等因素有时会使它变得非常复杂和商业化。

所以我认为这是一个目前仍然存在问题的领域,它也可能成为有趣的空间。上文提到第二个问题也许关乎更广泛的策展领域,以及它对地球和气候变化的影响、人类中心主义和后人类中心主义等问题的探讨。当然,我们所做的一切,我们在世界上生存的事实因二氧化碳、一氧化碳等的产生,导致了气候变化。我们为了保暖、饮食、保持自我舒适的行为,这些都对地球环境产生了不利的影响。生物艺术展览提出了更多的集体合作的生活方式,让我们能够保护、维护我们生活的星球,比如我们如何吃饭、如何相互合作、如何旅行以及如何看待旅行,还有我们如何为我们个人的一些行为对地球进行补偿。但是,所有我们的这些伦理和意识形态的决定,都是为了保持地球的活力而做的,也是为了保护与我们共存的动物和其他植物。与战争、能源、法西斯主义、能源战争以及政府国家如何看待自然和自然资源;如何将所有这些资源商品化,以及这些因素对原住民、农民、与土地相关的工人加起来的影响等巨大的负面力量相比,所有这些决定都显得微不足道。在过去的二三十年里,这种情况在世界各地无处不在、加速发生,自然环境被彻底破坏,取而代之的是具有商业价值的空间等。

以上就是我们所做的一切,如果我坐飞机,我们现在在线上会议所使用的能源,所有这些事情都是我们对气候变化做出的消极行为,所以我认为我们也应该思考这些因素之间的平衡。然后是"人类世"的问题,我们生活的世界已经被我们或我们的祖先完全改变了,并继续被我们影响和改变,所以不再是生态的力量获胜,而是人类的力量胜于生态的力量,如果我们更深入地想象这件事,这真的很让人沮丧。

我认为当艺术和展览试图使用这些术语时,它们的缺点是对自然世界的浪漫化,并对人类世界持批评态度,而我认为,像安塞姆·弗兰克(Anselm Franke)的万物有灵论系列展览,以及一系列关于人类中心论的展览,都是思考人类、非人类、自然、非自然、生物和技术之间关系的重要方式。我认为有很多其他艺术家和策展人在这方面做了有趣的工作,但也许比我知道得更多,比如像乔亚西亚·克瑞萨(Joasia Krysa)这样的策展人,再比如持批判性态度的思想家,像安妮特·德克尔(Annet Dekker)、尤西·帕里卡(Jussi Parikka)或奥里特·加特(Orit Gat)这样的作家。更值得关注的还有一些在艺术、技术数字化和生物科学等领域的项目。

庞贻丹:策展领域发展至今,行业人数猛增,我们如何面对展览生产同质化问题挑战?

保罗·奥尼尔:我认为每个策展人都在与自己的已知和未知一同工作。如果你注意到相似性的增殖或某些形式的展览制作和艺术的同质化,你可以选择与之合作或反对它,或者介于两者之间,这不是二元对立的。我认为那些选择继续支持当代艺术的同质化的策展人,是在贬低当代艺术和展览中差异与变革的潜力。如今我们看展览时经常看到相同的作品或艺术家,这一现象值得反思。我非常抵触这种情况。我没有兴趣遵循一个常规的策展人职业轨迹。许多人采取的做法是在起步时与职业生涯中晚期的成熟艺术家合作大量的专题展览,然后做一个大型群展来证明自己有能力可以步入这个领域的中高层。我们发现同质化无处不在。例如,如果对全球范围内的策展类杂志做调研,你最终会看到千篇一律的内容。我只想做一些不同的事情,在某种意义上看起来可能不那么规范。

展览的工作方法是另一个因素。策划展览的方式和展示作品的方式往往没有改变,但某些时候,展览也已经被彻底改变和转化了。这正是我感兴趣的时刻,无论是像恩维佐的展览中的"域外效力",还是侯瀚如的"运动中的城市",或是根据说明书布展的展览,还是像20世纪60年代以来许多艺术家共同选择的多样的去中心化方式。相反的是,同质化发生在制作展览的阶段,比如,每个艺术家的作品分别占据一个展厅,这等同于将艺术家从工作室搬到博物馆或展览的空间中。对我来说,这种工作方式没有体现展览或策展人求变的精神。而在空间中进行拼贴式策展则是另一种方式,意味着与艺术家合作,激发一些他们之前没想过的点子,在此过程中可能会吸取借鉴到其他专家的知识和思维方式,让艺术家与思想家、技术人员或技能型人才合作。这一点非常吸引我。另外,展览中话语的交集对我来说是很重要的。就像恩维佐、玛丽亚·林德、侯瀚如、Ruangrupa、"材料小组"和"普遍概念"小组等人在他们的项目中所做的。学习前人与同辈们之前所做的事情并受其影响,并不意味着在白盒子中复制同样的方法。后者导致了商品化以及艺术的孤立和分离。我们中的一些人正在持续地与这种情况抗争。

三、未来展望与建议

李珂珂：经过一段时间的研究和沉淀，在当下语境里，您认为是否有某些占据主导地位的新策展实践模式可以添加进《策展文化和文化策展》一书中？

保罗·奥尼尔：如果有可能，我会对"策展"提出四个或五个新的术语，也许在这本书中没有得到明显的阐述。

首先，第一个术语我称之为"策展身份"，在这里，它很大程度上是与物品打交道，通常是由已故的艺术家或制作人创作的。而这往往是策展人灵感的来源，很大程度上是由博物馆促进的，并且一直延续到今天，这不像过去，它仍然保持着与物品和事物打交道的理念，这是博物馆系统的一部分。

其次，我将第二个术语更多地与20世纪五六十年代联系起来。但在这之前，艺术家和策展人一起努力转化艺术家的工作与艺术品，然后通过合作一起制作作品，转化展览的所有形式——它可以是一本书，可以是一场表演，可以是一部电影，可以是一个俱乐部之夜，可以是许多不同的东西，但主要是一些展览工作，而且活跃于生产，在这个过程中积极生产一些新的和不同的东西，这是第二阶段。

第三阶段，我称之为"话语"或我之前谈到的教育术语，在这里，谈论策展和谈论作为策展人所做的事情显然也是实践的一部分，这也是围绕策展的话语演变所巩固的，但它也是一个更普遍和更广泛的转向谈话和理念对话。因此，自我调解和自我表达是我们向话语形式实践转变的产物的一部分，我在书中已经谈到了这一点，但这实际上是我所说的"策展空间"，在那里，你不需要策划任何展览来成为这个话语的一部分，或者你不需要策划任何展览来成为策展人，在某种程度上，你已经是策展人了，因为你已经决定了这就是"我"要做的，"我"将与艺术家一起工作、与理想化的概念一起工作，但"我"不会独自完成，"我"将与空间中的其他人一起完成，在学术机构、博物馆、画廊、自我组织或其他地方。

然后我认为第四阶段是把所有这些东西融合在一起，策展身份、策展和策展性在某种程度上都是相互联系的，你可以看到生产力打破了这些基本活动的稳定性，所以打破了策展的边界。这是一种创新和结合，第三阶段让我们一起讨论和创造东西，第四阶段是把所有这些东西放在一起，与理想化的概念一起工作，能够进行研究和一起合作创造新的东西。

最后，能够在展览的空间内对自我进行批判，也可以彼此之间互相批判，展览也可以做一些这样的工作。我认为所有这些东西加在一起可能就是这个新阶段。我认为这是 lumbung[①]、合作、协作、交流、好客、慷慨、主办、联合主办、协办，所有这些常用的单词和术语

---

① 第15届卡塞尔文献展的中心概念定为"lumbung"，这个词在印尼语里的意思是粮仓，代表了未来公共资源的储存系统，同时又象征了慷慨与共情。我们相信在这个动荡的时代，对于"lumbung精神"的需求会达到最高值。而我们没有太多准备的时间，必须马上行动。

让我们找到将策展与话语、展览属性与政治和教育联系起来的方法,我认为现在真的很重要,地方和全球的问题一定是发生了变化的。

在最初的研究中采访的很多人,比如塞斯·西格尔劳博、奥奎·恩维佐、劳伦斯·韦纳和其他已故的策展人。我认为现在正在产生的现象就是人们更难支持一个独立的想法,即不需要与他人合作才能成为一名策展人,你实际上只能想象一些东西,或者你可以纯粹通过你的已知,而不是你的未知来容纳它。我认为这是一个真正的挑战,但我认为对于我们这个更广泛的世界来说,我们只关注我们所知道的东西,或者我们只花时间和那些认可我们的人在一起,只关注在我们喜欢的事情,而不是那些挑战我们不同思维的事情。跳出信息茧房对我来说是一种新的感觉,一个新的时刻。

我们只在自己的舒适圈工作,互联网和数字社交媒体展示了每个人最好的一面,这是展示我们五年内工作成果的最好方式。我们只把它展示给那些会夸奖我们的人,而不愿接受来自其他人的批评。另一个新的挑战是人们的好奇心变低了,人们对别人不想知道的事情不感兴趣。有许多自称策展人、自称艺术家的人,却不知道策展从何而来,不知道艺术从何而来。这是我目前与一些策展思想相左的地方,这些思想非常关注当下和未来,而没有考虑到我们是如何被建构的,是如何通过过去而生产的,以及如何从过去和未来的学习中改变我们的思维方式。

庞贻丹:前文中您曾强调过批判性思维在策展和其教育中的重要性,您对批判性策展有怎样的期许,特别是在促进制度改革方面?

保罗·奥尼尔:要与多数人一起工作,至少要尝试为多数人而不是为少数人开辟空间。质疑你自己和你的认知,也质疑其他人和他们的认知。要从根本上意识到你所拥有的和别人可能没有的任何主导权和特权。支付每个参与者报酬,同时也尊重人们不接受报酬的决定。在工作和如何构建思维和框架方面,始终要反对歧视,你要意识到有比你拥有更少渠道或主导权的人。你可以尝试找到方法,向其他人分享你的能动性,并希望他们也能这样做。与那些挑战你和你的机构理念的艺术家合作。敞开心扉,与那些你并不特别喜欢的人或本身不应该与之合作的人一起工作。同时,比起你是否能去别处,更重要的是认识到你当下在哪里、在做什么。要与同你相关联的人沟通。我们并不总是要处于文化生产和批评的中心。在这个时刻,变革的实际需要就是我所说的"文化换位",我们把那些拥有世界上所有文化主导权的人同那些没有或有较少主导权的人调换。假设一个预算不多的小组织每年与纽约现代艺术博物馆位置互换,会发生什么?这将对文化产生什么影响?这需要每个人都做好这样的准备。所以,换位可以通过各种不同的方式发生,无论是小的还是大的。我认为某些变化正在发生。人们认识到,这个领域多年来一直由白人和中产阶级的男性所主导和粉饰。在过去的这一阶段,这种情况已经受到了真正的挑战,我希望将这种趋势继续下去。

李珂珂:您对中国的策展教育有所关注吗? 您对年轻的策展学者的建议是什么?

保罗·奥尼尔:我去香港数次,同时也去过北京。我想大概是十年前,我在北京参与了一个非常重要和精彩的展览,名为"大都市崛起"。展览册是由伦敦当代艺术协会出版的。这本册子的内容包含了对伦敦当代艺术的调查,还把目光转向了上海。这是一个非常出色的项目。但我也看到中国当代艺术在十年前的局限性，比如日益商品化的挑战和批判性评论教育的缺乏。但是，我在中国香港特别行政区时，对亚洲艺术档案中心的工作印象深刻，中国香港特别行政区现在已经成为非常重要的文化与艺术资源基地。我对像香港特别行政区的 Para Sites 这样的组织印象深刻，像克里斯蒂娜·李（Christina Li）、因蒂·格雷罗（Inti Guerrero）、考斯曼·科斯蒂纳斯（Cosman Costinas）和其他很多人，还有我教过的学生以及和我一起工作过的年轻策展人，这些在中国做着一些很有趣的工作的人，有些在中央美术学院工作。这些年轻力量的注入和文本的翻译成为一些重要的推动力量。同时，我认为像侯瀚如这样的策展人对于这个领域来说也非常重要，因为优秀的策展人无论走到哪里，都会将他们的策展思维带到那个地方，随之也为策展实践的教学和学习带来了一种批判性。我认为还有很多来自中国、日本、新加坡等地的优秀研究人员、作家和策展人，他们都在做非常有趣的工作。我认为你们以及你们的同龄人正在做一项新的工作，做一项真正定义学科、重新定义教育的工作。这在十年前是不可能发生的。

我知道随之而来的是各种各样的挑战和阻力，也许还有一些限制。但它也可能动人心弦。我第一次被邀请到中国香港特别行政区是为全球艺术双年展做主题演讲，这是香港双年展的一部分，我还去了威尼斯，香港 M+ 博物馆的建立是变革正在发生的证据。我想这也是对中国策展实践和展览的挖掘。人们正在关注这个时代。当我去 798 艺术区的时候，那里有很多非常有趣的小型展览和一些活动。当然，在上海也是如此。延展到国际，我记得在清华大学有一位和我一起做研究的策展人，他做了一个非常有趣的项目，同时也从社会学的角度进行研究，扩大了中国当代艺术及其历史的档案。

这是一个非常激动人心的时刻，像你们这样的青年研究者能够有机会以不同的方式定义学科，或者参与到现在和未来的策展课程规划与课题中。那么未来的策展教学将如何进行，为策展人创造了哪些可能性？中国的历史学家和作家是否可以加入策展项目？他们的做法会有什么不同？这些多学科的交叉研究都是非常必要和紧迫的课题。

邓川：您有没有话想对中国的艺术从业者以及读者说？

保罗·奥尼尔：我想有必要强调一点，大多数的策展人一开始并不是专门从事策展工作的，比如尤特·米塔·鲍尔、侯瀚如、奥奎·恩维佐、材料小组、利亚姆·吉利克等。他们来自不同的研究领域，同时身兼数职，既是艺术家、作家，又是教育家，所涉及行业不是关于同一种单一的知识领域或一种特定的专业叙述，而是关注于当各学科交叉时会发生什么。它们相互吸引，相互交融，并诞生新的可能。这就是策展人的世界对于未来的学科和其他学科的吸引力所在，也是当代艺术的魅力所在。

（访谈文字由法国拉罗谢尔大学与北京语言大学联合培养学士施奕彤、北京语言大学谭显慎协助整理完成，特此致谢。）